司法部法治建设与法学理论研究部级科研项目
“侵权损害赔偿中的公共政策问题研究”（项目编号：09SFB5022）成果

新视阈文丛
New Vision Series

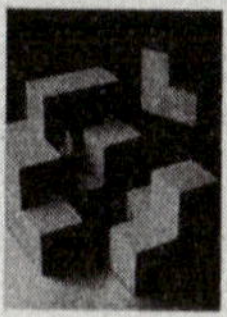

大规模侵权损害救济论

——公共政策的视角

Mass Torts Remedies
On Public Policy Perspective

熊进光/著

江西人民出版社

目 录

第一章 侵权损害赔偿中的公共政策一般理论

一、公共政策理论的形成与发展 1
二、侵权损害赔偿与公共政策的联系 8
三、侵权法能否被取代 16
四、公共政策理论对侵权法发展的影响 25

第二章 大规模侵权下的公共政策考量

一、大规模侵权问题的提出 33
二、大规模侵权的一般理论 40
三、大规模侵权对公共政策的考量 48

第三章 大规模侵权综合救济体系的建立

一、侵权损害赔偿一元机制向社会化机制的转变 63
二、多元化损害赔偿机制建立的现实性 75
三、大规模侵权综合救济体系的建立 80
四、大规模侵权损害赔偿基金的建立 90
五、大规模侵权损害赔偿基金的制度构建 97

第四章 道路交通事故损害赔偿公共政策的适用

一、道路交通事故损害的社会化救济 101

二、国外道路交通事故损害赔偿救济体系 104
三、机动车交通事故责任的强制保险 109
四、被保险车辆“车上人员”之第三者身份的转化 119
五、道路交通事故社会救助基金制度 129

第五章　医疗侵权损害赔偿公共政策的适用

一、医疗侵权损害赔偿的社会化 139
二、国外医疗侵权损害赔偿救济社会化模式 142
三、我国医疗侵权损害赔偿社会化的具体模式 151
四、结　论 169

第六章　环境污染侵权公共政策的适用

一、环境污染与公共政策的变动 170
二、环境污染侵权归责原则与免责事由的公共政策考量 172
三、环境污染侵权行为构成的公共政策基础——违法性之争 177
四、环境污染侵权行为与损害之间因果关系的确定 184
五、环境污染侵权责任归属的公共政策基础 191
六、环境污染侵权责任承担的公共政策考量 195

第七章　食品安全侵权公共政策的适用

一、公共政策视角下的食品安全声誉机制 200
二、食品安全的综合责任机制 214
三、食品安全的惩罚性赔偿制度 224
四、食品侵权损害赔偿基金制度的建立与完善 233

第八章　结论：侵权法的未来

参考文献 246
后记 257

第一章　侵权损害赔偿中的公共政策一般理论

一、公共政策理论的形成与发展

按照美国学者戴维·伊斯顿的看法，公共政策是政治系统权威性决定的输出，因此它对全社会的价值做有权威的分配。① 具体而言，所谓公共政策，就是政府等社会公共权威为解决社会问题、实现社会目标而制定的公共计划、行动方案和行为准则，它具体地表现为一系列的法令、策略、条例、措施等。② 按照学者的一般理解，"利益"是公共政策的核心要素，公共政策是对社会利益的权威性分配，政府通常利用公共政策去保护、满足一部分人的利益要求，同时抑制、削弱甚至打击另一部分人的利益要求。可见，公共政策的选择与实施，实际

① See David Easton. *The Political System: An Inquiry into the State of Political Science*, New York: Knopf, 1971, pp. 129—134.

② 钱再见：《现代公共政策学》，南京师范大学出版社2007年版，第7页。

上就是一个利益选择、利益整合、利益分配和利益落实的过程。①

（一）公共政策理论的兴起

作为公共权力、公共职能、公共责任的伴生物，自公共权力（政府）产生之日起，公共政策事实上就一直伴随着人类社会，而公共政策和政策活动也一直存在于人类的社会实践之中。尽管公共政策和政策活动的历史发展源远流长，但作为一门独立的学科则是二战以后的事情。作为一门独立的新兴的交叉学科，公共政策产生于二战之后的美国，以政策科学从传统政治学脱离开来为标志。公共政策学科的出现被誉为当代社会科学发展过程中的一次“科学革命”。作为一门新兴学科，公共政策在不到五十年的时间内成为社会科学领域发展最迅速、影响最大、应用领域最广泛、试验性最强、社会效用最明显的学科。

公共政策之所以会在较短的时间内迅速地兴起和发展，与现代社会的发展相关，也与政治科学的发展有关。第一，社会问题频繁出现，已经成为国家与社会发展的严重阻碍，公众社会集体安全的迫切需要促使政府亟须提高应对社会问题的能力和改进公共政策的质量。社会问题是与私人问题相对立的概念，是指社会关系失调，影响社会大部分成员的共同生活，破坏社会正常活动，妨碍社会协调发展的社会现象。社会问题原本是社会进步所不可避免的社会现象，然而与以前的社会相比，现代政府所面临的不再是个别的、单一的、简单的和基本稳定或已在重复出现的社会矛盾和问题，而是大量的相互关联、相互制约的愈来愈具有复杂性、尖锐性、普遍性、专业性、变化性和发展性的各种社会矛盾和问题。② 特别是20世纪50年代以来，各种社会矛盾、社会问题频繁出现，且规模影响之大、解决之复杂、牵涉面之广亘古未有。此时的社会问题不仅日益恶化，而且更是伴随全球化浪潮向全世界扩展，如环境污染、人口爆炸、能源危机等，这些都使得人们广泛地认识到单凭个人或者某个团体不足以应付，而只有通过国家的干预才能更好地处理问题，应付危机，从而意识到公共政策研究的重要

---

① 陈庆云主编:《公共政策分析》，北京大学出版社2006年版，第7—9页。

② 张国庆主编:《公共政策分析》，复旦大学出版社2004年版，第7页。

性。而政府被认为是公共物品的提供者,当社会问题出现时,人们总是要求政府能够进行处理并加以解决,同时政府也大范围地运用政策来处理社会问题,并支持各种政策研究组织。在政府和大财团的支持下,政策研究组织即所谓的思想库,如兰德公司、加拿大公共政策研究所等的研究和分析逐渐成熟,并不断地为政府提供智力支持和咨询服务。由此,公共政策成为政治领域应付实际问题的重要方面。第二,二战后兴起的新科技革命带来了新的科学技术和方法,为解决社会问题提供了新的工具。数量分析、运筹学方法及系统分析、计算机的使用等,使得理性决策有了长足的发展,有限理性和非理性的决策方法也被广泛用于公共决策中,这也使得公共的决策科学化有了客观的基础。公共政策短时间内迅速地兴起和发展的另一重要因素是政治科学的发展。自20世纪初以来政治学现实主义的方法开始取代历史—比较方法成为“当代各派政治理论的共同发源”①。行为主义政治学开始蓬勃兴起。以美国芝加哥大学教授梅里安为代表的行为学派抨击传统政治学局限于对政治制度、政府体制的研究,脱离了政治运行的实际,主张采用经验科学以及交叉学科的方法,运用社会学、地理学、人类学和统计学的方法与成果对人的政治行为进行科学的、价值中立的研究。而政治科学的这一新发展对公共政策的兴起产生巨大影响,而行为学派的戴维·伊斯顿、哈罗德·D.拉斯韦尔等一大批具有较高学术素养,同时具备实践经验的学者直接开创了政策科学,使得公共政策学成为独立于政治学的一门新兴学科。

与其他学科的发展史一样,公共政策学在西方尤其是在美国大致经历了形成、发展、批判反思与比较研究和拓展新方向等四个发展阶段。首先,20世纪五六十年代是公共政策学的创建时期,以美国斯坦福大学召开的“关于国际关系论的革命性、发展性学术研讨会”为标志性事件。大会所形成的由哈罗德·D.拉斯韦尔、丹尼尔·勒纳主编的成果《政策科学:范围与方法的新近发展》,首次提出了“政策科学”的概念,标志着公共政策学的产生。以哈罗德·D.拉斯韦尔、戴维·伊

---

① 钱再见:《现代公共政策学》,南京师范大学出版社2007年版,第56页。

斯顿、查尔斯·E. 林德布洛姆、托马斯·R. 戴伊等为代表的学者对政策科学的初步范式、特征等做出了阐释。其次,20 世纪 70 年代是公共政策学的发展时期,进入这个时期的标志是叶海卡·德洛尔公共政策学"三部曲"——《重新审查公共政策的制定过程》《政策科学探索》《政策科学构想》的出版。德洛尔继承发展了拉斯韦尔的政策科学思想,提出了比较系统的政策科学理论和"元政策制定"概念等,至此形成的拉斯韦尔—德洛尔的政策科学研究传统,是政策科学发展史上第二个里程碑。此时在公共政策研究中出现了偏重于在政策制定中加强政策咨询趋势的"趋前倾向"和偏重于政策周期研究趋势的"趋后倾向"。这一时期出现的"公共选择理论"更是为公共政策研究提供了新的研究方法。赫伯特·A. 西蒙、雷厄姆·T. 艾里森等也为这时期公共政策科学的发展做出了重大的贡献。再次,20 世纪 80 年代是公共政策学的批判反思与比较研究时期。这一时期开始进一步转向有关政策效率、政策信息多元化、政策学家与政治家关系的研究,学者们较多地对学科采取谨慎的批判态度,从世界范围来考察和比较公共政策的效率。阿尔蒙德的《比较政治学》、阿斯福特的《比较的公共政策》、安德森的《在比较政策分析中的系统和策略》等都是这一时期的代表作。最后,20 世纪 90 年代是公共政策拓展新方向的发展时期。以金顿、奥斯特洛姆、萨巴蒂尔、费彻尔等为代表,发展和深化了政策过程的研究,在公共政策分析方面也取得了突破性进展。这一时期公共政策研究出现两种趋势:一是对原有的公共政策伦理、价值分别和公共政策与公共管理的关系这两个核心问题进行了深化研究;二是拓展了新的研究方向,集中在增强公共政策的应用性与加强理性意识形态,拓展和运用政策调查研究等公共政策分析技术与方法这两个新的研究方向。卡尔·帕顿和大卫·沙维奇的《政策分析和规划的初步方法》、威廉·N. 邓恩的《公共政策分析导论》等是这一阶段的代表作。经过半个世纪的发展,公共政策学已经发展成一门比较成熟的学科,学科建设不仅日臻成熟,政策研究机构也逐渐普遍和多样化,公共政策研究也趋向专业化。①

---

① 朱伟:"侵权损害赔偿社会化机制的建立——基于公共政策的视角",江西财经大学法学院硕士学位论文,2009 年 10 月。

（二）公共政策的特点与功能

从本质上说，公共政策是公共权力机构为解决某一社会问题而制定的行为规范，是政府政治行为的产物。[①] 公共政策是解决社会问题实现公共利益的政府产品，其本质属性在于“公共”二字，这“公共”最集中地体现在公共政策的政策问题、政策价值、政策目标三个关键要素上。首先，从政策问题看，公共问题是公共政策的逻辑起点。公共政策的特质之一是问题取向，美国学者威廉·N.邓恩也在这种意义上把公共政策分析称作“问题分析之学”。在公共政策内考虑的问题，不是私人问题，而是引起政府重视的社会公共问题，换言之，公共政策解决的问题必须是公共性的而不是个人性的、小集团性的。其次，从公共政策的政策价值来看，公共政策必须以公共价值为基础，并实现公共价值。公共政策活动以问题为导向很容易过渡到以事实和技术为导向，这种无关政策价值的转向难免使得政策研究陷入“技术分析中心论”“技术专家治国论”的误区。社会和世界不能单纯地被理解为一堆可测量的客观物体，事实上，它是一个“有组织意义的世界”，这些包含价值成分的意义，“大大影响着普通人规范地活动和解释他们所居住的世界，它们还大大影响社会科学家们选择用来探究社会的那些问题，更不用提他们选择用来研究他们的问题的工具了”[②]。这里的价值并不是个人价值，而是公共价值，即公平、正义、效率、社会福利等公众所共同追求的基本价值。最后，从政策目标上看，公共政策必须以维护、发展和实现公共利益为最终目的。政府要通过公共政策的制定、实施和评估，来进行利益选择、利益综合、利益分配、利益落实，以达到持续不断的发展公众利益的目的。[③]

公共政策的基本功能有三个：导向功能、调控功能与分配功能。首先，公共政策是针对社会利益关系中的矛盾所引发的社会问题而提出的。为解决某一特定社会问题，政府依据特定目标，通过政策对人

---

① 陈庆云主编：《公共政策分析》，北京大学出版社2006年版，第11页。

② （美）弗兰克·费希尔：《公共政策评估》，吴爱明等译，中国人民大学出版社2003年版，第13页。

③ 胡宁生：《现代公共政策研究》，中国社会科学出版社2000年版，第34页。

们的行为和事物发展加以引导和规范，使得政策具有导向性。其次，政府通过公共政策的制定和运用，对社会问题及其所体现的利益关系进行调整，从而直接或间接地实现着对国家政治、经济、社会生活的调控。最后，由于社会资源的有限性，社会中每一个利益群体与个体都希望在有限的资源中多获得一些利益，这必然会造成利益分配上的冲突。为了减少社会成员之间的利益冲突，就需要通过政策来调整社会利益关系，因此公共政策具有分配功能。①

（三）公共政策理论对公共利益的选择

公共政策的产生、维持和改变，往往是包括政府在内的各种利益群体，通过竞争、博弈与合作，达成利益相对均衡的结果。因此，公共政策的制定与实施过程，既是协调利益主体间的利益冲突的过程，也是最终力求实现以公共利益为核心的社会利益的最大化过程。这自然地涉及一个问题——何谓公共利益？

对于公共利益的解读，犹如人类的史芬克斯之谜，充满着诡异和多变。著名政治学家塞缪尔·P. 亨廷顿曾总结了传统探索公共利益问题的三种方法："第一种方法是把它和抽象的，或实体的，或理想的自然法规、正义、正当理由这一类价值标准和规范连在一起；第二种方法是把它和个别人物的特殊利益连在一起（如所谓"朕即国家"一说），或和集团、阶级的特殊利益连在一起（马克思主义），或和多数派的特殊利益连在一起；第三种方法是把它和个人之间的竞争过程（古典自然主义学派）或集团之间的竞争过程的结果连在一起。"②他认为，这三种方法要么只有具体性而无普遍性，要么只有普遍性而无具体性，存在很大缺陷。"公共利益既非先天存在于自然法规之中或存在于人民意志之中的某种东西，也非政治过程所产生的任何一种结果。相反，它是一种增强统治机构的东西。公共利益就是公共机构的

① 陈庆云主编：《公共政策分析》，北京大学出版社 2006 年版，第 14—17 页。

② （美）塞缪尔·P. 亨廷顿：《变革社会中的政治秩序》，王冠华等译，三联书店 1989 年版，第 23 页。

利益。”①与亨廷顿把公共利益归结为公共机构的利益的结论不同，哈耶克则认为公共利益只能定义为一种抽象的秩序，他认为，“自由社会的共同福利或公共利益的概念，决不可定义为所要达致的已知的特定结果的总和，而只能定义为一种抽象的秩序。作为一个整体，它不指向任何特定的具体目标，而是仅仅提供最佳渠道，使无论哪个成员都可以将自己的知识用于自己的目的”②。哈耶克在这里已经几乎完全否定了由政府实现公共利益的可能性。显然，哈耶克的观点与其所主张的“自生自发”的社会秩序观是一脉相承的，因为在他看来，整体社会秩序乃是经由个人行动者之间的互动而达致的。③ 但在笔者看来，无论是亨廷顿“公共利益就是公共机构的利益”的结论，还是哈耶克“完全否定由政府实现公共利益的可能性”的结论，都显得过于极端和偏激。

从政策科学的角度来看，尽管公共利益的内涵具有模糊性与不确定性，但还是可以对其进行总体描述或概括。正如著名政策科学家美国学者詹姆斯·E.安德森在其著作《公共决策导论》中所指出的，“公共利益是多种多样，甚至是易变无常、难以捉摸的，必须通过各种途径对其进行研究。尽管公共利益不可能被转化为指引决策者行为的一整套明确的指导方针，也不能仅仅确切地认为公共利益是一个神话，然而，公共利益将我们的注意力引向直接利益以外的更为广泛和普遍的利益，它还使我们关注那些没有组织代表和未被明确表达的利益，不然这些利益在政策形成和政策评估中就会被忽视”④。在公共政策理论看来，公共利益是具有社会分享性的，为人们生存、享受和发展所需的资源和条件。在公共利益体系中，不仅存在不同层次和不同领域

---

① (美)塞缪尔·P.亨廷顿：《变革社会中的政治秩序》，王冠华等译，三联书店1989年版，第23页。

② (英)哈耶克：《经济、科学与政治——哈耶克思想精粹》，冯克利译，江苏人民出版社2000年版，第393页。

③ 邓正来：《自由主义社会理论——解读哈耶克〈自由秩序原理〉》，山东人民出版社2003年版，第31页。

④ James E. Anderson, 2003, p. 136. 转引自李玲玲：“公共政策应坚持社会总体利益最大化”，载《公共政策与政府治理》，上海人民出版社2006年版，第60页。

的公共利益,而且还存在着完全自愿性分享,以及包含着自愿性与强制性分享并存等多种形式的公共利益。在含有强制性分享的公共利益之中,公共利益必须以符合相关的法律、法规,符合法定程序为前提。① 公共政策的目标是追求社会总体利益的最大化,终极目标是实现以人为本的全面、协调、可持续的社会发展。从某种意义上说,公共政策理论的兴起是与我国从"以经济建设为中心"转向"以人为本、和谐发展"的公共政策理念息息相关的。② 近年来的 SARS 危机、孙志刚事件、齐齐哈尔制药二厂假药事件、三鹿奶粉事件,以及不断被媒体曝光的食品安全、矿难事故、农民工工资拖欠等事件,客观上要求公共政策的制定与实施应进一步关注民生、民权。

二、侵权损害赔偿与公共政策的联系

侵权法与公共政策从来都是联系在一起的。随着人类社会发展到今天,二者已经在价值理念、目标与功能以及救济模式等方面产生了更为密切的联系。侵权法的立法、司法与执法都广泛地关注公共政策,而公共政策的许多具体政策都体现为一种对权利的救济,从而事实上在某些方面起到了侵权法的作用。约翰 · G. 弗莱明(John G. Fleming)教授对侵权法做了自己的思考,提出了解决事故的三种模式——侵权法、特别补偿计划和综合性补偿。在主张侵权法在未来将越来越多地让位于事故补偿法的同时,提出了令人深思的问题——侵权法有未来吗?③ 随着具有较强公共政策性质的非侵权损害补偿机制的建立和完善,更多的学者感叹侵权法已走向衰微,有的预测侵权法将陷入危机,有的甚至主张废除侵权法。④ 姑且不论这些学者的担忧

---

① 陈庆云:"论'利益政策学'研究中的几个基本概念",载《公共政策与政府治理》,上海人民出版社 2006 年版,第 11—12 页。

② 胡象明:"论人本政策价值理论的内涵及意义",载《公共政策与政府治理》,上海人民出版社 2006 年版,第 34 页。

③ (美)约翰 · G. 弗莱明:"关于侵权法发展的思考:侵权行为法有未来吗?",吕琳、许丽群译,载吴汉东主编:《私法研究》第三卷,中国政法大学出版社,2003 年版。

④ 王泽鉴:《侵权行为法》(第一册),中国政法大学出版社 2001 年版,第 36 页。

是否成立，就我们而言，更愿意去思考的是侵权法与公共政策的水乳交融中二者的密切联系。

（一）侵权法对公共政策的考量

作为公共政策的一个分支，法律政策尽管有其独特的适用范围、适用条件和适用目的等，但法律政策在实施过程中必须充分考虑社会公共利益，在总体上接受公共政策的统辖。只有法律政策在实现自己独特功能的同时，也将公共政策充分考虑于其中，才能一方面实现法律的公平正义，另一方面维护公共政策这一整体结构体系的协调性。侵权法也不例外，在一般侵权行为中，侧重于在价值理念与目标功能上向公共政策靠拢，是一种宏观的抽象的考虑；在特殊侵权行为中，侵权法不仅在宏观上对公共政策进行抽象的考虑，而且要在具体层面注意与公共政策的协调。

（1）从价值理念来看，首先，侵权法有其特殊的价值理念，这些价值理念是在公共政策的指引下专属于侵权法的，是侵权法区别于其他部门法的一个重要特征，也是公共政策与侵权法相区别的重要特征。诸如矫正正义、诉讼的效率等，这些都与公共政策的分配正义和社会正义在目标上有差别，当然这里的差别是各有侧重点的差别。其次，侵权法在实现自身价值理念的同时，根据客观环境的变化，适时调整其对公共政策价值理念的追求形式。例如，在经济水平相对低下、司法资源相对匮乏的情况下，侵权法侧重于对个人正义的维护而轻社会正义，侧重于社会效率的提高而轻社会安全等。当经济发展到一定的水平、司法资源更加丰富、社会伦理道德达到新的高度时，侵权法就必须在维护个人正义和社会效率的同时，更多地专注于社会正义与社会安全。

（2）从目标与功能上看，侵权法的功能随其历史发展而有所不同，抚慰、实现正义、惩罚、威慑、赔偿以及损害分散等都曾位列其中。当然，它们中没有一个能够作为侵权法的全部正当性基础。但我们也有理由指出，在侵权法的不同历史阶段，某一功能会比其他功能更占据主导地位，这一主导地位的功能正是揭示了那个时代的某些社会经济与哲学的发展趋势。这一发展趋势虽不能说完全与该时期的公共政策价值目标与功能相符合，但至少可以说公共政策的实施对其产生了深刻的影响。事实上，公共政策首先从整体上对社会的发展做了一番规划和展望以后，再通过法律政策、教育政策、经济政策、社会政策等一系列具体政策加以落实。因而，侵权法在实现自身目标与功能的同时，事实上就已经实现了公共政策的一部分目标功能，并与其他政策的实施一起推动公共政策的全部功能目标的实现。

(3)从侵权损害赔偿机制与其他补偿机制的协调看，风险无处不在，事故层出不穷，当今社会已经成为一个风险社会。仅仅依靠于侵权法的救济已经难以实现公共政策的诸如正义、效率、秩序等目标，公共政策已经着手从政治、经济和社会的其他方面寻求新的途径来协助侵权法。在此背景下，王利明在对中西方历史、现实与法律政策进行研究后，总结指出，当今社会对受害人的救济已经逐渐从单一的侵权救济机制转变为多元的损害赔偿机制。① 这就对侵权法提出了新的要求，即如何与其他的损害救济机制协调好关系以共同实现公共政策之于法律政策的目标与功能。换言之，损害救济机制的多元化俨然已经成为一个必然的趋势，而且不管侵权法是否愿意，多元化的损害救济机制已经涉入它的部分领域，在不可能将其排除在外的情况下，进行良好的配合协调成了唯一的选择。因而，侵权法必须做出适时的调整，与商业保险救济、社会救助、赔偿基金、行政补偿等一起，充分发挥各自优势回避各自缺点，形成一个良好的体系化的救济机制。

(二)公共政策对侵权法的考量

如前所述，公共政策的价值理念、实施目的与方式的形成和评估更多地从公共利益出发，因而它的价值理念、目的和方式更多的是一种宏观的抽象的形式，更加注重整体间的协调。但公共政策毕竟是众多经济政策、法律政策、教育政策和社会政策等的结合体，它必须具体到各种政策之上，而且也不可能去偏袒某一政策。侵权法作为公共政策的具体化，公共政策也必须对其做充分的考虑。

---

① 王利明："建立和完善多元化的受害人救济制度"，载王利明主编：《中国民法年刊2009》，法律出版社，2010年版。

(1)从目的与功能的角度看,公共政策在宏观上对侵权法的目的与功能进行指导,侵权法的目标功能都包含于公共政策的目标功能之中。公共政策学者谢明认为公共政策除了具有导向功能、调控功能和分配功能,还具有管制功能。所谓管制功能,是指公共政策所发挥的对目标群体的约束和管制职能,避免影响社会良性运行的不利因素的出现。① 尽管传统侵权法的功能只有两大类,即补偿功能与预防功能,②但这两大功能事实上已经将公共政策的四大功能都予以体现,也就是说,公共政策的四大功能都对侵权法的功能起到了指引作用。在公共政策的四大功能里,调控功能在纠纷发生以后对其进行调节与控制,分配功能紧随其后,通过利益与损失的分配来实现社会正义,这些都恰好契合了侵权法补偿损害的功能。此外,导向功能通过明确的规范对社会公众加以指导,引导人们的行动准则,以积极的方式对不利行为进行预防,而管制功能则通过事后的管理、控制与处罚的方式对社会大众进行引导,是一种消极的预防不利因素的方式。而这也映衬了侵权法的预防功能。总之,公共政策目的与功能和侵权法目的与功能的相得益彰不是一个偶然,而是两者客观关系的必然结果。

(2)从方式的角度来看,对于一般侵权行为而言,公共政策坚持用法律政策,具体来说就是侵权法进行调节;而对于特殊侵权行为,主要是具有公共性的侵权行为,公共政策允许其他救济方式的进入,对侵权法进行援助。坚持侵权法对侵权行为调节的主体地位,这是社会主义法治国家的本质要求,是侵权法对于一般侵权行为的天然优势决定的。吴邦国在2011年两会上发言指出,中国特色社会主义法律体系已经建成,侵权法作为权益救济法,是中国特色社会主义法律体系不可或缺的一部分。坚持侵权法的权益救济主体地位是巩固和完善中国特色社会主义法律体系的必然选择。同时,侵权法相对于其他救济方式有其独特的优势。侵权法的救济方式具有更强的强制力,有利于促进救济的实现。侵权法一旦获得通过即享有法律效力,由国家强制

① 谢明:《公共政策导论》,中国人民大学出版社2002年版,第29—31页。
② 程啸:《侵权行为法总论》,中国人民大学出版社2008年版,第83页。

力保证实施，而其他救济方式在通过之后还必须取得法律的认可才能得以实现。其他的方式由于是侧重于公共利益的考虑而建立的，更多地倾向于社会的整体公平，即社会正义；而侵权法的救济方式则是重视对加害人和受害人的利益调节，通过个人正义的实现来促成社会正义。但正如市场失灵一样，侵权法的救济模式也有失灵的时候，尤其是大量的工业矿难、交通事故、产品侵权、环境污染等大规模侵权的出现，仅仅依靠侵权法的救济方式已经很难对受害人进行及时完整的救济，因而以责任保险、基金赔偿、行政补偿和社会保障等为内容的综合性救济体制得以建立。公共政策允许非侵权损害赔偿机制的进入，一方面是由于侵权法的失灵带来的客观需要，另一方面是由于非侵权损害赔偿机制对于大规模侵权进行救济的优势。非侵权损害赔偿机制通过将损害加以内部化，由创造危险活动的企业者负担，再经由商品或服务的价格机能，或保险（尤其是责任保险）加以分散，由多数人承担。① 这样，不但使得受害人能够得到及时完整的补偿；也避免了加害人由于支付庞大的赔偿费而陷入困境，实现了社会效率。

（三）侵权法与公共政策紧密联系的必然性

侵权法与公共政策的密切联系并非是政府与立法、司法机关臆造出来的，而是有其客观的必然性。

第一，这是由侵权法与公共政策的性质所决定的。

正如我们前面所言，侵权法作为法律政策的一个部分，它本身也是一种特殊的公共政策。说它特殊是因为：a. 从目标对象来看，侵权法所调整的目标对象相对比较具体，通常是指加害人与受害人，且大多数时候加害人与受害人都已经具体化；而公共政策通常是调整某一社会群体，只要是符合条件的社会大众，都受其规范约束。例如教育政策中的义务教育制度，达到合理入学年龄的所有孩子都有权利也有义务接受教育。b. 侵权法具有较强的稳定性、连续性和持续性，这是作为一项法律政策所必须具备的。尽管法律也会根据社会环境的变化而适时做出调整，但这都只是在细节上做出微调，而大的法律结构

---

① 王泽鉴：《侵权行为法》，三民书局/台大法学院福利社 2010 年版，第 8 页。

体系在短期内不会轻易变动。法律的稳定性、持续性是现代法治国家的基本法律价值理念之一,也是评价一部法律的科学性与合法性的标准之一。而作为起源于社会问题的公共政策,它存在的逻辑起点即在于社会问题的出现和存在,社会问题的存续期间也就是它的存续期间。因而相对于侵权法这一法律政策,公共政策更具有一种突发性、临时性和间断性的特点,这些特点在一些突发性事件中表现得尤为突出。

社会问题就是由社会内部矛盾引起的人与环境的关系或人与人的关系失调对社会造成了广泛的不良影响,由此产生的现实状态和期待状态的差距。① 侵权法有其特殊性,但它所调整的内容属于社会问题的一部分,侵权法的特殊性抹不掉其公共政策的本质,侵权法只不过是公共政策解决人与人之间侵权纠纷这一具体社会问题的具体方式。

公共政策具有明显的跨学科性特征,并被广泛地应用于社会各个领域。从不同的角度用不同的理论和方法去研究公共政策会有不同的结果,因而对公共政策的理解会有些困难。我们虽然不同意行政学鼻祖美国学者伍德罗·威尔逊先生所说的"公共政策是由政治家(具有立法权者)制定并由行政人员(国家公务员)执行的法律和法规"②,但我们认为公共政策的准法律性质还是比较容易理解的。首先,从政策主体来看,现代民主政体之下,公共政策的主体非常的广泛,包括立法机关、行政决策机关、法院、利益集团、政党、公民、大众传媒、思想库等。③ 其中,法律、法规的主体占了绝对的优势地位,发挥着主要的作用。其次,从表现形式和执行者来看,正因为政策主体中法律法规主体占据了绝对优势地位,公共政策在表现形式上也以法律法规为主,而执行者以国家行政公务员居多。最后,从执行效果来看,随着公共政策的合法化,公共政策取得了与法律政策相当的法律效力。公共政策的准法律性质使得公共政策从萌芽开始就与法律政策形成了天然的联系,从而造就了公共政策与法律政策的相互影响。

第二,这是社会经济水平、伦理道德的改变所影响的结果。

---

① 刘斌、王春福等:《政策科学研究》(第一卷),人民出版社2000年版,第33页。

② 转引自谢明:《公共政策导论》,中国人民大学出版社2002年版,第2页。

③ 谢明:《公共政策导论》,中国人民大学出版社2002年版,第36—42页。

无论是社会政策还是侵权损害赔偿机制，都深受社会经济发展水平和伦理道德观念的影响。在农业社会，重视家庭连带关系，其侵权法之功能、原则及结构体系，与强调个人自由之工业社会相较，即有显著不同。正如王泽鉴所言"损害赔偿，在特别程度上，乃是某一特定文化中，伦理观念、社会生活与经济关系之产品和沉淀物"①。从这个角度看，社会经济水平和伦理道德观念的变化对侵权法与公共政策的关系产生了深刻影响。

在农业社会时期，在经济基础上它主要是一种自给自足的小农经济，商品交易的范围、种类、频率都非常的有限，人与人之间的联系也非常有限，大多数人都是除了自家亲戚、本村本镇人外，与其他人都老死不相往来。侵权行为的发生绝大多数都是在单个主体之间，单纯的侵权损害赔偿救济已经足够，没有非侵权损害赔偿机制存在的经济基础，从而在根本上将其限制在很狭窄的范围。这一时期的公共政策与侵权法的联系是有限的。

进入工业社会以后，随着资本主义制度的建立以及伴随而来的市场经济，商品交易的范围、种类和频率都大大地增加，交易成为这个社会的主流、充斥着社会的各个角落，这使得人类之间的联系达到了前所未有的高度，而社会分工的日益细化更是让这种状态不断地深化。伴随着人与人之间联系日益紧密而来的是侵权行为的增加，不仅仅是侵权数量的增加，更多地表现为侵权种类的增加，突出表现为大规模侵权案件的发生，诸如工业矿难、职业病、环境污染、产品侵权等新型侵权行为的出现，这让侵权法的前进步伐受阻。而工人阶级维权的呼声日益高涨，迫使当权统治者必须更多地考虑公共利益，也使得权利救济体系的调整成为必然的趋势。在度过早期的为了资本主义的原始资本积累服务时期后，公共政策也开始转向为工人以至社会大众的权利的维护。而且，这时候已经跨越了早期资本主义原始资本积累阶段的资本主义制度，其经济水平得到了很大程度的提高，社会财富的大量增加使得资本主义政权在满足资产阶级自身利益的前提下，开始

① 王泽鉴：《民法学说与判例研究》(第2册)，中国政法大学出版社1997年版，第142页。

关注其他人的生存条件。由此,以社会保障、国家福利、商业保险等为内容的非侵权损害赔偿机制逐步建立,开启了公共政策与侵权损害赔偿机制联系更加紧密的新纪元。

工业社会以来,尽管公共政策已经开始分心于社会公平的实现,但不可否认的是,工业社会的重点在于经济的发展和社会效率的提高,对于整个社会的公平考虑是不够的。到了现代社会,随着经济水平的大大提高,社会伦理道德方面越来越多地关注于人的全面发展、关注社会公平的实现。公共政策的关注对象也开始由经济转向人,而且是社会中的人,是将人放置于整个社会中考虑的。从以往的个人正义转向社会正义,通过建立各种非侵权损害赔偿机制来促进社会正义的实现,从而实现了公共政策与侵权损害赔偿机制的深度联系。至于这种联系有多深,我们或许可以从 P. S. 阿蒂亚的“废除人身损害侵权制度”、“以自由的保险市场取代侵权损害赔偿机制并借以减轻福利国家的负担”①的结论中得到一些启示。对于阿蒂亚的观点正确与否我们暂且不做评判,但从他的公共政策下的具体政策甚至可以取代侵权责任的断言,可以看出在当代社会公共政策与侵权法的联系之紧密非同一般。

可见,在社会经济水平、社会组织和伦理道德观念的影响下,公共政策与侵权法的联系呈不断加深的趋势。而随着经济水平的不断提高、社会组织日益细化以及社会公平理念不断深入人心,综合性的救济模式将会不断得以完善,公共政策与侵权法的联系也将继续被深化。

第三,大规模侵权的现实性将二者紧密联系起来。

早期的各种工业矿难、产品侵权、职业病等在个人正义理念的支撑下,更多地被看作是单纯的个人之间的关系,而没有从侵权行为与整个社会的角度来考虑侵权行为的性质和后果。面对规模日益扩大、数量日益增加、影响日益深远的大规模侵权,在社会正义这一理念的指导下,公共政策以及侵权法都开始对传统的损害救济机制进行检

---

① (英)P. S. 阿蒂亚:“21 世纪的人身伤害赔偿法,想他人所不能想”,载张民安主编:《侵权法报告》第 1 卷,中信出版社 2005 年版,第 49—55 页。

讨。面对大规模侵权,侵权法在归责原则、因果关系、权益保护范围等方面都做出了积极的调整,但司法程序上的赔偿还显得不够坚决。司法机关站在公正的角度对案件进行裁判往往带来的是两个结果:一是由于赔偿数额巨大,加害人根本无力偿还,使得司法赔偿成为一张废纸;二是加害人由于一下子偿付巨大的赔偿金而陷入困境。第一个结果受害人难以得到赔偿,不但使基本的正义理念难以实现,也使得司法权威受到损害。第二个结果有违社会效率的提高。显然这两个结果都不是侵权法所追求的结果。现代社会经济水平已达相当规模,但也绝没有达到允许浪费和破坏的程度,而且社会正义的实现还有赖于经济水平的进一步提高。基于此,综合性救济机制下加强公共政策与侵权法的结合,更多地关注公共利益,应该是侵权法的未来之路。

三、侵权法能否被取代

如果说约翰·G. 弗莱明教授的"侵权法有未来吗?"是对侵权法的担忧和间接批评的话,那么,P. S. 阿蒂亚的"废除侵权责任"则是对侵权法的否定和直接批评。诚然,以过错责任为基础的侵权法发展到今天,确实遇到了些麻烦;而非侵权损害赔偿机制的异军突起,也给侵权法带来了诸如三鹿奶粉事件中患者损害赔偿的迅速实现,而司法程序上的赔偿迟迟未落实的尴尬局面。但在我们看来,更愿意认为这是在公共政策转变价值理念的推动下,侵权法发展的新契机。

(一)侵权损害赔偿机制的困境

1. 过错责任下侵权损害赔偿机制的困境

过错责任起源于罗马法。到了近代,过错责任与理性主义和个人主义的完美结合,契合了资本主义商品生产的私有性,要求整个私法领域贯彻个人主义、自由主义的思想,充分尊重个人意志、自由,鼓励经营者的主动性、创造性和进取心的需要,因而与所有权绝对原则、契约自由原则一起共同构筑了近代私法领域的三大支柱。对于过错责任的崇拜,耶林的名言最具代表性:"使人负损害赔偿的不是因为有损害，而是因为有过失，其道理就如同化学上的原则，使蜡烛燃烧的不是光，而是氧，一般的浅显明白。”①进入工业社会以来，经济迅速发展，社会发生重大变化，工业灾害频发，以过错责任为核心的侵权法面临着合法性危机，因而受到诟病和检视。

第一，过错是一般侵权行为的构成要件之一，侵权损害赔偿依赖于过错的认定。传统的侵权损害赔偿机制认为无过错即无责任，但在约翰·G.弗莱明看来，这是不公平不合理的。他认为受害人应否获得补偿，不应该由加害人是否有过错来决定，而是受害人是否有被救济的需要。② 弗莱明从社会公共利益、社会公平正义角度出发，认为补偿需要补偿的人才是真正的社会公平正义，是人类优秀文化的精髓所在。这是一种符合社会进步的观点。试想一下，一个在故意侵权行为中遭受财产损失的人与一个在紧急避险中丧失双腿的人谁更应该得到补偿呢？此外，过错责任也给我们带来了技术上的困难。无论是主观过错说、客观过错说，抑或是后来发展的主客观因素相结合的过错说，它们都面临着同样的难题，即对于过错到底如何界定。特别是工业社会以来，损害发生之频繁与复杂，使得过错更加难以准确认定，过错问题过多地受诸如审判实务等现实因素的影响。同时，对于举证责任的分配，由受害人承担行为人是否有过错的举证责任，也为受害人获得救济增加了障碍。

第二，作为侵权行为的又一构成要件，因果关系指行为人的行为和损害结果之间引起与被引起的关系。其在侵权法里的功能在于确定侵权损害赔偿的成立，排除侵权损害赔偿，确定侵权损害赔偿的范围。现代社会风险加剧，尤其是大工业的发展，造成了各种危险事故中因果关系的判断越来越复杂，如高科技侵权、产品质量侵权等领域，导致对因果关系的认定困难。因果关系的复杂化表现在学术上众说纷纭、立法上含混不清、实践中举棋不定，但根本问题还是在于实践中

---

① Jhering, Das Schuldmomment im Romischen Recht(1867), P. 179. 转引自王泽鉴：《侵权行为法》，三民书局/台大法学院福利社 2010 年版，第 12 页。

② （美）约翰·G.弗莱明：“关于侵权法发展的思考：侵权行为法有未来吗?”，吕琳、许丽群译，载吴汉东主编：《私法研究》第三卷，中国政法大学出版社，2003 年版。

的认定困境。究其原因,主要是因果关系的判断融入太多因素的影响——从案件的具体事实、法官个人的学识与经验,到法律价值的取向和社会政策变化的要求等。[①] 正是由于因果关系的难以界定,实践中许多侵权案件不了了之,受害人的权益得不到维护,违反了社会的公平正义。

第三,请求侵权损害赔偿的方式是侵权法中对受害人的权利进行救济的方式,它的合理与否直接关系到受害人的权利能否得到救济。现行侵权损害赔偿的落实主要是依赖于侵权诉讼与协议和解两种方式。这两种方式在实现侵权法的功能时,也将侵权法的局限性给暴露出来了。对于侵权诉讼方式,由于司法资源的有限和司法程序性的限制,诉讼往往存在着拖延现象,而获得救济前交付的高昂诉讼费用也成为受害人维权的拦路虎。如果高昂的诉讼费用能够实现权利的救济也罢,但司法判决的不确定性使得经济基础较差的受害人(现实中这样的受害人居多)更加不愿冒此风险。而那些幸运地通过上述关卡的受害人,还未来得及从诉讼的疲惫中缓解过来,新的打击又降临到他们身上——加害人无力赔偿,受害人终究无法得到救济,司法判决成为一张废纸。因此,如果说将侵权诉讼过程形容为"发彩票",获得胜诉相当于"幸运中奖",那么获得赔偿就是中头等大奖了。[②] 相对于侵权诉讼救济的拖延、高成本,和解又能否以其迅速、经济等优势而沾沾自喜呢?答案是否定的。和解协议也还存在着不合理之处,最突出的表现是双方当事人地位的不平等。工业社会所发生的大规模侵权案件中,加害人多为实力雄厚的公司集团,而受害人则多属于普通的民众,甚至不少是弱势群体。加害人往往利用自己的优势地位操纵和解过程,使受害人得不到充分的补偿。

2. 无过错责任下侵权损害赔偿机制的困境

无过错责任,也叫危险责任,指侵权行为的成立,不以行为人的故意或者过失为要件,只要符合法律规定,加害人就应该承担民事责任。

---

① 熊进光:《侵权行为法上的安全注意义务研究》,法律出版社2007年版,第25页。

② 薛虹:"演变中的侵权责任和人身伤害事故问题的解决",载梁慧星主编:《民商法论丛》(第5卷),法律出版社1996年版,第701页。

无过错责任契合了民法理念的个人本位向社会本位的转变，也契合了以矫正正义理论为基础的侵权法逐渐向分配正义靠拢的趋势，因而在各国侵权法中得到广泛的应用，但仍面临许多难以克服的困难。①

第一，无过错责任原则没能协调好“权益保护与行为自由”的关系。任何法律都必须调和好“个人自由”与“社会安全”两个基本价值。② 社会的发展进步首先需要一个安全稳定的环境和秩序，这是一个基础要求。社会的发展史亦是人类自我发展的历史，正如马克思主义唯物历史观认为的那样，人民是历史的创造者，因而要推动社会的发展还必须充分保障人民行为自由的权利，充分发挥人民的积极性与创造性。无过错责任原则，一方面加大了对人民权益的保护范围，使人民的安全得到更加妥善的保护；另一方面也加大了对个人尤其是公司企业行为自由的限制。在侵权与否不确定的情形增加后，公司企业面对风险的时候显得有些畏首畏尾，不利于社会效率的提高。

第二，无过错责任加重了公司企业的赔偿责任，不利于经济的发展，阻碍社会的进步。按照无过错责任原则，只要损害事故发生，即使公司企业已经尽到相当的注意义务，仍不能免除其赔偿责任。与传统的过错责任原则相较，它无疑加重了公司企业的负担。在现代工业社会中，公司企业的众多活动系合法乃至必需，而许多事故的发生，即使是公司企业高度注意仍然不可避免。要求公司企业对所有损害承担责任，就必然加大其成本，效率降低，甚至陷于巨额赔偿而濒临破产。公司企业由于担心从事此类生产活动会带来巨大风险，基于成本效益考虑而转向其他领域，伴有风险的高科技领域鲜有人涉足，阻碍了社会的进步。

第三，无过错责任原则仍然没有克服过错责任原则的诉讼拖延、高成本等缺点，这不利于受害人的救济。同时，无过错责任原则意在建立一种有利于社会弱者的保护机制，以使其受到的损害得到充分的救济，但这种法律上的偏惠并不是以衡平或者补偿的形式出现，其一

---

① 王卫国：《过错责任原则：第三次勃兴》，中国法制出版社 2000 年版，第 108—109 页。

② 王泽鉴：《侵权行为法》，三民书局/台大法学院福利社 2010 年版，第 13 页。

定要借助于侵权法的规则进行，一定要与责任相连。这就使得无过错责任一方面要回避对过错的考虑，另一方面又要借助以过错为基础所建构的侵权法体系来解决损害补偿问题，这本身就是矛盾。

此外，无过错责任也面临着合法性危机，其合法性受到质疑。① 与过错责任下行为人行为的非难性是承担责任的依据相比，无过错责任原则被看作是为了集体的安全和正义而只能牺牲所谓的强者利益的无奈之举。

（二）侵权损害赔偿机制的不可替代性

前面我们对侵权损害赔偿机制进行了检讨，其目的是找出问题并予以解决，以此来推动侵权法的发展。我们并不赞成侵权损害赔偿机制可以被废除或者取代，甚至不赞成对过错责任原则与无过错责任原则的废除与取代。尽管公共政策下的其他救济体制在近年来越来越多地涉入侵权法的调整领域，也体现出了它们特有的优势，但终究是对侵权损害赔偿机制的一种辅助性机制。作为对权利进行救济的主要方式，侵权损害赔偿机制仍具有发展前途。事实上，即使是对侵权法的未来提出担忧的约翰·G. 弗莱明教授，都不认为侵权法可以被完全取代。他这样认为，"即使未来几年中侵权法会越来越多地让位于事故补偿法，侵权法的实践者仍可以鼓足力量，将来在扩大经济损失的范围上弥补失去的领地，在促进民事权利、隐私及其他人格利益的保护方面起到教化传道的作用"②。侵权损害补偿机制仍然具有以下优势：

第一，无过错责任原则尽管有牺牲个人自由以维护社会安全之嫌，但侵权损害赔偿机制仍然是最好的平衡个人自由与社会安全关系的救济机制。王泽鉴就侵权损害赔偿机制中的过错责任原则有过这样的评论："过失责任是最能达成此项任务，因为个人若已尽其注意，即得免受侵权责任，则自由不受束缚，聪明才智可能发挥，人人尽其注

---

① 熊进光：《侵权行为法上的安全注意义务研究》，法律出版社 2007 年版，第 13 页。

② （美）约翰·G. 弗莱明："关于侵权法发展的思考：侵权行为法有未来吗？"，吕琳、许丽群译，载吴汉东主编：《私法研究》第三卷，中国政法大学出版社 2003 年版。

意，一般损害亦可避免，社会安全亦足以维护。”[①]与强制责任保险、赔偿基金等其他赔偿机制相比，侵权损害赔偿强调更加直接的自己责任，这种一次性的全部的自己责任，借助于过错责任原则让行为人对自己的行为有了明确的预判，从而使其合理地安排自己的行为。而自己直接负责又让行为人充分考虑自己行为的成本与效益，从而更加尊重他人的权利，保障社会的安全，侵权损害赔偿机制的这种功能不是其他赔偿机制所能取代的。

第二，侵权损害赔偿机制在平衡当事人之间的利益方面具有优势。基于矫正正义理念的侵权损害赔偿机制，其重要功能在于填补损害。填补损害的功能又称为补偿功能，是指侵权法适用损害补偿的手段，责令侵权行为人向受害人支付赔偿金，以填补受害人因侵权行为所受到的损害的基本作用。[②] 从本质上来说侵权法的补偿功能是对被破坏的利益关系的重组，通过发挥自己矫正器的作用而使被破坏的利益关系恢复到被破坏之前的状态。“填补损害系基于公平正义的理念，其主要目的在使被害人的损害获得实质、完整、迅速的填补。”[③]侵权法通过一次性的直接的自己责任，将加害人基于加害行为而获得的有形利益或无形利益合理地移转给受害人，从而快速有效地实现利益的平衡。侵权法意外的救济机制，多采取一种间接的非一次性的自己责任，即在侵权行为发生以后，首先由保险公司、赔偿基金或者政府组织等给予补偿，然后再由以上组织向实际责任人追偿，为了避免实际责任人陷入困境，有时候还允许他们分期进行偿付，而实际上能否得到追偿往往还要依赖于责任人的经济能力。因而相较于其他的救济机制，侵权损害救济机制显得更加直接，更有效率，更能体现社会的正义。

第三，侵权损害赔偿机制对于一般具体的侵权行为具有天然的优势。非侵权损害赔偿救济机制产生的一个重要契机就在于一些侵权行为具有了社会问题的性质。之所以说具有了社会问题的性质，是因为它们具有了一种“公共性”，体现在侵权行为主体的公众性和影响效

---

① 王泽鉴：《侵权行为法》，三民书局/台大法学院福利社 2010 年版，第 13 页。
② 杨立新等：《侵权行为法》，中国法制出版社 2008 年版，第 61 页。
③ 王泽鉴：《侵权行为法》，三民书局/台大法学院福利社 2010 年版，第 8 页。

果的社会性。可以毫不夸张地说,非侵权损害赔偿救济机制就是专为具有“公共性”的侵权行为量身定做的。但是,犹如穿在甲身上的衣服套在乙身上并不一定合适一样,对于一般具体的侵权行为,用具有笼统性和相对抽象性的救济方式来调整显然是不合适的。不考虑具体的侵权行为的差异性,势必带来社会的不公平。

第四,从前瞻性上看,侵权损害赔偿机制也有其独特的作用。无论是法律政策还是社会政策都必须具备前瞻性,才能尽量使自己紧跟时代的步伐,保证自己的先进性和科学性。前瞻性要求侵权法立法着眼于未来,在侵权法的立法中有必要通过法经济学的分析使其具有一定的前瞻性。① 具体来说,就是要求侵权法对权利的救济除了要考虑对损害进行补偿,还要充分考虑事故的预防。“对事故进行预防,强调侵权法预防功能的稳健实现,而不是仅仅考虑填补过去的损害就是一种前瞻性的思路。”②从损害的预防功能来看,侵权损害赔偿机制显然强于其他救济机制。侵权损害赔偿机制奉行自己对自己的行为负责的原则,这就使得侵权人必须时刻考虑成本效益而正确地安排自己的行为。而其他的救济机制多是间接的自己责任原则,或通过追偿,或通过保险费用,或通过税收等方式来承担责任,这些间接方式一方面拉远了责任人与赔偿损害的距离,另一方面也极大地降低了侵权成本,因而使他们怠于合理安排自己的行为并履行注意义务,增加了不利因素产生的可能性。

（三）侵权损害赔偿机制的未来——综合性的救济机制

随着新型侵权行为的出现,要实现侵权法的填补损害和预防损害功能,并最终实现社会的公平正义,综合性的损害救济机制成为必然的趋势。在充分考虑侵权损害赔偿机制的存在价值基础上,一方面应肯定侵权损害赔偿机制的不可替代性,另一方面也要使侵权损害赔偿机制做出有效的调整,与其他救济机制更好地协调配合,从而共同完善和发展这种综合性的救济机制,更多地向社会正义靠拢,促进社会

---

① 张瀚、周林彬:“侵权的不确定性与侵权法功能的实现”,载周林彬主编:《侵权责任法的理论与实践》,华南理工大学出版社 2010 年版。

② 周林彬、毛杰:“论侵权法的经济分析”,载《法制与社会发展》2006 年第 1 期。

的进步与发展。

1. 综合性救济机制的可能性

侵权法功能的转变为综合性救济机制的建立提供了契机。侵权法的救济功能不断加强，已经逐渐成为当代侵权法的主要功能。[①] 侵权法这种功能的转变，使得其更多地去关注救济功能的实现与否；更多地去关注需要救助的对象，而且将救济的基础逐渐从有过错转向受害人是否有需要，从而做出自身的调整。与此同时，这种功能的转变无疑拉近了侵权法与其他救济制度的距离，拥有了共同目的的侵权损害赔偿救济机制与其他救济机制彼此间的排异性得以降低，从而能够配合更默契。

任何政治制度、社会政策的实施，都有其特定的社会经济水平和伦理道德观念做支撑。关注社会整体利益的综合性救济机制具有较强的公众性和社会性，这使得救济对象的范围和救济权利的范围等都有了极大的拓展。具体来说，即是救济对象由被过错侵权行为损害的受害人向需要社会帮助和救济的人转变；救济的权利范围由有形权益向无形权益和纯经济利益拓展。这一系列的转变，既加强了对受害人的救济，也对一个国家的经济实力提出了更高的要求。发达资本主义国家的经济实力是毋庸置疑的，它们大多数都已经进入了福利国家和后工业化时代，西欧国家普遍的较高水平的福利待遇和美国完善的社会保障体系都是很好的证明。就我国来说，自改革开放以来，我国经济实力得到极大的提高，国民生产总值已经排在世界的前列。由于人均水平还有待于提高，因而不能苛求建立资本主义国家那种高水平的综合性补偿机制，但如果我们以此为由而让救济体制裹足不前，那就是不进而退了。因为我国的经济实力已经可以支撑社会目标由效率向公平转变了。也正因为如此，近年来我国提出了“以人为本、和谐社会”的新的治国方略，在2013年的两会上又提出了“改善民生、促进社会公正”的新目标。侵权损害赔偿机制由一元化向多元化转变，努力

---

① 王利明：“建立和完善多元化的受害人救济机制”，载王利明主编：《中国民法年刊2009》，法律出版社2010年版。

与其他社会救助机制相协调配合，这正是契合了当今中国经济发展水平与公平价值理念下的必然结果。

其他社会性救济机制之救济范围的有限性，使得侵权损害赔偿机制与其他救济机制能够在各自的范围内“相安无事”。侵权损害赔偿机制原则上适用于所有的侵权案件，但为了扬长避短，在将自己充分运用于一般具体的侵权案件的同时，将某些特殊的侵权案件让位于其他社会救济机制。例如，在交通安全事故中，强制责任保险制度发挥着独特的作用；在产品责任中，赔偿基金对于受害者进行着有效的救助；覆盖面广泛的社会保障制度则从保障人民的基本生存能力着手，对需要救济的人进行帮助。正是这种调整范围上的默契配合，造就了综合性救济机制的美好未来。

此外，侵权损害赔偿机制与其他社会性的救济机制的广泛实践，也为将来二者的协调配合提供了有价值的经验，使得这种综合性的社会救济机制内部的完善变得更加的容易。①

2. 如何提高侵权损害赔偿机制与其他社会救济机制的默契

侵权损害赔偿机制的美好未来，取决于与其他社会救济机制的默契配合程度。为了实现这一美好的愿望，有必要从以下方面做出进一步的完善：

第一，进一步明确划分各自的适用范围。正如“和尚喝水”理论一样，在一个范围内如果没有一个明确的责任主体，就必然导致责任主体之间互相推诿而最终导致目标的难以实现。为了更好地维护受害人的权益和实现社会效率，在充分配合责任保险解决交通事故中的侵权，以及发挥赔偿基金在产品责任中的救济作用的同时，侵权法还应妥善处理好医疗损害赔偿和环境污染等领域中的责任分配问题，找出一个最佳的责任分配方案。鉴于这类侵权行为的特殊性，应该建立一

① 例如，德国机动车和第三人责任保险联合会制定的《大规模事故的共同理赔原则》，针对大规模交通事故确定了共同理赔原则，对于涉及 50 辆以上机动车的事故原则上可以适用共同理赔程序，从而简化了对大规模交通事故中受害人损害赔偿的程序。参见（德）克里斯蒂安·冯·巴尔：《大规模侵权损害责任法的改革》，贺栩栩译，中国法制出版社 2010 年版，第 24—26 页。

种专门的救助机制以更好地维护受害人权益，实现社会的公平正义。

第二，建立一种层次清晰的综合性社会救济体系。侵权行为从总体上来说应该由侵权法来调整，因为这种直接的自己责任最能实现社会的公平正义。但从受害人请求救济的体系上，应该在制度层面明确以更加方便受害人的请求获得救济。具体来说，一是如果加害人可以确定，受害人应当先向加害人请求赔偿；二是如果先给予社会救助，社会救助机构有权向侵权人行使追偿权；三是社会救助主要限于严重的人身损害；四是在无法确定加害人或者加害人无力赔偿的情况下，可以采取社会救助的方式。①

总之，在多元化的综合救济机制中，只有充分有效地协调好侵权损害赔偿机制与其他社会救济机制的关系，明确各自的适用范围和适用条件，才能既充分发挥侵权损害赔偿机制的基础性作用，又充分发挥好其他社会救济机制的辅助性作用。

四、公共政策理论对侵权法发展的影响

从传统观念来看，侵权法被看作是民法的天然组成部分，而被定位于私法。然而，侵权法并非是纯粹意义上的私法，尤其是发展到今天的侵权法，在面对主体、内容、影响等方面都具有公共性的侵权行为时，如果仅单纯地从私法自治角度来实施侵权法，其结果肯定是有违社会公平正义的。事实上，今天的侵权法已经融入许多的公法因素，在很多方面体现了社会的公共利益，法官对一个侵权案件的审判有时不仅仅考虑当事人之间的过错与损失，还要从社会的角度责令被告承担侵权时的社会后果，实现法律政策的前瞻性思考。正如 Dennis Lloy 指出的，“在英国，侵权法之所以得到发展，其原因在于，英国法官在做出判决时会考虑公共利益的要求”②。随着以侵权损害赔偿机制、责

---

① 王利明：“建立和完善多元化的受害人救济机制”，载王利明主编：《中国民法年刊 2009》，法律出版社 2010 年版。

② 转引自张民安、梅伟：《侵权法》（第 2 版），中山大学出版社 2005 年版，第 31 页。

任保险、赔偿基金、行政补偿等为内容的综合性救济机制的建立，公共政策对侵权损害赔偿机制在价值理念、目标功能以及具体制度安排上产生更为深刻的影响。

（一）价值理念上的影响

一个社会的公共政策价值理念追求，通常代表着某个时期整个社会的价值追求。侵权法是一种特殊的公共政策，它的身上也承载着实现公共政策目标的任务。侵权法一方面在价值理念上深受公共政策价值理念的影响，另一方面也在不断地调整自己的价值理念，使其符合当时的社会公共利益的要求。

1. 公平与正义

公平价值在法律上的意义从来都极其重要。正如有学者所言："真正的和真实意义上的'公平'乃是所有法律的精神和灵魂。"①公平原则成为民法等私法部门法的基本原则，贯穿于它们的立法、司法和执法等活动的始终。作为私法的侵权法当然也受其指导，事实上公平价值自侵权损害赔偿机制产生以来就已经融入其中。无论是早期"以牙还牙，以眼还眼"的复仇制度和罚金制度，还是现代社会的损害赔偿制度，无不是一种公平理念的反映。即使是在事故频发、侵权形式更为复杂的今天，公平理念依然是侵权法的重要理念追求，变化的只是内涵的更加丰富和侧重点的不同。侵权法公平价值理念在公共政策影响下的变化，主要体现在两个方面：一是从个人间的公平向社会公平的转变。在传统侵权法中，侵权行为更多地被看作是单一的一对一的关系，被破坏的利益失衡也只存在于个人之间，因而对个人间利益的调节就可以实现公平。而至现代社会，社会分工的高度细化和联系的高度紧密，使得侵权行为更多地表现为一种一对多或者多对多的形式。这种情形下，侵权行为已经超出个体之间对社会的安全和谐稳定产生影响，侵权法的公平价值追求已经开始转向整个社会的公平。二是从形式上的公平向实质上的公平转变。传统侵权法更多地专注于加害人对自己行为负责、受害人应该得到赔偿的法律形式上的强调，

---

① 转引自卓泽渊：《法的价值论》，法律出版社2006年版，第413页。

而没有重视如何保障受害人尤其是处于劣势的弱势群体的救济，它能带来的仅仅是一种形式上的公平。现代侵权法不仅在法律形式上保证当事人的公平待遇，而且还通过有效的制度来保证实质公平的实现。例如诉讼费用的延迟交付，举证责任倒置，过错责任标准的客观化等，这都是现代侵权法追求社会实质公平的体现。

正义与公平就像一对孪生姐妹，谈到公平就离不开正义。对于正义的价值，罗尔斯认为正义是至高无上的，它是社会制度的首要价值，如同真理是思想体系的首要价值一样。① 作为社会的首要价值，正义理念也是侵权法的必然追求，这是因为“任何一种理论、法律或制度，不管怎么有用和巧妙，但是要是不正义的，就一定要被抛弃和消灭”②。对于正义从来都不缺少研究和论证，最著名的和运用最广泛的莫过于罗尔斯的个人正义与社会正义和亚里士多德的矫正正义与分配正义的划分。而侵权法的现代价值理念追求也再一次印证了两位思想家的高瞻远瞩。

现代公共政策理论对侵权法正义价值理念的影响主要表现为两个方面：

其一，个人正义向社会正义的转变。传统侵权法从绝对自由主义出发，主张“正义所保障的各种权利，不受政治交易或社会利益的考虑所左右”③，这种个人正义的理论从形式上、微观上来看实现了社会正义。然而无政府主义和不考虑社会利益的后果，事实上是牺牲别人的利益，且通常是大多数人的利益，这显然与真正的正义相矛盾。在沈宗灵看来，我们之所以能容忍这种错误的理论，仅仅是因为缺乏一种更好的理论或者说是因为必须避免一种甚至更多的不正义。社会是人们自给自足的联合，社会合作可以使所有的人所过的生活，比每个人单靠自己的力量所过的生活更好，社会正义就是一种社会联合的正义。社会正义是一个良好社会所具有的特征，而一个良好社会的条件：一是在这一社会中，每个人都接受同样的正义原则，并且知道其他

---

① 沈宗灵：《现代西方法理学》，北京大学出版社 2009 年版，第 86 页。
② 沈宗灵：《现代西方法理学》，北京大学出版社 2009 年版，第 86 页。
③ 转引自沈宗灵：《现代西方法理学》，北京大学出版社 2009 年版，第 86 页。

人也接受同样的正义原则；二是各种基本的社会制度普遍地符合这些原则，而且一般人也知道它们符合这些原则。[①] 现代侵权法保证每个人在受到侵害后将得到正义待遇的同时，提倡无过错的加害人甚至是社会中的所有人应该为需要救助的人做出一定的牺牲，而牺牲的根据就在于做出牺牲的人也都是潜在的受害者，在受到侵害后同样会获得类似的正义待遇。

其二，矫正正义向分配正义的靠拢。自亚里士多德将正义分为矫正正义和分配正义以来，矫正正义就被广泛地应用于侵权法，并被认为是侵权法的完美依托。矫正正义，正像这一名称所表示的那样，目的在于纠正受到破坏的平等，要求我们从平衡原告与被告的地位实现公平，完全不考虑第三方。在矫正正义看来，受害人之所以应该获得赔偿，是因为加害人在此过程中有过错或者说获得了利益，而且这仅仅是加害人本人的责任，与他人和社会无关。因而，对双方当事人利益关系的纠正就是正义的最终目的。矫正正义的理念契合了早期资本主义社会更重视效率和行为自由的需要。然而，就分配正义来看，在某一侵权过程中，不仅仅是加害人的过错或者获利的不仅是加害人。作为社会财富的一部分，加害人的获利就是社会财富的增加，它成为推动社会进步的一股力量。既然受害人以自己的牺牲来推动了社会的进步，那么社会就要担负起救助他们的责任。因此，分配正义主张在法律上平等的人们中均等地分配社会利益。荣誉、金钱、财物、公共财产的享有，当然还有更重要的损害的承担——所有一切都必须在平等的范围内使所有人能平等地享有和承担。现代社会无过错责任原则和公平原则的确立，责任保险、赔偿基金和社会保障等综合性救济机制的建立，都是矫正正义向分配正义靠拢的一种体现。

2. 自由与安全

任何法律都必须调和“个人自由”与“社会安全”两个基本价值。在以亚当·斯密为代表的古典经济学家看来，个人是自己利益的最佳判断者，经济活动若能顺应个人利己之心的引导，个人不仅将得到自

---

① 沈宗灵：《现代西方法理学》，北京大学出版社2009年版，第87页。

由发展,而且市场“这只无形的手”也将自动地优化资源配置,促进效率的提高,社会整体也会因此进步。为了实现社会的进步,效率成了一个制度、一个国家在初期的必然选择。例如初期的资本主义制度,20世纪末坚持“效率优先、兼顾公平”的中国。个人自由作为实现社会效率的有效手段,社会和国家在初期都给予充分的保障,在侵权法领域最好的体现就是过错责任原则。过错责任原则有两个优点可以保障个人自由的实现:一是废除了结果责任,主张无过错即无责任,通过对过错标准的限定将承担责任的范围进行限制,在范围上保障了个人的自由;二是让行为人对自己的行为有了明确的预判,从而在可能带来损害的活动面前除了尽到相当的注意义务外不会畏首畏尾。这样,通过对个人自由的保护,推动了社会效率的提高,加快了社会发展的步伐。

如果说保护个人自由是社会发展所必需,那么,过多倾向于个人自由的保护则是一个经济不够发达的制度和国家的无奈之举。社会安全是人类社会相对于效率而言的更高水平的价值追求,而对个人自由的过多维护一定程度上牺牲了社会的安全价值。当社会发展到一定程度,法律的天平更多地倾向于社会的安全,这是社会发展的客观规律。无过错责任和公平责任原则的确立,大大拓展了侵权法的范围。通过提高侵权成本,使得加害人在面对可能带来侵权的行为时,尽到更多的注意义务甚至停止该行为,这些无疑是对个人自由的限制,也会阻碍社会效率的提高。但人类社会不是一个由金钱堆积起来的冷酷社会,而是一个富有关怀的人性社会,对社会安全的更多考虑已经成为当下社会的必然选择。对此,我们可以从当前的法律政策中清晰地看到这一趋势:在《刑法修正案(八)》里规定醉酒驾驶可能构成危险驾驶罪,用刑法这一最严格的法律进一步扩大被保护社会安全的范围;最高人民法院关于从重从快处理食品安全案的指示,也再一次彰显对社会安全价值的重视。

(二)功能上的影响

公共政策对于侵权法填补损害和预防损害的两大功能都产生了深刻的影响。

1. 填补损害功能的加强

对于公共政策使侵权法的填补损害功能加强的争议较小,大多数学者都认为公共政策下的其他救济制度的建立和展开,使得受害人的救济能够更快更完整地得以实现。对此,我们也持同样的看法,这也符合现代公共政策以人为本、追求人类的全面共同发展的价值追求。公共政策加强对人的关怀,使得侵权法填补损害功能得以加强。主要体现在以下几方面:

第一,综合性救济机制的建立,使得受害人在需要进行救济时有了更多的渠道选择。以责任保险、赔偿基金、行政补偿和侵权损害赔偿等为内容的综合性救济机制打破了传统的侵权诉讼的单一救济机制。在受害人需要救济时,受害人可以根据自己的需要和方便,选择其中的一种或几种作为自己权利救济的方式,在制度选择上有了更多的便利,减少了那些因为制度的不便而带来的权利得不到救济的情形。这种在制度上的人性化安排,是公共政策对侵权法影响的一个结果。

第二,专业性的对口救济机制的建立,使得受害人的权利救济变得更加有效率。任何事物都有其自身的特殊性,应该尽量有差别地对待它们,侵权行为也需要我们根据它的特点进行有区别的救济。传统侵权法笼统地运用侵权诉讼模式来救济所有侵权行为,这本身就存在不合理的地方。而无差别的过错责任原则、因果关系的推导、举证责任的分配等在面对不同的侵权行为时,其效果亦显得明显不足。现代侵权法针对某些特殊的侵权类型,制定特殊的权利救济机制,这一特殊救济机制的归责原则、因果关系、举证责任等都从该侵权行为的特殊性出发,因而使得这类侵权行为的救济变得更加的有效率。而这种侵权行为通常都是社会中发生频率高、波及范围广的社会问题,对这些问题的妥善解决能够在很大程度上实现公共政策的目标。

第三,在赔偿金上得到了更有力的保证。传统的侵权诉讼救济机制的一个很大弊端就是受害人花费很大时间、金钱的投入获得胜诉后,虽然法院最终判决加害人对受害人进行赔偿,但是由于加害人根本无力偿付或者无力足够偿付,受害人实现救济就很困难。现代综合性救济机制从人本观念出发,主张损害尤其是重大人身损害发生以后，首先确实保证受害人的救济得以实现，其次才考虑责任的实际承担和分配。在这种机制下，首先由第三方救济组织对受害人进行救助，第三方组织的存在使得受害人在赔偿金上得到了切实保证。

第四，减少了诉讼程序和诉讼费用的救济制度，使得受害人能够更加及时和完整地得到赔偿。传统侵权损害赔偿机制下，受害人要获得赔偿必须经过诉讼或者协议和解。在过错责任原则下，受害人获得赔偿需加害人存在过错，而过错的存在与否取决于法官的判决。因此，司法程序和诉讼费用是权利救济过程中不可或缺的东西，这阻碍了受害人获得及时完整的赔偿。现代综合性救济机制在对某些重大侵权行为进行救济时，放弃了侵权诉讼这一救济方式，从而减少了诉讼程序和诉讼费用对受害人权利救济的不利影响，使得权利人能够更加及时完整地得到赔偿救济。

2. 预防功能的加强

对于公共政策是否加强了侵权法预防损害的功能存在着争议。王泽鉴认为，公共政策下的诸如责任保险制度一方面有助于侵权法分散损害的功能，他方面在某种程度上亦会减损其预防损害的作用。① 也有学者认为，公共政策下的保险制度强化了侵权法的补偿功能和弱化了侵权法的阻却功能与事实不符。② 我们赞成后一种观点，理由主要如下：

第一，在充分发挥公共政策下其他救济机制的辅助作用时，仍然坚持着侵权诉讼救济机制的主体地位。首先，当侵权事实发生以后，受害人可以对救济机制进行选择，选择对自己最有利、最方便的救济机制；其次，当其他辅助性救济机制发挥作用有限时，侵权诉讼救济机制将为受害人提供更强有力的救助；最后，在某些特殊的侵权行为里，侵权诉讼救济机制甚至还可以与其他救济机制并存使用。可见，在综合性救济机制下，虽然认可了其他救济机制对某些侵权行为的优先适用性，但是并没有排除侵权诉讼救济机制的适用。事实上对某些严重

---

① 王泽鉴：《侵权行为法》，三民书局/台大法学院福利社 2010 年版，第 10 页。
② 张民安、梅伟：《侵权法》（第 2 版），中山大学出版社 2005 年版，第 26 页。

的故意侵权行为，即使可以使用其他救济机制进行救济，我们认为更应该用法律的严厉手段对其进行制裁。因此，公共政策下的其他救济机制因有了侵权法做支撑，它的预防损害功能仍然是没有减弱的。

第二，社会政策下的其他救济机制在实施过程中仍然发挥着预防损害的功能。例如，在责任保险领域，正如王泽鉴建议的那样，保险费用与肇事记录予以联结，依其肇事率定其保险费率，尤其是投保人经常性地、反复地实施侵权行为，使保险公司承担的赔偿责任过多，则保险公司可能拒绝同投保人订立合同；在赔偿基金里，基金组织在进行赔偿后可以向实际责任人收取合理的费用，既是为了应对下一次的事故，同时也是对该侵权人的一种督促；而在行政赔偿中，行政机关在进行补偿后可以向实际责任人追偿，甚至还可能带来罚款等。可以看出，公共政策下的综合性的损害救济机制并没有单纯地考虑受害人的赔偿，而是在做好对受害人赔偿的同时，努力向预防损害靠拢。

综上我们可以看出，公共政策影响下的综合性救济机制在实现损害的预防功能上，一方面有侵权诉讼的保证，另一方面自身也在努力完善体制结构，以更好地实现政策的前瞻性。因而，侵权损害救济机制的预防功能并没有减弱，而是在预定的轨道上稳步前进。

第二章　大规模侵权下的公共政策考量

一、大规模侵权问题的提出

随着社会的发展，人们需求的增加，大规模标准化、重复性的生产是满足人们生产和社会需求的根本方法，这也使得相同地域以及不同地域的消费者能够在相同时间或者不同时间消费同样的产品。于是一批生产出来缺陷（瑕疵）产品造成众多消费该产品的消费者的人身、财产损害，侵害众多消费者的权利。如美国的石棉诉讼案、中国2006年齐二药假药事件以及2008年的三鹿奶粉事件等。这些大规模侵权事件的受害人范围广，因果关系认定困难，更为重要的是对受害人的救济也就成为一个难题。

（一）大规模侵权的典型案例

1. 美国的石棉诉讼案、DES诉讼案

石棉材料具有防火、耐腐蚀、隔音、隔热等各项优异功能，广泛运用于工业领域，被称为“工业的食盐”。然而，后来经美国有关社会组织和政府机构证实，长期接触石棉制品，吸入石棉粉尘容易患间皮瘤、石棉肺等疾病。1967 年,美国一名港口的石棉搬运工死于石棉肺,其妻到法院起诉,请求赔偿并首次获得巨额赔偿。① 此后,石棉诉讼案件便蜂拥而至,因石棉导致损害的索赔案件至今仍绵绵不绝,甚至由于律师的介入,在律师的策划下逐渐成为了集团诉讼,给美国法院的审判工作带来了巨大的挑战,审判能力受到了巨大的考验。

DES(Diethylstilbestrol),是合成雌性激素(女性荷尔蒙的一种)。1941 年,美国食品与药品管理局(FDA)认可其作为药物用于治疗被认为是雌性激素不足而引起的女性疾病。1946 年,DES 作为预防习惯性流产的保胎药也得到了认可,后来也被用于阴道炎、更年期综合征等病的治疗。然而,后来经荷兰癌症研究院的证实,服用此药的孕妇如果生育了女孩,那么该女孩患阴道癌的几率为 30% ~90%。原告辛德尔(Sindell)作为近 100 个受害人的代表,把生产该药的 11 家公司作为共同被告起诉至法院。其中辛德尔为自己提出了 100 万美元的损害赔偿和 1000 万美元的惩罚性损害赔偿的要求,为她所代表的团体,提出要求警告医生等对 DES 的危险性以及是否患有上述疾病进行诊断鉴别的检查有实施的必要性,要求命令在加利福尼亚州内设立免费诊疗所进行检查的衡平法上的救济。当时美国生产 DES 的药厂近 300 家,原告也无法提供证据证明其究竟是服用哪一家的 DES 而致害,一审法院判决因果关系不成立。原告提出上诉,州最高法院判决生产 DES 的公司根据其生产的 DES 所占的市场份额,按比例承担赔偿责任。②

2. 德国的沙利窦迈诉讼案

沙利窦迈,英文名为"Thalidomide",曾被认为是一种无毒无副作用的抗妊娠反应药物,被众多孕妇推崇为首选品牌。20 世纪 50 年代末,该药最先在欧洲国家登陆上市,不久便风靡全球。然而,正当其高

---

① 朱岩:"大规模侵权的实体法问题初探",载《法律适用》2006 年第 10 期。

② Sindell v. Abbott Laboratories 26 Cal. 3d. 588,163 Cal. Rptr. 132,607 P. 2d 924,2 A. L. R. 4th 1061(1980). 具体案情亦可参见(日)藤仓皓一郎等:《英美判例百选》,段匡、杨永庄译,北京大学出版社 2005 年版,第 352—355 页。

歌猛进之时,澳籍医生 William McBride 却证实了一个令世界震惊而又让人倍感伤痛的消息:在其亲自接生的服用此药的产妇中,有多名产婴四肢发育不全,短如海豹鳍足,俗称“海豚肢”。从 20 世纪 60 年代起,该药陆续在世界各国被强制撤回,研发并生产此药的 Chemie Grünenthal 公司为此遭受诸多诉讼,最终因无力偿付巨额赔偿宣告破产。据初步估计,全球有近万名婴儿因此导致畸形,另有数千名婴儿在出产前便胎死腹中。①

3. 日本的尼崎列车脱轨案、JCO 东海事业所核泄漏案

2005 年 4 月,日本尼崎县境内一列载有近 600 名乘客的列车在行驶途中突然脱轨,数节车厢在惯性的作用下冲进路边的楼房,结果共造成 107 人死亡、460 余人受伤,这是自 1963 年日本东京火车事故以来最为严重的一起。根据日本官方机构调查认定,西日本旅客铁道株式会社应对该事件负责。此次事件不仅造成了重大人员伤亡和财产损失,而且还因灾后救助、消防、重建等工作,给周边居民的出行与生息造成了重大影响。②

1999 年 9 月 30 日,JCO 东海事业所的实验楼内发生了一起重大核泄漏事故,造成 69 人受到放射线照射,其中包括该所的 59 名员工,东海村消防队的 3 名救急队员和附近建筑公司的 7 名员工。另据不完全统计,事故当天向避难场所疏散的 120 人也受到不同程度的照射。根据有关组织的初步估计,因受此次事件的影响,包括农业、渔业和服务业等在内的赔偿请求达到了 3000 多项,赔偿总额超过 9300 万美元。③

4. 中国的齐二药假药案、三鹿奶粉案

2006 年 2 月 24 日,龚小华因胆管炎入住湘西州人民医院普外 13 病室。治疗过程中湖南湘西州人民医院为其使用了齐齐哈尔第二制

---

① 案情参见刘亮:“大规模侵权研究”,中国人民大学法学院博士学位论文,2010 年 3 月,第 22—23 页。

② 案情参见刘亮:“大规模侵权研究”,中国人民大学法学院博士学位论文,2010 年 3 月,第 23—24 页。

③ 案情参见(日)八木铁雄:“日本东海村核燃料加工厂核心辐射事故和消防救援概况及启示”,刘永基译,载《山东消防》2000 年第 7 期。

药有限公司生产的亮菌甲素。龚小华住院4天后出院。2006年3月3日，他因身体不适再次入住湘西州人民医院，被诊断为急性肾功能衰竭，治疗11天无效死亡。2006年10月10日经湘西州擎天司法鉴定中心对龚小华死亡原因进行法医学鉴定，鉴定结果为：被审查对象龚小华系在医疗过程中使用了齐二药公司生产的假药“亮菌甲素注射液”后致急性肾功能衰竭而死亡。此种假药是造成其死亡的直接原因。① 2006年4月19日起，有11名患者在中山三院接受治疗时注射了后来被认定为假药的齐二药亮菌甲素注射液，后出现肾衰竭等中毒反应，其中9名患者相继离世。2007年8月初，十余起案件在广州市陆续开庭，受害者向医院、药品制药公司以及销售商的索赔金额累计超过2000万元。在齐二药假药事件中，广州的受害者有60多人。除此之外，还有江西、黑龙江以及其他省市也陆续出现多起相似的病例，以及其他没有被披露出来的众多受害者。②

2008年6月28日，兰州市的解放军第一医院收治了首例患“肾结石”病症的婴幼儿，并向甘肃省卫生厅提交了婴儿泌尿结石病例报告。随后短短两个多月，该医院收治的患婴人数就迅速扩大到14名。据调查发现，三鹿集团股份有限公司生产的三鹿牌婴幼儿配方奶粉受到三聚氰胺污染，三鹿奶粉事件被曝光。9月12日，三鹿集团被责令全面停产整顿。9月13日，党中央、国务院对严肃处理三鹿牌婴幼儿奶粉事件做出部署，立即启动国家重大食品安全事故I级响应，并成立应急处置领导小组。9月16日，国家质量监督检验检疫总局对婴幼儿配方奶粉发布《关于全国婴幼儿配方奶粉三聚氰胺专项检查的结果通报》，全国包括蒙牛、伊利等在内的22家奶制品企业的产品被查出含有三聚氰胺，涉及的婴幼儿患者近30万之众。2008年12月下旬，三鹿集团进入破产清算程序。包括三鹿集团在内的22家责任企业主动表示愿意对近30万名确诊患儿给予赔偿，共拿出资金11亿多元，其

---

① 杨宇峰：“齐齐哈尔第二制药厂假药亮菌甲素致患者死亡案”，载新浪博客，http://blog.sina.com.cn/s/blog_628e8d760100fxas.html。

② 相关情况参见新浪网新闻中心：“齐齐哈尔第二制药厂生产假药”，http://news.sina.com.cn/z/qqhescjy/。

中9亿多元用于患儿的现金赔付，2亿元用于设立医疗赔偿基金，用于赔偿患儿18岁前的后续诊疗费用。国家在对尚未康复的婴幼儿患者继续进行免费后续治疗的同时，确定了补偿标准：死亡病例补偿20万元，重症病例补偿3万元，普通症状补偿2000元。①

（二）大规模侵权的社会原因

大规模侵权频发，是有其深刻社会原因的。概括起来，主要包括：

第一，企业本身的特性。企业作为一种商事组织，是连续稳定地从事经济活动的营利性社会组织，企业的突出特征在于营利性。所谓营利性，是指企业通过一定的组织形态（如商法人、商合伙、商个人），借助于一定的生产要素（如资本、技术、人力），从事一定的经济活动（如生产、流通、服务），获取一定经济利益（利润）的活动。在我国现行法律框架下，企业主要包括合伙、公司、独资企业和外资企业等多种类型，它们都具有独立的商事主体资格，在社会经济活动中，以追求最大利益和最小损失为目的，自负盈亏、自主经营，建立品牌效益，求得更好的生存和发展。在市场经济发展的今天，这些特性符合市场经济下优胜劣汰的生存规则，但另一方面，这容易导致企业过分追求利润，忽视其本应承担的一系列社会风险和社会责任，极易滋生道德风险。企业这一特性造成的企业行为，是大规模侵权产生的前提之一。

第二，科学技术的发展。大规模侵权这一独特的法律现象，仅关注主体（企业）的行为，是远远不够的，还应当关注其手中的“工具”，即科学技术的应用。科学是真理，技术是人类在实践活动中直接应用的知识、技能、工艺、手段、方法和规则的综合，是人类生产力的专业性能的表征。② 科学与技术紧密相连，相互渗透，是推进社会发展和进步的动力源。企业基于营利的特性，在生产经营过程中必然会应用科学技术以提高生产效率，降低成本，促进企业的改革和创新，以最少的成本付出赢得最大的收益，这也是企业的本性使然。科学技术，一方面会成为大规模侵权主体（企业）的工具，造成或加速造成企业的大规模

---

① 相关情况参见新浪网新闻中心：“问题婴幼儿奶粉事件”，http://news.sina.com.cn/z/wtnfyesjs2008/。

② 现代汉语辞海编委会：《现代汉语辞海》，光明日报出版社2002年版，第524页。

侵权;另一方面,科技的应用在揭示和证明大规模侵权的过程中发挥了重要作用。例如,美国的石棉案件,正是由于科学技术的鉴定和验证,使得侵害行为与后果之间的因果关系明确,同时,也为受害人提供了诉因。①

第三,信息不对称。所谓信息不对称,是指信息在相互对应的经济主体之间呈不均匀、不对称的分布状态,即有些人对某些事情的信息比另外一些人掌握得多。② 21 世纪是信息化的时代,专业分工日益精细,企业为了达到效益最大化和损失最小化,必然会搜集和获取相关的信息,以便在市场竞争中占有绝对的优势。而从信息的获取和机会成本的角度看,一般的消费者不具备这种信息上的优势,从而使一般社会主体处于一种被动接受的地位。具体到产品责任、环境污染领域(大规模侵权主要发生的领域),由于信息的不对称,在产品交易过程中,影响消费主体的理性决策。以三鹿奶粉案件为例,倘若消费者事前知晓劣质奶粉蛋白质含量低下,其一般不会选择购买。同样,在环境污染领域,如果某地理区域的人群对污染源的存在事先知晓,则很可能会采取一系列防护措施,趋避环境污染的发生。因而,信息不对称不仅是现代社会经济发展的必然,而且是大规模侵权发生的另一重要诱因。

第四,社会组织和媒体的介入。从大规模侵权的实践来看,社会组织和大众媒体在揭示大规模侵权过程中,起到了至关重要的作用。特别是进入 21 世纪以来,随着网络技术的发达,各种社会事件借助于网络这一平台被迅速地传播到各个角落。只要在有网络的地方,社会事件就必定会迅速得到披露和宣传,同时还会引起网友的热议。例如,就前述我国的齐二药假药事件、三鹿奶粉事件而言,如果没有社会组织的介入、新闻媒体的跟踪报道,事件过程就很难被曝光,社会公众对其损害后果的异常严重性也就难以知晓。就大规模侵权而言,正是

① 刘亮:“大规模侵权研究”,中国人民大学法学院博士学位论文,2010 年 3 月,第 22—23 页。

② 刘光岭:“信息不对称对绿色产品市场的影响——基于制造商和消费者关系的研究”,载《山西财经大学学报》2007 年第 8 期。

由于相关社会组织的检验和媒体的及时揭露，使得受害者能第一时间知晓缺陷产品致害的相关信息，从而向责任企业索赔。由此可见，大众传媒对大规模侵权案件的揭示具有极其重要的作用。

事实上，近一个世纪以来，因产品责任、药品侵权、交通事故、工厂事故、环境污染造成大规模侵权案件在各个国家都有发生。在美国，因为 DES 案件受害者无法证明造成损害的 DES 是哪一家制药公司生产的，美国州最高法院判决制药公司根据其生产的 DES 所占的市场份额按比例承担赔偿责任，因此确立了市场份额责任理论，[①]并引起了学者对侵权法公共政策转变的关注。[②] 在日本，加藤雅信主张，人类社会要解决各种原因引起的损害赔偿问题，就应当建立一种统一的综合救济制度，综合考虑社会保障、社会保险等制度对受害人进行救济。北川善太郎指出，要“解决大规模受害问题的受害救济制度需要把从事前的预防措施至事后的救济制度的全过程作为一个综合系统来构建。这个系统要在实质上保证救济的实现，如受害的预测与防止、受害的认定、受害额的算定、迅速而全面的救济、资金的确保等。”[③]然而，在我国，到目前为止尚未形成对大规模侵权案件的一种稳定的救济模式，仍然是以政府为主导的一种行政救济模式。政府靠行政途径解决重大事故，进行行政赔偿无可厚非，但是随着大规模侵权事件的激增，政府是无法长期背起这个包袱的。同时，政府也无法从根本上解决大规模侵权所面临的对受害人进行救济的问题。

---

① 市场份额责任的确立是为了解决大规模侵权案件中受害人得不到赔偿的问题。该责任的确立不需要受害人指出他的损害具体是由哪个生产商生产的产品造成的，只要证明该厂家确实生产了该产品，并因为该产品造成损害，这就大大减轻了受害人的举证责任。同时，市场份额责任能够较为公平地在生产同种商品的生产商之间分配赔偿责任。一方面有利于受害人损失的分担和及时的受偿，另一方面，也较好地平衡了公司的社会责任和消费者保护的利益冲突。

② See Edward J. Schoen, Margaret H. Hogan and Joseph S. Falchek. *An Examination of the Legal and Ethical Public Policy Consideration Underlying DES Market Share Liability*, Journal of Business Ethics, Volume 24 (2000) , Number 2.

③ （日）北川善太郎：“关于最近之未来的法律模型”，李薇译，载梁慧星主编：《民商法论丛》第 6 卷，法律出版社 1996 年版，第 308 页。

二、大规模侵权的一般理论

(一)何谓大规模侵权

“大规模侵权”这一词,主要源于对美国法上“Mass Tort”的翻译,内涵十分丰富。英国是最早确立集团诉讼以解决“Mass Tort”这一制度的国家,然而,最早对大规模侵权进行展开性研究的国家却是美国,迄今已有四十多年。根据美国《布莱克法律词典》的解释,“大规模侵权”是指致使许多人遭受损害的民事不法行为。希尔·B.索贝尔(Hiller B. Zobel)认为,大规模侵权是指通过接触某种特定的产品(比如铅涂料、硅胶或者烟草等)致使众人受到损害的违法行为;黛博拉·R.亨斯勒(Deborah R. Hensler)认为,大规模侵权这一概念是指由于使用或者接触了一种单一产品或者由于一个单一灾难性事件从而产生的众多侵权请求的诉讼。美国纽约大学法学院的玛格丽特·M.徒莱(Margaret M. Tullai)则认为,大规模侵权是涉及同一物质、产品、事件或者损害的有意识的原告合并和(或)诉讼合并。① 美国是一个程序法发达而实体法相对薄弱的国家,因而对大规模侵权的研究呈现出“重程序,轻实体”的倾向,其对大规模侵权的定义采取的是一种列举式的具体定义法,主要是根据司法实践中各种大规模侵权的发生领域进行列举,包括火灾、坠机、石棉、交通事故、隆胸、烟草、转基因食品、金融诈骗、金属饰品、气候变化、技术安全、虚假广告、医疗设备、膳食添加剂等事由引起的侵权。其内容几乎覆盖了刑法、产品责任、证券欺诈、就业歧视、商业诉讼、反托拉斯法、消费者保护法、移民法等各个领域。

德国的冯·巴尔则认为,“大规模侵权”并非法律概念,可以“将其简单地理解为:涉及大量受害人的权利和法益的损害事实的发生”②。

---

① 刘亮:“大规模侵权研究”,中国人民大学法学院博士学位论文,2010年3月,第28—30页。

② (德)克里斯蒂安·冯·巴尔:《大规模侵权损害责任法的改革》,贺栩栩译,中国法制出版社2010年版,第1页。

在生态侵权领域,大规模侵权指对自然和环境造成重大损失的损害事实的发生,它也包括对无主自然物质和资源,以及对生态关系链的破坏。大规模侵权可能发生在各个法律领域,向我们提出了包括如何补偿受害人损害在内的一系列责任法上的问题。但从总体上看,因果关系的不确定性仍然是大规模侵权中的一个难题。在程序法上,数量众多的受害人的诉求如何有序地提出、展开和完成,以避免冗长烦琐的诉讼程序和高额的诉讼费用,也是等待着我们去解决的问题。①

在我国,学者对大规模侵权的研究起步比较晚,最早涉及大规模侵权的研究开始于 20 世纪 80 年代诉讼法学者对集团诉讼的研究。近年来,产品(药品)等大规模侵权案件接踵而来,如 2004 年安徽阜阳因劣质奶粉造成的“大头娃娃事件”、2005 年广东“苏丹红”事件、2006 年的齐齐哈尔制药二厂假药事件以及安徽欣弗事件,2008 年三鹿奶粉事件,以及 2009 年的广西来宾假狂犬疫苗致男童死亡事件,等等。这些大规模侵权事件的受害人范围广,影响恶劣,赔偿机制救济困难,在实践中的处理与传统侵权相比难度比较大。这引起我国学者的高度重视,并开始了对大规模侵权的广泛研究。对于大规模侵权的含义,朱岩认为,所谓大规模侵权就是指,基于一个不法行为或者多个具有同质性的事由,如瑕疵产品,给大量的受害人造成人身损害、财产损害或者同时造成上述两种损害。② 刘亮则认为,大规模侵权通常就是指企业(极为特殊的情况下为其他主体)基于单一产品或单一事件或其他可归责性事由造成了众多损害(包括纯经济损失),在实体法上需根据侵权行为的具体类型适用不同归责原则和因果关系判断标准,在程序法上应当适用集体诉讼程序予以解决的侵权行为。③

综上所述,学者对大规模侵权的界定都各有侧重,如美国《布莱克法律词典》的解释重在遭受损害的受害人人数的众多;黛博拉 · R. 亨

---

① (德)克里斯蒂安 · 冯 · 巴尔:《大规模侵权损害责任法的改革》,贺栩栩译,中国法制出版社 2010 年版,第 1—2 页。

② 朱岩:“大规模侵权的实体法问题初探”,《法律适用》2006 年第 10 期。

③ 刘亮:“大规模侵权研究”,中国人民大学法学院博士学位论文,2010 年 3 月,第 32 页。

斯勒和玛格丽特·M.徒莱的解释重在大规模侵权的结果上,即造成了众多的侵权诉讼。朱岩的界定侧重于行为的单一性和受害人人数的众多,即一个不法行为或者同质性事由给大量受害人造成损失。同时,刘亮则认为大规模侵权的主体主要是企业,并在实体以及程序上对大规模侵权进行了界定。笔者认为,美国学者对大规模侵权的界定过于简单,刘亮对大规模侵权的界定又过于烦琐,并把大规模侵权的主体主要限定在企业有些不妥。而朱岩对大规模侵权的界定比较客观具体,因此笔者比较赞同朱岩对大规模侵权的界定,即所谓大规模侵权,就是指基于一个不法行为或者多个具有同质性的事由,给大量的受害人造成人身损害、财产损害或者同时造成上述两种损害。

(二)大规模侵权的特征

对于大规模侵权的特征,美国学者认为主要有以下几点:一是受害人人数众多。这是大规模侵权案件的应有之义。二是因果关系认定复杂。因为在有些大规模侵权案件中,各种复杂而又多样的接触模式,可能会造成相同的损害结果,以及与其他病原体的相互作用、与致害的病原体有关的根本不确定性经常共同作用,进而使得因果关系的认定问题复杂化。三是损害通常具有一定的潜伏期。从加害实施到损害显现之间通常都存在一定的潜伏期。四是案件处理费用巨大。大规模侵权由于受害人众多,案件的处理费用巨大。五是案件处理结果经常发生扭曲。由于诉讼费以及其他原因的限制,常常可能会使没有受到损害的当事人得到赔偿,而那些真正受到损害的受害者却得不到或者只能得到很少的赔偿。①

在我国,有学者认为,大规模侵权具有两个特征:一是危害了公众卫生安全和大规模侵害公众生命健康;二是事件的解决均是以国家凭借其行政力量组织受害者进行民事赔偿调解为主,另外有相当数量的受害人和生产厂商进行“私了”,而真正向法院提起民事诉讼并由法院

① 刘亮:“大规模侵权研究”,中国人民大学法学院博士学位论文,2010年3月,第40—46页。

受理并做出判决的少之又少。① 也有学者认为,大规模侵权的特征主要表现在三个方面:一是侵权的发生原因可以是同一个侵权行为,如产品侵权,就是因为同质性的产品的缺陷或瑕疵而造成的大规模侵权;二是侵权案件必须达到一定的数量,也就是受害人的人数必须达到一定的数量;三是大规模侵权必须造成大范围的损害,既可以包括人身损害,又可以包括财产损害,甚至包括纯经济损失。②

笔者认为,大规模侵权主要具有以下特征:

第一,受害人数众多。纵观国内外的大规模侵权案件,其受害者的人数都是成千上万的,如美国的石棉诉讼案、德国的沙利窦迈案,我国山东胶济铁路"4·28" 事故、三鹿奶粉案、松花江污染案,等等。大规模侵权案件的发生,不同于传统的单独侵权和共同侵权,其区别于传统侵权的显著特征就是受害人数众多,涉及公共安全和公共利益的维护,因而引起政府、媒体和社会的广泛关注。③

第二,主体大多数为企业,尤其以单纯生产某种产品的公司为典型。日本学者星野英一认为,"特别是在 19 世纪后半叶以后,在先进国家,随着科学技术突飞迅猛的发展,人可能蒙受的危险几率急剧扩大,现实中,可能受到来自他人的损害机会也大为增加。而控制和管理这些危险的主体很少是个人,更多的是规模巨大的企业等组织" ④。企业是一种以营利为目的的经济组织体,现代工业社会,企业在追求利润最大化的过程中,由于自身的局限性与生产无限扩张性相抵触,

---

① 江滢:"从三鹿事件看我国群体诉讼制度的不足及完善",《佛山科学技术学院学报》,2009 年第 2 期。

② 孔慧君:"大规模侵权的多元化损害赔偿制度研究",江西财经大学法学院法律硕士学位论文,2011 年 5 月,第 5 页。

③ 据新华网温州 2011 年 7 月 24 日电:23 日 20 时 27 分,北京至福州的 D301 次列车行驶至温州市双屿路段时,与杭州开往福州的 D3115 次列车追尾,造成 D301 次列车 4 节车厢从高架桥上掉落。截至记者发稿时,受伤人数上升到 210 人,死亡人数上升至 35 人,有 19 人身份得到确认。遇难者中有 10 名女性,有外国籍人士 2 人。受胡锦涛总书记、温家宝总理委派,国务院副总理张德江率有关部门负责人赶赴温州,指导"7·23"动车追尾事故救援、善后处理和事故调查工作。参见新浪新闻网:"中国发生严重动车事故伤亡 200 多人 救援仍在继续",http://news.sina.com.cn/c/2011-07-24/101322866933.shtml。

④ (日)星野英一:"民法典中的侵权行为法体系展望",渠涛译,载《法学家》2009 年第 2 期。

必然成为一个主要的危险源，大规模侵权的责任主体通常为企业，尤其是公司，这一点在国内外，都是概莫能外的。例如美国石棉诉讼案件中的石棉制造商和销售商、法国“6·1空难”案件中的法国航空公司、我国“大头娃娃”案中的不合格奶粉生产商。

第三，因果关系较难认定。在一些复杂的大规模侵权领域，如产品责任引起的大规模侵权和基于环境污染而造成的大规模侵权之中，由于侵害行为与侵害结果的出现之间存在一定的潜伏期，即损害结果的滞后性，有些损害结果的出现并不会很及时，而且对于某些特殊领域来说，“后续遗留”问题更值得关注。另外，受害者还存在着被交叉侵害或感染的可能，这增加了侵害行为与损害后果之间因果关系的认定难度，对于损害赔偿，往往还要考虑时效的问题，否则，一旦过了时效，权利难以得到有效的保护。由此，大规模侵权中因果关系难以认定，不利于受害者主张权利。

第四，破坏性大，涉及范围广。大规模侵权危及众多人的利益，在一定程度上，可以认定为社会公共利益，事件发生时，其波及的范围广泛，受害者的数量一时也不可估量，实际的损失和受害者人数需要经过相关机构的统计和认定。大规模侵权危害公共安全，涉及面广、社会反响大，影响社会的和谐稳定。

第五，行政部门公力救济起主导作用。大规模侵权损害后果严重、涉及范围广，直接危及社会稳定。而维持社会稳定又是行政机关的职责和政绩考核指标之一。主观上，行政机关愿意介入，导致在大规模侵权事件的解决方式上均以国家凭借其行政力量组织受害人进行民事赔偿调解为主。从我国现行的大规模侵权案件处理情况来看，行政救济起主导作用是其显著特点之一。

第六，跨领域的责任方式交织。大规模侵权案件不同于传统的单独侵权和共同侵权，传统的侵权一般只涉及民事侵权责任，而在大规模侵权中则可涉及行政问责和刑事处罚。这是因为大规模侵权的发生，一方面，国家有关行政部门通常没有认真履行相关的监管职责，存在着渎职行为；另一方面，企业及其负责人在侵害合法民事权益和接受行政问责时，通常也触犯了刑法的相关规定。以我国的三鹿奶粉事件为例，原三鹿集团董事长田文华被判处无期徒刑，同时被告单位三鹿集团股份有限公司犯生产、销售伪劣产品罪，质监部门的相关负责人也接受了行政问责，这体现了大规模侵权跨领域的多种责任方式交织的特点。

（三）大规模侵权与一般性侵权的关系

大规模侵权存在于各个侵权领域当中，不论是对于人身或财产的侵权，还是道路交通侵权、产品责任、环境侵权等其他侵权，都可能存在大规模侵权。但无论传统侵权理论上的哪种侵权行为，都不能涵盖大规模侵权行为的类型。因此，我们可以说大规模侵权是一种特殊的侵权类型。

1. 大规模侵权与单独侵权

依据侵权行为人的数量，侵权可以分为单独侵权和共同侵权。单独侵权行为是最常见、最普通，也是最基础的侵权行为原型。[①] 共同侵权、共同危险行为皆以此为原型而发展起来。它是指一个人单独实施的侵权行为，也就是加害人因为自己一个人的过错行为导致他人受到损害。单独侵权行为与大规模侵权既有相似的地方，也有不同的地方。共同之处在于，既可发生在一般侵权领域，也可发生在特殊侵权领域。不同之处在于，大规模侵权是基于某一侵权行为或其他可归责事由造成了众多受害者，而单独侵权是造成了单一受害者，特殊情形下才考虑受害者的简单多数性；另外，前者要考虑侵权责任的分担问题，而在单独侵权中，侵权行为实施主体仍是单一的，因而不需要考虑这一问题。

2. 大规模侵权与共同侵权

根据最高人民法院《关于审理人身损害赔偿案件适用法律若干问题的解释》（法释[2003]20 号）第 3 条的规定，共同侵权行为是指二人以上共同故意或者共同过失致人损害，或者虽无共同故意、共同过失，

---

① 王利明：《侵权行为法研究》（上卷），中国人民大学出版社 2004 年版，第 23 页。

但其侵害行为直接结合发生同一损害后果。[①] 共同侵权行为除应符合某一特定侵权行为的要件外，还应具备主体的复数性、意思联络或者行为关联性、结果的统一性等要件。[②] 共同侵权和大规模侵权具有一定的相似性，但共同侵权强调的是侵权主体的多数性，即为两人或两人以上，而且加害主体必须都是侵权责任的主体。大规模侵权更注重的是受害人的多数性，至于加害主体是否都是侵权责任的主体，则不影响大规模侵权的认定。

3. 大规模侵权与共同危险行为

共同危险行为，也称准共同侵权行为，是指二人或者二人以上共同实施侵害他人民事权益的危险行为，对所造成的损害后果不能判明谁是加害人的情况。共同危险行为除应具备侵权行为的一般要件外，还应具备以下特别要件：一是数人同时或者相继实施加害行为；二是数人的行为均具有危险性；三是加害人的不可确定性；四是共同过失与结果的统一性。[③] 对于共同危险行为，最高人民法院《关于审理人身损害赔偿案件适用法律若干问题的解释》第 4 条规定："二人以上共同实施危及他人人身安全的行为并造成损害后果，不能确定实际侵害行为人的，应当依照民法通则第 130 条规定承担连带责任。共同危险行为人能够证明损害后果不是由其行为造成的，不承担赔偿责任。"与这一司法解释有所不同的是，《侵权责任法》第 10 条规定："二人以上实施危及他人人身、财产安全的行为，其中一人或者数人的行为造成他人损害，能够确定具体侵权人的，由侵权人承担责任；不能确定具体侵权人的，行为人承担连带责任。"

---

① 值得注意的是，尽管对共同侵权的"共同性"的判断标准在理论上有所谓的主观说、客观说、折中说与兼指说等，但根据《侵权责任法》第 8 条之规定，立法者对审判实务中扩大连带责任适用范围的倾向持谨慎态度，其价值取向更注重责任承担与主观过错的统一，因而对共同侵权的"共同性"要件采取了严格立场，只认可有意思联络的主观共同侵权，而不认可有行为关联的客观共同侵权。对分别行为造成同一损害的，原则上按过错大小承担按份责任。这就是说，审判实务中对最高人民法院《关于审理人身损害赔偿案件适用法律若干问题的解释》应严格限制适用，不应任意扩大共同侵权的适用范围。参见奚晓明主编：《〈中华人民共和国侵权责任法〉条文理解与适用》，人民法院出版社 2010 年版，第 67—68 页。

② 张新宝：《侵权责任法原理》，中国人民大学出版社 2005 年版，第 80—82 页。

③ 张新宝：《侵权责任法原理》，中国人民大学出版社 2005 年版，第 86—88 页。

魏振瀛认为,共同危险行为的加害人不易确定,共同危险行为的数个实施者都可能是造成危害结果的加害人,所以应该适用过错推定原则,推定数人均对损害后果的发生有过错。既然推定数人的行为都可能造成损害结果的发生,又不能确定原因力的大小,所以在共同侵权人内部采取平均分担的方法来确定每个共同危险行为人的责任。① 在这一点上,共同危险行为与大规模侵权的适用规则在一定程度上具有相似的地方,尤其是在运用市场份额责任来解决大规模侵权案件的时候。在适用这两种规则的时候,都表现为加害主体的多数性,并且原告很难证明其损害是由哪个具体的侵权主体造成的,同时也都适用过错推定原则。但二者的适用也存在一定的差异,对于市场份额责任来说,各个加害人之间承担的是比例责任,加害人只对自己应该承担的部分负责任,而对于共同危险行为,各个加害人之间承担的是连带责任,受害人可以要求部分或者全部加害人承担责任,加害人不可以拒绝,但是可以在赔偿之后向其他加害人追偿。

(四)大规模侵权的分类

对于大规模侵权的分类,朱岩认为,依据不同的标准,可以将大规模侵权分为如下几种:一是从归责原则的体系出发,不但传统侵权法中的过失侵权可能引发大规模损害,而且危险责任也同样可以造成大规模侵权。此种划分的目的主要考虑到归责原则实施构成的差异。二是从具体形态出发,产品责任、医疗事故、环境污染、反托拉斯、证券诉讼或者消费者保护、违反宪法的各种侵犯人权案件、违反国际人权各种公约的行为都可能产生大规模侵权。此种划分有利于寻找作为元素的具体侵权类型的规范基础,在此基础上增加有关大规模侵权的考量。三是从损害后果来看,大规模侵权也可以分为侵害人身、侵害财产以及既侵害人身又侵害财产的案件。此种区分的目的在于确定损害赔偿、计算与赔偿方式方面的差异。② 其主要根据三个不同的标准对大规模侵权进行了分类,即从归责原则、具体形态和损害后果三

① 魏振瀛主编:《民法》,北京大学出版社/高等教育出版社2000年版,第709页。
② 朱岩:“大规模侵权的实体法问题初探”,《法律适用》2006年第10期。

个角度进行分类。但是,随着现代化社会的不断发展,很多新兴事物的出现,使得大规模侵权的种类不断更新,尤其是在损害后果方面,不仅仅局限于一般的人身损害、财产损害和混合损害,还产生了诸如基于网络环境中的大规模侵权——美国谷歌数字图书馆侵权案以及证券欺诈案中的纯粹经济损失问题。

针对大规模侵权的分类,笔者认为,可以结合侵权案件的发生领域将大规模侵权分为单一产品(包括食品和药品)侵权、单一事故侵权、环境污染侵权和其他可归责事由的大规模侵权四种类型:①单一产品责任侵权。是指因产品质量缺陷所引发的、受害人数众多的产品侵权,最典型的是因食品、药品质量产生的大规模侵权,也包括因一般工业产品引起的大规模侵权。②单一事故侵权。是指因某一特定侵权行为或物件所导致的损害后果异常严重、受害人数众多的侵权,如突发的校园群体性伤害事件、建筑物倒塌造成的群体性伤害事件、特大道路交通事故、铁路与航空事故等。③环境污染侵权。是指因环境污染事件造成的损害后果异常严重的环境侵权,如我国曾发生的松花江污染事件等。④其他可归责事由的大规模侵权。是指单一产品责任侵权、单一事故侵权和环境污染侵权之外的其他大规模侵权。对于违反安全注意义务的不作为侵权、新型的网络环境侵权和证券欺诈案中纯经济损失的侵权,都可涵盖在其他可归责事由造成的大规模侵权类型之中。

三、大规模侵权对公共政策的考量

传统的以过错责任为核心的侵权损害赔偿机制,将侵权损害赔偿定位于加害人与受害人之间纯粹的私人赔偿关系,在面临大规模侵权事件和众多社会问题时,它已经显得如此的苍白无力,并被迫逐渐让位于基于公共政策考量的损害分散与风险分配的综合性救济制度。20 世纪中期以来西方福利制度的普遍推行以及事故赔偿法的相继出台,不仅印证了这种传统以过错责任为核心的侵权损害赔偿机制功能的新变化，同时也将传统的侵权损害赔偿机制当作是与责任保险、社会保障、赔偿基金、行政补偿等在内一起共存补充的解决损害分散、风险分配的机制。①

（一）大规模侵权对公共政策考量的必要性

德国社会学家贝克认为，现代社会就是一个风险四伏的社会。②风险社会的到来，不仅影响了侵权损害赔偿机制的社会化转变，也更新了公共政策的理念。风险无处不在，传统单一性、简单性和局域性的各种自然风险与人工风险已经嬗变为当代的复杂性、不确定性和全局性的复合风险。现代风险社会的客观存在大大动摇了侵权损害赔偿由个人承担的理念，侵权损害赔偿不再只是填补受害人所受损害，更重要的是分散损害，分散风险。而对于公共政策来说，风险社会对其的影响在于改变了以利益分配为核心的定位，而转为以分散风险为核心，其基本目标在确保处于现实权力格局的利害相关者在复杂的利害博弈中的基本利益的前提下，界定责任，分配风险。现代风险的特性决定风险社会中公共政策的基调——不是要根除或被动防止风险，也非简单考虑风险的最小化，而是设法控制不可欲的、会导致不合理的类型化危险的风险，并尽量公正地分配风险。

因大规模侵权诱发的侵权损害赔偿社会化综合救济体系，在分配风险上与公共政策存在着天然的一致性；并且，侵权损害赔偿社会化综合救济体系与公共政策的政策问题、政策目标、政策价值三大关键要素也存在着密切相关性。首先，公共政策是"问题分析之学"，其以问题为导向，其目的在于解决社会公共问题，而社会公共问题的频繁发生即是传统以过错责任为核心的侵权损害赔偿机制向社会化机制转变的原因之一。其次，从公共政策的目标来看，公共政策最终是通过社会公共问题的解决来维护和实现社会公共利益的，而侵权损害赔偿社会化综合救济体系也是以社会为本位，最终实现社会的集体安全。最后，从公共政策的价值来看，公平、正义、效率、社会福利等基本

① 朱伟："侵权损害赔偿社会化机制的建立——基于公共政策的视角"，江西财经大学法学院硕士学位论文，2009年10月。

② （德）乌尔里希·贝克：《风险社会学》，何博闻译，译林出版社2004年版，第17页。

价值是其内在构造,而侵权损害赔偿社会化综合救济体系也是以此为价值内涵的。

作为国家实现社会控制的政治策略和表达方式,公共政策旨在支持和加强社会秩序,以增加人们对秩序和安全的预期,通过解决社会公共问题,达到分配风险维护社会公共利益和实现人类社会基本价值的目的。"过错侵权责任的一切问题本质上是一种公共政策的问题。任何过错侵权责任问题的解决都取决于公共政策的衡量。任何法律的制定和法律的解释都是建立在社会当前需要的基础上,此种需要的法律上的满足是推动法律前进的根本动力,也是推动国家法律同一的最重要的力量,过错侵权法也不例外。"①而侵权损害赔偿社会化综合救济体系以社会为本位,立足于通过侵权责任、责任保险、社会保障、赔偿基金、行政补偿等构建多元化、综合性的损害赔偿与风险分散机制,以此来实现社会集体安全利益的增进和个人社会国家有序健康的发展。从以上几方面看,公共政策的政治需要与侵权损害赔偿社会化机制的社会需要相吻合,由此,大规模侵权下的侵权损害赔偿社会化综合救济体系就有了公共政策考量的必要性。

（二）大规模侵权诱发的社会问题及其解决途径

1. 社会问题的认定

社会问题是一个与个体或私人问题相对立的概念。一个问题要成为社会问题,必须是一个同时对许多个体发生影响并导致这些个体不满的状态。按照公共政策理论,要解决社会问题,首先得对社会问题进行认定。这种认定主要包括两个方面的内容;一是使用事实分析方法来弄明白有关该社会问题的各种事实,包括其自身特征、相关的人群、人们对其不满的程度、造成该社会问题的原因等。二是使用价值分析方法来弄明白与该社会问题相关联的各种价值标准并使用这些价值标准对问题进行评价。常见的价值标准是社会福利、效率和公平。其他价值标准可能包括:民主、自由、社会稳定、社会团结、社会信

① 张民安:《过错侵权责任制度研究》,中国政法大学出版社 2002 年版,第 102—103 页。

任等。① 美国社会学家戴安娜·M.迪尼托认为,合理的政策的制定条件应包括:①社会必须能够识别和定义社会问题并且认同存在着解决这些问题的需要;②必须了解和权衡所有的社会价值;③必须识别和考虑所有可能选择的政策;④必须从成本和收益、目前和未来、目标群体和其他社会群体等方面充分了解每个抉择的后果;⑤决策者必须计算每一种抉择的收益对成本的比率;⑥决策者必须选择具有最大净值的政策——那种可以获得最大收益但支出最少的政策。②

2. 社会问题的解决途径

社会问题的解决具有多种途径,并且在多数情况下,是通过一种混合的途径来获得解决的。换言之,社会问题的解决是多种途径或管道同时发生作用的结果。一般地说,这些途径包括:

(1)作为非正式部门的社区。社区是解决社会问题的最基本途径,无论对于私人问题还是社会问题一概如此。从社会学角度来看,社区是个体之间通过各种途径形成各种非正式的,但又非常紧密的关系的领域。传统上,社区的范围主要是一种空间的概念,但在现代社会,其空间范围不断扩大,甚至可以通过现代手段如互联网,超越空间的范畴。社区最主要的特点是它的非正式性。在社区中所形成的各种关系一般不需要通过法律承认的正式程序进行认可;在社区中一般也不形成各种正式的组织;社区中所形成的合作关系即使具有营利性,也往往游离于政府管制之外。对于社会问题的解决,社区的作用不可忽视。一般来说,经济和社会发展状况越是滞后,社区在解决社会问题时所发挥的作用越大。

(2)政府。除社区之外,政府、市场和第三部门则成为解决社会问题的三个正式部门。政府作为解决社会问题的正式部门之一,被称为第一部门。政府作为社会中公共物品和服务的主要提供者,它有各种正式的公共机构或组织为依托。通常情形下,政府在提供公共物品或服务时并不以营利为目的。政府通过合法地行使强制力来解决社会

① 陈庆云主编:《公共政策分析》,北京大学出版社2006年版,第38页。

② (美)戴安娜·M.迪尼托:《社会福利:政治与公共政策》(第五版),何敏、葛其伟译,中国人民大学出版社2007年版,第5页。

问题。

(3)市场。市场被称为第二部门。作为解决社会问题的正式部门,市场的主要特点:第一,它是现代社会中私人物品和服务的主要提供者;第二,它由各种正式的私人组织组成;第三,市场中的私人组织提供物品或服务的主要目的是为了获得最大利润;第四,分散决策和基于互利的自主交易是市场提供物品或服务的主要模式。

(4)第三部门。第三部门这一概念最早是由美国行政学者赖威特(T. Levitt)提出的,特指处于政府与企业之间的种种社会组织,后来成为公共行政与公共管理学科领域广泛使用的概念。① 属于第三部门的社会组织又被称为"非政府组织(NGO)""非营利组织(NPO)""慈善组织""志愿者组织"。实际上,"第三部门"这一词语涵盖了社区、政府和市场之外的所有余下部门。作为政府与企业中间地带,第三部门承担了政府和企业不能做、不愿做、做不好的大量工作,并以此服务于市场和社会,有效地弥补了政府在公共行政与公共管理中的不足。从公共产品或服务来看,供给主体主要有两种:政府和第三部门。二者的共同点是都与"私"相对,具有公共性,是一种公共权力的组织。所不同的是,政府是官方,行使的是"特殊的公共权力",而第三部门来自民间,行使的是普遍、原始意义上的公共权力。政府代表着体制内的供给方式,而第三部门则是一种体制外的力量。美国经济学家伯顿·韦斯布罗德认为,政府、市场和第三部门是满足个人对公共物品的需求、存在相互替代性的工具,政府和第三部门在提供公共物品上是互补关系。② 作为解决社会问题的正式部门,第三部门的主要特点:第一,它既可提供私人物品或服务,也可提供公共物品或服务;第二,它主要由正式的组织构成,但这些组织可能是公共组织,也可能是私人组织;第三,它在提供物品或服务时一般并不以营利为主要目标;第四,它的活动往往是在人们自愿地提供各种资源并提供物品或服务的

---

① 胡果文:"第三部门崛起:现状、问题及对策",载《政治与法律》2006 年第 4 期。

② 郭道久:"第三部门公共服务供给的'二重性'及发展方向",载《中国人民大学学报》2009 年第 2 期。

过程中进行自愿的合作来解决问题。①

(三)大规模侵权对公共政策的考量

侵权损害赔偿由一元化、单一性向多元化、综合性救济体系的转变,其直接原因可以说是大规模侵权事件与社会公共问题发生所导致的损害无法通过传统侵权损害赔偿机制得到填补和分散,而公共政策亦是应解决社会公共问题之需而产生的。如前所述,社会问题的解决途径是多元的,包括社区、政府、市场和第三部门。但从公共政策的角度来看,如何充分发挥其各自作用,则仍然是一个有待解决的课题。

1. 社区

作为解决社会问题的非正式部门,社区与其他正式部门相比,具有以下优势:一是信息优势。社区范围相对较小,社区成员能够通过频繁的交往而形成相对稳定、紧密的关系,这就使得相关个体信息能够迅速、充分、低成本地在社区范围内传播。二是激励充分。社区是一个相对稳定、紧密的关系集合体,社区成员更容易将有关本社区的各种社会问题看成与自己相关的事情,也更愿意参与到与本社区相关的各种社会问题的解决上来,从而显示出更高的参与积极性。第三,具有较好的回应性。社区途径在解决社会问题方面可能具有较好的回应性,同时回应的时间间隔也相对地会有效缩短。第四,解决成本低。社区在解决某一社会问题时,往往并不需要专门的机构、专业人员,也无须专门的场所,相反,更多的是通过社区成员间的团结、互助、信任来解决问题的,所花费的时间成本、人力成本和资金成本均较低。第五,对公共财政资金的依赖程度低。社区途径的解决方式主要依靠民间资金来进行,对公共财政资金的依赖性低,也不存在资金管理、运作的专门机构。

为了解决大规模侵权引发的社会问题,必须重视社区功能观念的转变。在传统观念上,社区被认为是政治国家的延伸,被简单地理解为仅具有政治能力和管理功能,社区的自治性、服务性、参与性被忽视。然而,面对诸如非典、三鹿奶粉事件等此类大规模侵权所引发的

---

① 陈庆云主编:《公共政策分析》,北京大学出版社 2006 年版,第 43 页。

社会问题，如果仍然拘泥于传统观念，把社区当作政府指挥棒下的听话工具，是无助于解决此类社会问题的。相反，社区应从政府行政管理的束缚下摆脱出来，逐步变行政主体为社会主体，增强社区的自治性，强化社区的服务功能和参与功能。① 这里，需要强调的是社区的参与功能。社区不仅仅是一个物质性的实体，更重要的是它通过共同的价值观、共同的利益以及各种非正式的组织和制度将零散的个人组织起来，开展有效的社区活动，这是社区的本性。社区参与包括四个方面的含义或要求：一是社区参与主体的多元化，参与主体可以是社区内的个体或组织，也可以是社区外的各种主体（如政府、非政府组织）对社区事务的影响和介入；二是社区参与主体可以表达自己的意愿和诉求，能够参与社区的活动；三是这种介入或者参与能够最终有效影响社区决策的制定、实施、管理和监督；四是参与主体可以分享社区发展的成果和利益。只有通过社区参与，才能使社区成员的多样性以及他们归属社区的不同方式具体表现出来；只有通过社区参与，才能形成社区合法性的存在基础，才有利于发展社区的性格。② 可见，从公共政策的制定与实施的角度来看，社区功能的转变，显然增强了民众解决大规模侵权所引发的社会问题的话语权，因而社区是民众对公共利益诉求的有效途径和管道。

2. 市场

尽管社会问题的发生并不能全部归咎于市场，但是众多的社会问题却与市场密切相关。比如说市场主体由于追求经济利益而忽视环境保护导致大范围的环境污染，又比如说由于市场产品的制造者为追逐经济利益而给公众提供瑕疵缺陷产品导致大规模损害的发生，等等。从某种意义上说，正是因为市场主体极端化的追逐经济利益的市场行为，才导致了诸如食品安全、药品安全、工厂事故、环境污染等一系列大规模侵权事故的发生。与其他途径相比，市场所具有的优势是

---

① 孟兆勇："社会公共危机面前社区功能的思考"，载《社科纵横》（新理论版）2008 年第 1 期。

② 张菊枝："社区功能视角下的社区参与"，载《郑州航空工业管理学院学报》（社会科学版）2010 年第 5 期。

效率，能够通过专业化的分工与生产以及对个体的激励来促进资源优化配置。对于市场效率的作用，P. S. 阿蒂亚曾有过精辟的分析。他指出，一方面“人身伤害侵权责任早在本世纪初已经在扮演类似福利国家中社会保障救济金的角色”①，另一方面人口的定时炸弹对福利国家可能带来的影响将是巨大而广泛的，“不论未来的政府是左翼还是右翼政党执政，肯定会尽力限制福利国家的再分配。换句话说，政府将不断尝试把目前由福利国家负担的一些风险保障费用转嫁给个人”②。在这种背景下，“应废除人身损害侵权制度，但不能用普遍的国家赔偿制度取代，相反，我们应乐意把大部分空位留给自由市场”③。P. S. 阿蒂亚进一步指出，自由的保险市场至少具有以下优势：一是从社会角度看，可以节省现在浪费的大量钱财，侵权制度中巨大财政开支将急剧缩小；二是它将大量增加各种风险的保险范围；三是消除事故伤害与其他原因导致的伤残在现行法律及实践中所做的人为区分；四是自由保险市场的建立将填补现在的大量空白领域，为消费者提供多种选择；五是很多事故负担的分配将更公平。④

同时，市场也是有缺陷的。在追逐最大经济效益的目标时，市场难免陷入无序生产与垄断的局面，这种局面的出现不仅增加了人们对市场在提高效率方面的担心，而且也大大增添了对市场在促进公平价值标准实现方面的怀疑，这也就是说市场在解决社会问题上也存在失灵的巨大风险。⑤ 例如，就责任保险制度来说，即是一种以市场契约的方式对侵权的替代，最初的目的在于转移其产品造成的损害，通过保险的形式使得赔偿在社会集体中得到分散。然而保险费率的大幅度提高，又使得众多的市场主体在开发一些高风险产品上望而却步，阻

---

① (英)P. S. 阿蒂亚:“21 世纪的人身伤害赔偿法:想他人所不能想”，肖瑛译，载张民安主编:《侵权法报告》第 1 卷，中信出版社 2005 年版，第 25 页。

② (英)P. S. 阿蒂亚:“21 世纪的人身伤害赔偿法:想他人所不能想”，肖瑛译，载张民安主编:《侵权法报告》第 1 卷，中信出版社 2005 年版，第 26 页。

③ (英)P. S. 阿蒂亚:“21 世纪的人身伤害赔偿法:想他人所不能想”，肖瑛译，载张民安主编:《侵权法报告》第 1 卷，中信出版社 2005 年版，第 49 页。

④ (英)P. S. 阿蒂亚:“21 世纪的人身伤害赔偿法:想他人所不能想”，肖瑛译，载张民安主编:《侵权法报告》第 1 卷，中信出版社 2005 年版，第 55 页。

⑤ 陈庆云主编:《公共政策分析》，北京大学出版社 2006 年版，第 46 页。

碍了市场的发展,社会的进步。以美国为例,其所谓的侵权法(尤其是关于产品责任、医疗事故)的危机,事实上就是责任保险的危机,即企业厂商不能以合理的保险费买到责任保险,而被迫放弃开发某种具有风险性的产品或服务。①

3. 政府

政府是现代社会公共物品的主要提供者和社会公共权威,也是狭义上公共政策的制定者和执行者,其通过合法广泛地使用强制力而实现目标。特别是在现在行政权力不断膨胀的形势下,与其他途径相比,政府在解决社会公共问题上显得更为迅速,且能调动更多的资源去影响更广泛的区域和群体。但政府作为解决社会问题的途径仍然存在问题,这来源于政府天然的缺陷而带来的政府失灵。在现代社会,通过政府途径来解决社会问题是一种最常见的集体行动方式。在这种集体行动中,通过加总所有个体的意见来得到集体行动的目标或者方案。然而,这种加总总是存在着被操纵的巨大可能性,这种可能性使得政府的公共政策并不能朝社会公共利益迈进,政府中的决策者很可能被少数人的利益所引导,从而导致政府在解决社会问题方面的局限性。作为行使强制力的最大公共权力机构,政府机构处于垄断地位,缺乏竞争,并且行政机构在绩效评估方面的模糊性,又导致行政机构的低效率。

公共政策是政府实施公共管理的重要途径。面对大规模侵权所引发的社会问题,特别是日益频发的危机事件,公共政策发挥了其政策的权变性、效率性、实践性、可操作性等优势。但因危机事件的突发性、复杂性、多变性、不可预测性、巨大破坏性等因素的影响,危机一旦发生,其突发性、时间性、破坏性、涟漪性等决策情势,必然向政府中枢决策系统的公共政策提出许多苛刻的要求,这就给政府在危机管理中的公共政策决策提出了更高要求。具体来说,包括:一是迅速决策。要求危机管理的主体迅速就危机做出决策,制定相应的公共政策,尽可能早地控制危机,减少危机造成的损害。二是权力高度集中。在

① 王泽鉴:《侵权行为法》,三民书局/台大法学院福利社2010年版,第9页。

危机状态下，制定公共政策的首要目标是控制危机事态的蔓延，第一时间保护社会公众的生命财产安全，把危机控制在一定范围之内。这就要求危机管理主体快速高效地做出决策，把危机管理的权力高度集中于决策者手中，以便决策者能够随机决断。三是严格政策执行管理。有效的政策执行可以达到目标；相反，政策执行不当或不力，则非但不能解决原有公共问题，可能还会使问题恶化。四是具备良好的公共政策系统自我改造能力。由于现有公共政策系统总是难免存在一些缺陷与不足，也由于危机形势的变化导致对公共政策要求的不断改变，为此，政府中枢决策系统必须能够以批判的眼光冷静、客观地考察自己，并重新构造自己。①

然而，从三鹿奶粉事件等多起大规模侵权事件来看，在应对公共危机上，我国存在着政府缺位、错位和越位等问题，政府危机管理能力有待进一步提高。主要表现为：②

第一，事前危机管理中的危机意识淡化和激励机制不健全。事前危机管理主要针对的是危机的预防。从成本效益的角度上看，对危机进行预防的管理成本通常远远小于期望损失；从责任角度来看，政府应致力于降低各种危机发生的可能性，危机的频发在一定程度上表现出政府的管理低效，这将会影响政府的公信力。随着三鹿奶粉等国产奶粉中的三聚氰胺有毒物质被大量检测出来，食品安全危机引起了全国乃至世界的关注。事实上，在动物饲料中添加三聚氰胺在行业内早已为人知晓，只是因付出生命代价后才引起相关部门的重视，这充分暴露出政府在危机管理中的缺位。之所以会出现预防危机中的政府缺位，一是因为没有落实以人为本的科学发展观所导致的危机意识薄弱；二是没有一个有效的激励机制促使监管机构进行危机预防；三是我国的食品免检制度使得有效监管缺位。

第二，事中危机管理中的职责不清。事中危机管理主要是危机的

① 吴开松："政府危机管理中公共政策困境分析"，载《华中科技大学学报》（社会科学版）2008 年第 2 期。

② 于媛："从'三聚氰胺事件'看如何提高政府危机管理效能"，载《沈阳工程学院学报》（社会科学版）2009 年第 2 期。

控制,以消除或减弱危机带来的危害。事中危机管理要求政府迅速做出实时决策,快速启动应急机制及采取相应措施。在毒奶粉事件发生后,政府立即启动国家重大食品安全事故Ⅰ级响应,成立由卫生部牵头、质检总局等有关部门和地方参加的国家处理三鹿牌婴幼儿奶粉事件领导小组;全力开展医疗救治,对患病婴幼儿实行免费救治。相应地,各地政府做出了应急处理。如上海市食品药品监督管理局紧急发出关于召回三鹿牌婴幼儿配方奶粉的通知,要求立即停止销售该奶粉,并实施召回,还要求上海市食品药品监督所做好此间超市、卖场、便利店召回工作的监督检查,各分局做好辖区内其他食品经营单位的监督检查。尽管各级相关部门做出了迅速反应,但我们不难发现,在食品安全方面我国存在多头监管问题。具体来说,农业部门负责初级农产品生产环节的监管;质检部门负责食品生产加工环节质量卫生的日常监管;工商部门负责食品流通环节的质量监管;卫生部门负责食品流通环节和餐饮业、食堂等消费环节的卫生许可和卫生监管, 以及食品生产加工环节的卫生许可;食品药品监管部门负责食品安全的综合监督、组织协调和依法组织查处重大事故。在这种多头监管的管理体制下,政府职能划分得不够清晰,“多头监管”结果最终却变为“无人监管”。

第三,事后危机管理中的措施不力和纠偏低效。事后危机管理主要针对的是状态的修复及对危机管理的总结。政府事后危机管理的首要任务就是进行原因分析,只有找出导致危机发生的原因,才能有效地尽可能避免危机的再次发生。毒奶粉事件实质上是人为责任事故,为此,政府部门加大了对相关责任人员的处罚力度:石家庄市委副书记、石家庄市人民政府市长冀纯堂被免职;三鹿集团原董事长、总经理田文华被刑事拘留;国家质量监督检验检疫总局局长李长江被批准辞职。同时,为了恢复乳品行业的正常生产, 国务院公布了《乳品质量安全监督管理条例》。《条例》对监管部门的职责和法律责任做了三个方面的规定,包括建立违法生产经营者“黑名单”制度,对有关人民政府、有关部门负有领导责任的负责人依法追究责任等。

面对大规模侵权所引发的社会问题,政府应进一步提高公共政策制定水平,使公共政策能较好地反映社会公众的利益诉求。为此,应进一步增强我国政府议程的科学化、民主化和法制化:一是加大政府议程中民主参与力度,更好地实现决策的民主化。应当充分利用社会公众的集体智慧,善于听取社会各方对政策问题的意见和建议。各项政策方案都应当以适当方式、在适当场合反复征求社会公众意见,比如采取社会公示的办法,或者召开听证会、座谈会、论证会,确保社会公众的知情权与参与权。二是提升政府议程中的技术含量,更好地实现决策科学化。要让专业机构、专业人员和专家、学者充分参与决策的过程,发挥他们的专业优势。三是建立政府议程中的程序规范,更好地实现决策法制化。要把政策制定中好的做法和经验通过一定的程序上升为制度,防止政府议程中的因人而异、因地制宜的做法,减少和杜绝随意性。在建立政府议程的程序规范方面,尤其要注重建立严格的决策责任机制。①

4. 第三部门

除了作为正式部门的政府和市场之外,在解决社会问题时还存在第三部门,其范畴包括 NGO、NPO、志愿组织等。由于第三部门或是公共组织,或是私人组织,其提供的可能是公共物品也可能是私人物品,所以在一定程度上具有与政府、市场这两个相似的特征,但不同之处在于其一般不以营利为目标,主要通过人们自愿的合作来解决社会问题,所以具有政府、市场这两个正式部门某些方面的优势,同时又具有自己的特征,如对个性化需求具有较好的回应性等。归结起来,第三部门的优势包括:①民间性。这些第三部门在组织、人员、资金、活动等方面都来自社会而非官方,是真正意义上的公共服务社会化。②广泛性和灵活性。与政府相比,它们有更广泛的存在基础。由于是非官方组织,其活动方式相对比较灵活,可以根据社会需求、条件等方面的变化,迅速调整公共服务的数量、种类、供给方式等。③积极性。相对于政府而言,它具有较强的专业性,而且建立在志愿和兴趣的基础上,

① 沙奇志:“政府公共政策制定中的公共利益与公众参与”,载《江淮论坛》2011 年第 1 期。

对提供具体公共服务有着共同的认识,因而提供公共服务的积极性比较高。④满足多样化需求。一般来说,第三部门都有特定的目标人群,为不同阶层、不同群体提供公共服务,加上其广泛性和灵活性的特征,可以在很大程度上满足公共服务的多样化需求。⑤资源优化配置和成本优势。第三部门依靠社会资源,在资源配置上依据供求状况,能够使资源流向需求最大、效益最高的领域,在相同的条件下能够提供尽可能多的公共服务,实现资源优化配置。[①] 但作为解决社会问题的途径,第三部门也存在缺陷,即所谓"志愿者失灵"。主要表现为:与政府途径相比,单纯依靠第三部门一般不能提供足够数量的公共物品或服务,并且,它所提供的志愿性服务在分布上可能具有不平衡性;志愿组织很可能会受到其捐助者过多的影响,从而将违背民主原则的家长制作风带入其服务过程中;可能会由于不能吸引到优秀的专业人才而制约其服务能力。[②] 例如,就赔偿基金来说,行业赔偿基金即是属于第三部门的范畴。通过行业内企业的资金筹集,由行业协会或者其他第三部门管理的行业赔偿基金管理,从而达到分散风险,集体分担赔偿的效用。但因行业发展的不均衡,这种部门在各个行业发挥的作用不尽相同,而且普遍存在赔偿方面的不充分。就三鹿奶粉事件而言,尽管由事件企业筹集了 11 亿元建立赔偿基金,但相对于实际上高达 39 亿元的损害赔偿,对受害人只是杯水车薪。

从公共政策的发展来看,第三部门在解决社会问题过程中发挥着越来越重要的作用,是全球范围,尤其是发达国家近年来公共政策实践中的一个突出趋势。因此,在公共政策的创新中,首先要充分吸纳第三部门,使之成为公共政策制定过程中的主体。通过广泛地参与公共政策的制定,让民意得到充分表达,从而实现"自下而上"的公共政策制定,也使政府对社会状况的认识和把握更加全面,真正实现公共政策的"公共性"。同时,要充分发挥第三部门的优势和特长,实现公共政策过程的创新。具体包括:①公共政策执行环节的创新。要改变

① 郭道久:"第三部门公共服务供给的'二重性'及发展方向",载《中国人民大学学报》2009 年第 2 期。

② 陈庆云主编:《公共政策分析》,北京大学出版社 2006 年版,第 54—55 页。

政府独自执行公共政策的局面，大量利用第三部门和市场的力量去执行公共政策，为社会提供公共物品和公共服务。西方发达国家在行政改革的实践中，利用第三部门执行了大量的社会公共政策，完成了大量的社会公共服务的提供职能。这在实践上对我国有积极的借鉴意义。②公共政策监测与评估环节的创新。政府必须建立制度性的民意表达渠道，让第三部门和社会公众了解和掌握行政信息。尤其是要充分发挥一些专业性社会团体的作用，使它们加入到公共政策的监测与评估当中。第三部门加入公共政策的监测与评估体系，有利于对公共政策进行全面、理性地评估，也就是把社会和舆论对公共政策的监督制度化了。③公共政策调整环节的创新。政府在对公共政策进行调适时，要利用第三者的帮助，要合理地倾听民意。

我国政府职能长期失衡，积累了很多社会公共问题，涉及社会成员的基本生活保障问题、公共服务和生活设施问题、环境问题、人口问题等诸多方面。为此，应当重新定位政府与社会、与市场、与企业及其他组织的关系，逐渐厘清政府的社会职能与第三部门的服务职能，以政府职能的根本性转化为基础，广泛利用政策手段创新推动社会事务的多中心治理。一方面，要充分发挥政府在公共管理中的领导作用，做好规划、组织、指挥、协调和监督；另一方面，在具体的服务供给上，利用市场机制、利用第三部门来逐步解决这些问题，实现公共管理的社会化。①

（四）结论

社区、政府、市场和第三部门这四种解决社会问题的途径，各自存在优势和缺陷，发挥的作用也不尽相同。而愈来愈复杂的社会问题，又使得单独地依靠一个途径解决社会问题几乎是不可能的事情。切实而又可行的办法是，通过各种途径之间的分工协作，达到优势互补，共同满足解决社会问题的需要。特别是对于大规模侵权这一牵涉面甚广、影响甚巨的社会公共问题，单独地依赖于侵权法解决损害赔偿问题，在风险社会的现实情况下，显然并不能充分地平衡各方关系，分

① 张远、祁光华：“第三部门兴起与我国公共政策的创新”，载《探索》2006 年第 1 期。

配风险,促进社会的可持续发展。唯有通过包括侵权法制度、责任保险、社会保障、行政补偿、赔偿基金等在内的功能不一却又互补的侵权损害赔偿社会化机制才能更好地在风险中求安全,在危机中求发展。

公共政策意味着通过政治和集体的手段系统地追求社会整体利益目标,是当局者针对社会中多数人所关注的政策问题,综合考虑后做出的政治抉择。从大规模侵权的社会化综合救济体系来看,公共政策考量具有跨越侵权法乃至法律领域的意义,不以侵害人与受害人关系为限,而表现为在社会整体安全考虑上对包括侵权法在内的政治手段的系统应用。在这种侵权损害赔偿社会化综合救济体系中,我们能够看到政府公共政策的运用。侵权法内的损害赔偿领域大幅度地纳入公共政策考虑范围,行政补偿更是政府运用公共政策的典型手段,社会保障则是公共政策的具体运用,责任保险也不乏政府公共政策的影响,而第三部门不断地表现出与政府一起合作共同运用公共政策来解决社会公共问题。①

① 朱伟:“侵权损害赔偿社会化机制的建立——基于公共政策的视角”,江西财经大学法学院硕士学位论文,2009 年 10 月。

第三章 大规模侵权综合救济体系的建立

一、侵权损害赔偿一元机制向社会化机制的转变

建立在过错责任基础上的侵权损害赔偿机制，由于其具有强大的道德基础和逻辑力量，使得社会普遍性地认为侵权损害赔偿仅仅是加害人与受害人之间纯粹的私人关系，与他人无涉，只要人人各行其道，各负其责，社会国家自上轨道。无过错责任原则的引入，与其说是对侵权损害赔偿一元机制的修正，还不如说是建立一种侵权损害赔偿社会化机制的伟大尝试。然而，尝试终究还只是尝试，真正的社会化机制则依然蕴藏在社会经济当中。奥地利学者 Unger 所言："损害赔偿法，在特别程度上，乃是某一特定文化时代中，伦理信念、社会生活与经济关系之产品和沉淀物。"①在 19 世纪末

① 转引自王泽鉴：《民法学说与判例研究》（第 2 册），中国政法大学出版社 2003 年版，第 158 页。

这种侵权损害赔偿社会化机制已见端倪,一度被认为能解决所有侵权损害问题的过错责任原则此时也开始显得不合时宜,而应社会实际问题而生的其他损害分担机制则开始崭露头角。侵权损害赔偿机制正开始经历一元机制向社会化机制的转变。

(一)损害赔偿机制转变的背景

1.经济社会背景

19世纪末,科技革命兴起,大量科学技术的广泛采用促进了资本主义的社会化大生产,生产效率得到大幅度提高,自由资本主义向更富侵略性与扩张性的垄断资本主义过渡。对科技成果的采用以及追逐利润的贪得无厌,使得垄断资本家取得了对资本、土地、生产资料等社会经济资源的垄断性支配,经济出现空前的繁荣。但与此相对应的是社会矛盾的不断深化。由于备受压迫与剥削,工人生存环境急剧恶化,从整个社会层面讲,呈现两极分化,富者愈富,穷者愈穷,社会弱势群体范围不断扩大的局面。工人运动风起云涌,引起经济、社会、政治等各个领域的极大触动。国家开始重视社会弱势群体利益的保护,进行各方面制度的改革,侵权法制度的改革也悄然进行。传统的侵权损害赔偿机制以过错责任为原则,在劳工领域如果继续按照过错责任原则的逻辑发展下去,受伤害的劳工得不到赔偿,也就意味着得不到恢复劳动力的条件,社会整体的劳动力就会缺乏。而对于受害劳工来说,无论自己怎样小心,伤害自己的事故总是无法避免,那么唯一避免伤害的方式就是不去工厂劳动了。显然,这与社会发展的要求是不相符的。从社会自身角度来说,它要么就倒退,要么就要改变过错责任制度的规范设计,使得受害劳工得到相应的赔偿。① 此种情形下,无过错责任应运而生,其后兴起的责任保险、社会保障、赔偿基金、行政补偿等社会化损害分散机制也开始建立完善起来。侵权损害赔偿机制由一元到多元,由个人到社会的转变,成为一种难以抗拒的潮流。

首先,从公司企业发展来考虑。过错责任建立的初衷即是保护处在幼稚阶段、羽翼未丰的工业企业,使其摆脱风险和减轻赔偿负担。

① 麻昌华:"21世纪侵权行为法的革命",载《法商研究》2002年第6期。

但进入20世纪后,市场经济体制日趋成熟,资本主义发展初期手工作坊式的生产方式不复存在,大公司、大企业已经成为市场的主体,其强大的实力足以让它影响其他领域。工业发展已经走出了幼稚阶段,企业的发展不再像资本主义初期一样需要国家政府如幼儿般的小心呵护,相反,其巨大的经济力量以及先天追逐利润的秉性,使得国家法律对其限制成为必要。另外一方面,与处于绝对劣势的工人等社会弱势群体相比,公司企业等法人组织无论在财力上,掌握的资源上,对事故的预防上都处在绝对有利的地位。发生事故造成损失,大公司、大企业也有能力承担。对于损害赔偿的承担,公司企业可以将其摊入产品成本中,通过价格的调控使得损害赔偿分散到社会。即便事故发生频繁,损害巨大,公司企业也可缴纳一定的保险费通过责任保险的形式转移自己的负担,把损害分散到广大投保人身上,从而使损害承担社会化。

其次,从事故发生的频率与影响来看,20世纪以来工业灾害、汽车事故、公害、商品瑕疵等大规模侵权事件急剧增加,其发生规模之大,影响范围之广,造成损害之持久,前所未有。此种侵权事件严重性远远超过了19世纪,并已成为影响社会公众的公共问题。根据1946年美国官方的统计,美国工业中每4分钟发生不幸事故一次,每16分钟发生造成死亡后果的事故一次,这一年的工业事故中共有1.65万人死亡,200万人成为严重残废。① 而在公害方面则发生得尤为频繁与严重。如1952年发生的伦敦烟雾事件,5天之内造成4000人死亡,总计达12000人死亡,此后到1965年十余年间又陆续发生十几起烟雾事件,损失难以计算。而我国三鹿奶粉事件受害人达30万之众,造成的人身损害以金钱计达39亿。如此大规模侵权事件频繁发生,伴随而来的是到处是要求事故赔偿的诉讼和拒绝赔偿的抗辩。这种"社会战争"的浪潮反映到法律意识中,便形成了现代民事责任立法的两大目的参数:一是以受害人为考虑的基点,强化对事故受害人的法律救济

① 谢志红:"侵权行为法的变革与社会保障法之肇始——兼论弱势群体的保护",载《江西财经大学学报》2004年第1期。

和社会救助,以缓和社会矛盾;二是以“社会利益”为本位,对个人自由施加必要的立法限制和国家干预,以维护社会关系的平衡和社会秩序的稳定。① 而传统的以过错责任为核心的侵权损害赔偿机制无法在损害的填补与分散方面满足人们的要求,更多的可选择性的责任保险、社会保障、赔偿基金、行政补偿等损害赔偿的社会化机制为人所重视,并也开始发展和完善起来。

2. 思想理念背景

(1)实证主义与社会学法学。近代西方国家在经历了文艺复兴、宗教改革、罗马法复兴运动之后,人的思想得到解放,其后发生的工业革命,更是给西方国家的发展添了一个助推器,以过错责任原则为核心的侵权损害赔偿机制由于契合古典自由主义和理性主义,在西方资本主义发展的初期一直到19世纪末一直扮演着为经济发展保驾护航的角色。19世纪末20世纪初,西方国家完成了自由资本主义向垄断资本主义过渡,与此种转变相适应,资产阶级理性哲学的统治地位也开始为实证哲学所取代。以孔德为代表的实证主义者认为,只有现象才是可以认知的,因为现象是可以感觉到的,只有感觉到的东西才是真实的,只有真实的东西才是科学的。反映在侵权法上,也就是说,侵权行为责任中人的行为、损害结果是人们可以感知的,是实证的、科学的。而人的主观心理状态则是难以感知的,是不能实证的。因此,侵权法责任原则上的思考,其中心应该是人的违法行为和损害结果,而不是人的主观心理状态。②

由于实证主义是以自然科学领域取得的重大成就为基础的,而西方资本主义的发展则是以自然科学为先导。19世纪末20世纪初西方资本主义的繁荣也即奠定了实证主义的崇高地位。实证主义提倡以自然科学所运用的方法应用于社会科学的主张在20世纪盛极一时,对包括社会学法学在内的社会科学产生深刻的影响。以孔德的实证

---

① 丁凤楚:“论现代事故损害赔偿责任的客观化和社会化”,载《社会科学》2006年第6期。

② 李清伟:“侵权行为法与社会保障法的冲突与融合”,载沈宗灵、罗玉中、张骐编:《法理学与比较法学论集》(下册),北京大学出版社2000年版。

主义与涂尔干的社会连带主义学说为主要思想渊源的社会连带主义法学认为,其所主张的社会连带关系既不是指基督教的仁慈,也不是指"自由、平等、博爱"这一口号中的博爱,因为仁慈和博爱都是道德概念,但人们在连带关系中进行合作,并不是因为这种合作是什么"善",而是因为他们都是一个人,除了连带关系相互合作外,就无法生存,合作本身具有社会价值和社会效果。这也就是说,社会连带关系仅仅表明一个事实:"人们相互有连带关系,即他们有共同需要,只能共同地加以满足;他们有不同的才能和需要,只有通过相互服务才能使自己得到满足。因而,人们如果想要生存,就必须遵循连带关系的社会法则。连带关系并不是行为规则,它是一个事实,一切人类社会的基本事实。"①人与人必须通过共同生活、相互援助才能实现求生和减轻痛苦的本性。传统的侵权损害赔偿机制局限于加害人与受害人之间的私人关系,即所谓谁侵害、谁负担。然而社会形态的改变不可避免地把个人联系在一起,人既是个人的又是社会的。大规模侵权事件造成的损害如此之大,以致单个人无法承担,基于填补损害和分散损失的共同需要,损害的承担逐渐由个人向家庭、企业、社会分散。与其说这是个人转嫁损害方式,还不如说是人们为了共同的需要,而通过相互的合作和援助以达到共同抵御风险的目的罢了。

受到实证主义深刻影响的社会学法学家庞德强调法律是一种"社会工程"或"社会控制"工具。他认为,社会学法学家所注重的是法律的作用而不是它的抽象的内容,法律所要促进的是社会目的,而不是制裁。法律的作用就是承认、确定、实现和保障各种利益,尤其是社会利益。庞德把法律发展划分为五个阶段,其中第五个阶段是法律的成熟阶段,即所谓法律的社会化阶段。他认为这一阶段的法律应改变17、18世纪以来强调的个人权利为主的法律精神,不仅应注意保护个人利益,而且更应强调保护社会利益。正如他所说,这一阶段"人们逐渐把强调重点从个人利益的方面转到了社会利益的方面。显而易见,20世纪所有国家的法律都发生了这样的运动。这场运动的口号就是

---

① 转引自沈宗灵:《现代西方法理学》,北京大学出版社1992年版,第224页。

满足人的欲求，而且这场运动还把其他社会制度的终极目的（即以最少限度的摩擦和浪费而尽可能地满足人们的要求）视作法律目的”①。“人们倾向于用协调利益的理论来取代那种纯粹争斗的诉讼理论”②。可见，经济社会领域的新发展，使得法律从19世纪的抽象平等过渡到20世纪后根据个人负担能力而调整负担的社会化阶段，法律的社会化思潮已显露山水。

（2）社会风险理论。损害赔偿机制的转变不仅依赖于实证主义、社会连带主义学说的盛行，也与社会风险理念的兴起密切相关。风险，是指某一特定危险情况发生的可能性和后果的组合。风险一词，古已有之，然其引起人们的普遍关注，则是伴随着社会的变迁而逐渐呈现的，风险是人类生存和发展的伴随物。人类社会的发展，经历了传统农业社会向现代工业社会的变迁。传统农业社会，社会关系比较稳定，局限于土地和血缘上。土地，为社会成员提供了生存与发展的依托，而血缘关系所结成的家庭则构成个人物质保障与感情寄托的平台，家庭成员之间的相互协助、相互照顾使得家庭成为风险承担最基本、最普遍的方式。然而工业化时代的到来，打破了这种局限于土地上由家庭来共同承担风险的方式。“工业化的发展削弱了家庭的生产职能，家庭企业日益让位于工厂中组织劳动的大规模企业，它逐渐接管了以前由家庭所完成的任务。”③土地与劳动力的分离，使得你我都深深地嵌入这个社会当中。物品等人们所需要的供给不再依存于土地，而依赖于社会化的生产与交换。在参与社会化的生产与交换过程中，人们不得不面临各种工业化带来的风险：在生产过程中带来的难以避免的工伤事故，由机动车的使用带来的交通事故，由环境污染和产品瑕疵带来的公害事件等等，使得风险无处不在，无时不有，也已经成为一种社会风险。概言之，现代工业社会，已成为风险社会。

1986年德国社会学家乌尔里希·贝克出版了《风险社会》一书，

---

① （美）罗斯科·庞德：《法理学》，邓正来译，中国政法大学出版社2004年版，第441页。

② （美）罗斯科·庞德：《法理学》，邓正来译，中国政法大学出版社2004年版，第442页。

③ 转引自李清伟：“侵权行为法与社会保障法的冲突与融合”，载沈宗灵、罗玉中、张骐编：《法理学与比较法学论集》（下册），北京大学出版社2000年版。

将现代社会解释为风险社会。贝克认为，现代性已经使我们的社会由工业社会转向了风险社会，社会问题的核心议题和焦点也从财富分配转移到了风险分配，“不平等”的社会价值体系已为“不安全”的社会价值体系所取代。现代社会就是一个风险四伏的社会，在发达的现代性中，财富的社会生产系统地伴随着风险的社会生产。① 在现代化进程中，也有越来越多的破坏力被释放出来，即便人类的想象力也为之不知所措，而现代社会财富的制造者在制造大量财富的同时也制造了大量风险，制造的财富分配于内部，而其制造的风险却让整个社会来承担。在贝克看来，现代社会的某些风险随时会对人类造成致命的威胁，换言之，定时炸弹在滴答作响。在这个意义上，风险预示一个需要避免的未来，更糟糕的是，随着全球化进程的步步加快，风险也正在全球化，并发生着循环。这就造成了风险不仅威胁着风险的制造者，也威胁着无辜者。

贝克认为，风险社会环境对当代个体生存具有重大且直接的影响。在当今这个充满风险的社会中，没有人能够提供确定的答案；不确定性取代经验与传统，已成为当代社会的基本特征；个体行为的选择取舍都要受到不确定因素的干扰；生活在不确定性、风险时代的当代人犹如漂泊的浮萍，没有了根基，失去了归宿，心灵不安，内心恐惧，个体都正在遭遇存在性焦虑。② 他还指出，风险社会造成不仅仅是因工业生产导致的环境恶化风险以及种种技术风险，这些虽是风险社会的一个重要维度，但只是其中之一，重要的是，风险社会脱离并重塑了工业社会内在的社会结构及其基本的生活行为的确定性——社会阶级、家庭模式、性别身份、婚姻、亲子关系和职业。反思性现代化实质上解体了集体而催生了个体化，由此导致了生活形式和传统的消亡。人类面临着威胁其生存的由社会所制造的各种风险。现代人类身处的社会充斥着组织化的不负责任的态度，风险的制造者以整个社会的风险为代价来保护自己的利益。

---

① （德）乌尔里希·贝克：《风险社会学》，何博闻译，译林出版社 2004 年版，第 17 页。
② 刘莹：“贝克‘风险社会’理论及其当代中国的启示”，载《国外理论动态》2008 年第 1 期。

贝克的风险理论学说很具有说服力。然而,工业化和全球化是现代社会发展不可阻挡的潮流,也是人类社会文明进步的推动力,岂能因为发展存在风险而止步不前?人类社会发展的历史本身就是一部冒险史,然而普遍性风险的存在,各种社会问题的发生,却又使得个人、家庭在承担风险上力不从心或者说难以承受,这种情况的出现很多时候阻碍了人类文明的进步。既然风险是由工业化带来的,而且又是社会性的,那么风险的承担也就应由工业化的成果来承担,由社会集体来承担。与贝克所论述的风险范围相比,侵权损害赔偿范围内所说的风险则局限于工业灾害、汽车事故、公害、产品瑕疵等具有社会性的意外灾害。20世纪以来此种社会风险的加剧以及以过错责任为核心的传统侵权损害赔偿机制的局限性,使得越来越多的学者主张用赔偿制度来取代传统的侵权损害赔偿机制,以社会责任代替个人责任。正如学者所言:"本世纪侵权行为法的主要职能已经被视为合理地调整经济风险,而并不是道德原则。上个世纪的过失概念所强调的目标是威慑制止,损害赔偿本身是次要因素。现在的中心已经发生了变化,转移到了赔偿方面。社会开始要求确立一种制度,在这种制度中,因侵权行为致害(不确切地称为意外伤害)而遭受的损失,将不会落在不幸的受害者个人身上。这种负担必须以这样或者那样的方式转移出去。侵权行为法已经稳定地由过错为基础转向以社会保险为基础。"①正是由于社会风险的普遍存在,而具有连带关系的人们又需要相互的扶助,越来越多的国家正通过侵权赔偿机制的改革以及责任保险、社会保障制度、赔偿基金、行政补偿的建立和完善等构建损害赔偿的社会化机制。

(3)功利主义与福利理论。现代工业社会对传统农业社会的代替,创造了巨大的财富,促进了人类文明的进步,但也带来了社会风险,人与人之间社会连带关系的存在,使得国家成为一个祸福与共的共同体。大量群体性侵权事件的发生已经影响到共同体的稳定与未

---

① (美)伯纳德·施瓦茨:《美国法律史》,王军等译,中国政法大学出版社1997年版,第219页。

来,而福利制度的实践和推行似乎正在努力成为除以过错责任为核心的侵权损害赔偿机制之外对损害提供从外部进行赔偿的一种重要方法。而这种侵权损害机制发生的新转变,与功利主义和福利理论密切相关。

功利主义是西方道德和政治领域的主导理论之一,许多学者都有论述,但谈到功利主义不得不谈到功利主义的代表人物边沁的论述。边沁认为,功利是指任何客体的这么一种性质:由此,它倾向于给利益有关者带来实惠、好处、快乐、利益或幸福(所有这些含义相同),或者倾向于防止利益有关者遭受损害、痛苦、祸患或不幸(这些含义也相同);如果利益有关者是一般的共同体,那就是共同体的幸福;如果是一个具体的个人,那就是这个人的幸福。在边沁看来,人类是受“快乐和痛苦”主宰的,功利原理承认这种被支配地位,并“把它当作旨在依靠理性和法律之手建造福乐大厦的制度的基础”①。所以,边沁认为无论私人伦理还是作为一般伦理的立法艺术都不是行为的标准,其功利主义的重点在于扩大立法者治理之下的社会共同体的幸福。因此,“政府的业务在于通过赏罚来促进社会幸福”②。个人的行动需符合功利;政府的措施也要符合功利。这种标准要求立法者谋求最大多数人的幸福,而且应当一视同仁地为每个人谋求福利。也只有这样,才能真正使法律变得理性,才能实现普遍的幸福。③ 而功利主义的另一代表密尔对边沁的功利主义理论进行了一定程度的修正,认为人生的目的应脱出图谋一己幸福的范围,而去关心他人的幸福和人类状况的改善,也就是从“自利”转变为“自己牺牲”。密尔认为人类有为别人的福利而牺牲自己的最大福利的能力,如果是不能增加幸福总量或没有增加幸福总量的倾向的牺牲,不过是白费。他强调功利主义在行为上的标准的幸福,并非行为者一己的幸福,而是与此有关系的一切人的幸福。

---

① (英)边沁:《道德与立法原理导论》,时殷弘译,商务印书馆2000年版,第57页。

② (英)边沁:《道德与立法原理导论》,时殷弘译,商务印书馆2000年版,第122页。

③ 谌洪果:“法律实证主义的功利主义自由观:从边沁到哈特”,载《法律科学》2006年第4期。

在功利主义者眼里,“幸福”和“福利”是同一语汇,功利主义直接对福利制度产生影响,而福利经济学也即是以其为理论出发点。19 世纪下半叶,德国新历史学派兴起,其主张国家干预,认为国家应直接参与经济生活的管理,负起“文明和福利”的职责。而新历史学派的学说直接为德国社会保障制度的建立提供了理论基础。随着功利主义、自由主义理论等各种流派的传播,现代福利理论得以确立。20 世纪中叶以后这些理论直接成为福利国家的理论渊源,西方国家福利制度得以普遍性地建立。而“福利国家的出现,隐含着这样一种推定:源于现在正常消耗的许多社会和经济风险应尽可能广泛地分散,不允许只由不幸者承担”①。二战以来,大规模的环境侵权事故等不断发生,而以过错责任为核心的侵权损害赔偿机制则显得力不从心,而福利制度和社会保障制度等则在损害的填补方面起了重要的作用,这一切,也使得传统侵权法调整的领域正在退化,损害赔偿机制正走向社会化。

(二)侵权损害赔偿社会化机制的价值构造

风险社会下,各种价值的表现形式也是多样的,社会价值的多元性也反映在制度的多元价值上,侵权损害赔偿机制无疑也被印上多元价值的印记。传统的以过错责任为核心的侵权损害赔偿机制形成于自由资本主义的发展初期,其价值也被深深地烙上个人自由主义的价值属性。现代侵权法开始突破传统的补偿(损害)/惩戒(行为)模式,逐渐形成一种以分配风险和损失、解决社会冲突为目标的分配机制。其一是从过去的以加害人为出发点转向以受害人为考虑基点,加强对受害人的法律救济和社会救济;其二是改变传统的自由主义思想,开始注意社会利益的因素,对个人自由施加必要的国家干预,以维护社会关系的平衡。② 而侵权损害赔偿机制价值的多元化转变,也决定了侵权损害机制的多元化属性。具体而言,是以侵权法机制内解决侵权损害赔偿的单一机制发展到包括责任保险、社会保障、赔偿基金、行政补偿等在内的多元化损害赔偿机制,即侵权损害赔偿的社会化机制。

---

① (美)顿克:“过错在现代侵权行为法中的地位”,载《外国法学译丛》1989 年第 3 期。

② 吴节祥:“论侵权法的危机及其发展方向——兼论我国民法典侵权法编的制定”,载《浙江工商大学学报》2004 年第 4 期。

社会价值的多元性决定了侵权损害赔偿机制的多元性，侵权损害赔偿社会化机制即是以此来构造自己的价值体系。

侵权损害赔偿的目的在于，以最有效的方式实现正义的分配。多元化损害赔偿机制是在分配的正义与矫正的正义之间做出选择，并通过高效的社会赔偿体系达到最大限度的自由。按照亚里士多德的说法："矫正的正义，正像这一名称所暗示的那样，目的在于纠正受到破坏的平等。惩罚、赔偿、恢复原状都是显而易见的例子。另一方面，分配的正义，目的在于在法律上平等的人们中均等地分配社会利益。荣誉、金钱、财物、公共财产的享有——所有这一切都必须在平等的范围内使所有的人能平等地获得。"矫正正义体系要求从平衡原告与被告的地位实现公平，完全不考虑第三方。在大规模侵权损害综合救济体系中，就必须在一个宏观的量上平衡整个社会公平价值体系。而在如今的风险社会，事故发生的频率、规模、范围、影响等远远超过了以往，矫正正义要求将损失从受害人转移给侵害人，不仅在经济上毁掉了赔偿义务人，也在很大程度上造成了交易成本的增加和社会资源的浪费，最终将打破社会公平价值体系的平衡。所以人们开始认为分配正义是适合于侵权损害赔偿机制内的正义观。分配正义是立法的正义理念，实质是通过现有法律去实现应有权利和义务，表现为一个现有权利与义务的分配过程，其核心是分配的公平问题，平等地关怀社会中每一个成员的应有权利，平等地分配由应有权利转化而来的法定权利。① 除了在侵权法中以过错责任原则、无过错责任原则确定由侵害人承担侵权损害赔偿，责任保险来分散侵权损害赔偿，社会保障也是侵权损害赔偿社会化机制的重要一环。而社会保障是国家为了维持社会再生产，通过立法形式对全体国民在个人谋生能力中断、丧失或需要特别支出时，对其基本生活需要予以适当保障的制度，这种制度无疑是属于分配正义的范畴。

笔者认为正义和效率是侵权损害赔偿社会化机制中最主要的价

---

① 王福友："侵权行为法演进的若干法理学问题"，载张文显主编：《法学理论前沿论坛》（第二卷），科学出版社 2003 年版。

值追求。分配正义是侵权损害赔偿社会化机制的本质目标，而效率是侵权损害赔偿社会化机制中最明确的要求。强调侵权损害赔偿社会化机制的效率价值，目的在于在以过错责任为中心的侵权法制度仍然起着重要作用的前提下应尽量减少侵权制度的成本，①解决相关问题，如审判的拖延、诉讼资源的浪费等。在侵权法存在低效率高成本的领域，有必要通过责任保险、社会保障、赔偿基金等制度来替代。对于社会保障制度的要求则是健全和完善，提高其在侵权损害赔偿方面的行政效率。②

（三）价值冲突及平衡

多元社会存在多元制度、多元价值。在多元社会中，制度之间存在竞争，价值之间存在冲突，这是必然的。侵权损害赔偿由一元机制向社会化机制的转变，表面上是反映以过错责任为中心的侵权损害赔偿、责任保险制度、社会保障制度、赔偿基金等制度之间的此消彼长，实质上则是价值冲突带来制度的竞争。而从侵权损害赔偿社会化机制整体上看，也是存在着正义与自由、公平与效率等价值的冲突。在价值冲突的解决上，有利害原则、苦乐原则、价值等级体系论等理论，有学者认为应包括遵从基本价值、坚持法定价值、考虑适当成本、追求最佳效益等基本原则。在罗尔斯的社会正义原则中，第一个正义原则便是建立在广泛意义上的平等自由原则。在第二个正义原则中，罗尔斯认为社会和经济的不平等应该建立在两个优先规则之下：第一个优先规则是“自由的优先性”——自由只能为了自由的缘故而被限制；第二个优先规则是“正义对效率和福利的优先性”——正义原则以一种词典式次序优先于效率原则和最大限度地追求利益总额的原则，公平机会原则又优先于差别原则。③ 但是价值冲突不容易解决，就如博登海默所说，“一个旨在实现正义的法律制度，会试图在自由、平等和安

---

① （英）P. S. 阿蒂亚：“21 世纪的人身伤害赔偿法：想他人所不能想”，载张民安主编：《侵权法报告》（第一卷），中信出版社 2005 年版，第 41 页。

② 朱伟：“侵权损害赔偿社会化机制的建立——基于公共政策的视角”，江西财经大学法学院硕士学位论文，2009 年 10 月。

③ 何怀宏：《公平的正义——解读罗尔斯〈正义论〉》，山东人民出版社 2002 年版，第 20—21 页。

全方面创设一种切实可行的综合体和谐和体。这是一项充满了巨大困难的使命,而且迄今尚无发现一项杰出计划在实现这一目标时能够声称自己体现了‘绝对的正义’”①。

解决价值冲突必须考虑各项制度和社会组织的目标,价值的考虑不是对价值的舍弃而是因目标而对相关价值的有所偏重。侵权损害赔偿社会化机制的发展过程,本身就是一种价值判断和价值选择的过程,它强调社会公共利益的追求,强调社会安全对个人自由的优先性。每个社会秩序都面临着分配权利、限定权利,使一些权利与其他权利相协调的任务。而共同福利或共同利益则意味着在分配行使个人权利时决不可以超越的外部界限,否则全体国民就会蒙受严重损害。在这些情形下,正义提出了这样一个要求,即赋予人的自由、平等和安全应当在最大限度上与共同福利相一致。②

二、多元化损害赔偿机制建立的现实性

在复杂的风险社会时代,传统以过错责任为核心的侵权损害赔偿机制再也不会出现历史上曾有的辉煌时期。责任保险、社会保障、行政补偿、赔偿基金等其他损害赔偿机制迅猛发展,同时也在侵蚀着传统的侵权损害赔偿机制时,现实问题的复杂性以及各项机制发展的不均衡性,又使得这些机制中的任何一种都不能完全解决侵权损害赔偿问题,而建立这种各项机制相互合作补充的侵权损害赔偿社会化机制成为一种必然的选择。对于处于社会矛盾激增、大规模侵权事件频生的转型社会期的我国来说,建立此种侵权损害赔偿社会化机制,不仅是对我国侵权损害赔偿机制现状的积极回应,也是和谐社会的应然之义。

(一)单一侵权损害赔偿的不足

单一侵权损害赔偿的民事责任方式,是指赔偿义务人通过支付一

① (美)E. 博登海默:《法理学:法律哲学与法律方法》,邓正来译,中国政法大学出版社2004年版,第322页。

② (美)E. 博登海默:《法理学:法律哲学与法律方法》,邓正来译,中国政法大学出版社2004年版,第325页。

定数额金钱的方式承担对受害人的损害予以救济的责任。① 单一侵权损害赔偿的责任承担方式是一对一的诉讼方式，即一个加害人对应一个受害人，在涉案的受害人或者加害人人数比较少的情况下，这能够很好地处理该类案件。但是对于受害人人数众多、因果关系认定复杂、损害具有一定的潜伏期并且案件处理费用巨大的大规模侵权案件来说，这显然是不能承受之重，也会经常导致诉讼的爆炸，可能使法院系统在处理其他问题时面临瘫痪。所以，建立一个多元化的损害赔偿制度是非常必要的，也是符合社会发展要求的。

（二）多元化损害赔偿机制建立的现实性

1. 公共政策上的分析

目前，我国公共政策最主要的目标为“建立社会主义和谐社会”。我们所要建设的社会主义和谐社会，应该是民主法治、公平正义、诚信友爱、充满活力、安定有序、人与自然和谐相处的社会。它要求社会各方面的利益关系能够得到妥善的协调，人民内部矛盾和其他社会矛盾能够得到正确的处理，社会公平和正义能够得到切实的维护和实现。在面对社会中不断涌现的大规模侵权事件产生的大规模诉讼，司法政策一直采取的是较为消极的态度。因为，这类大规模侵权案件关系的不仅仅是一般的民事纠纷，还关系到当地官员的执政业绩和执政能力，对于维护一个地方的稳定是具有很大的负面影响的。而且在某些大规模侵权案件中，造成的损害后果是非常严重的，当事人争议很大，对这类案件的处理如果不谨慎，就会直接威胁到社会的稳定，威胁到公众对于政府的信任。因此，在处理这类案件的过程中，行政力量往往高于司法力量，政府机关愿意也有必要介入大规模侵权案件中。这也是我们目前对于大规模侵权损害赔偿案件处理上行政主导型模式出现的原因之一。但是，依靠行政途径来解决这类大规模侵权案件，是不可能从根本上解决问题的，政府也无法长期背这个包袱。

另一方面，我国公共政策的理念已经开始逐渐从“以经济建设为中心”向“以人为本，和谐发展”转变。公共政策更加倾向于关注民生，保

---

① 张新宝：《侵权责任法》，中国人民大学出版社 2006 年版，第 333 页。

护社会弱势群体的利益。近年大规模侵权案件的频繁发生,也使司法政策开始去适应现在的"以人为本,和谐发展"的公共政策要求。建立多元化的损害赔偿制度,实现对受害人及时、有效、完全的救济,实现社会的公平、正义不仅是社会发展的需要,也是国家公共政策的需要。

2. 法经济学上的分析

法律经济学就是运用经济学的理论和方法来阐述法律领域中的各种争议和问题的一个学术流派。传统法学分析的基本理念是要把所有的侵权行为全部消除掉,并认为这是侵权法追求的目标。但从经济学角度来讲,要消除侵害行为,需要付出如管理成本、预防成本等诸多成本。这样,当消除侵害的成本远远大于收益时,消除侵害的行为就是不理性的,也是社会所不希望的。①

在传统的法学理论看来,侵权法的主要目标是补偿,即通过侵权法提供的救济方式(主要是金钱赔偿)使受害人恢复到损害前的状态。然而,在法经济学看来,补偿并不是侵权法的首要目标。法经济学认为威慑是以激励当事人的事故预防达到社会最优水平为侵权法的核心目的。② 补偿由于保险、社会保障等的存在已经成为了侵权法的次要目的。除了侵权法制度来规范补偿行为外,还有许多其他安排来应对各种事故和危险行为的补偿。侵权法在面对各种事故和危险行为时,它的事后补救性质基本上是难以实现对受害人的充分补偿的,有些损失是无法挽回的。因此,这就需要多元化的侵权损害赔偿制度的存在,需要赔偿基金、责任保险、社会保障以及侵权法等四个制度之间密切配合,相互支持,共同作用,彼此克制对方的缺陷,发挥各自的优势,以最小的管理成本和预防成本来实现社会管理,减少侵害行为的发生。

3. 司法资源利用上的分析

大规模侵权案件中,受害人具有多数性和复杂性,以我国现有的司法资源,向大量的受害人提供救济是非常困难的。另外,在不同的大规

① 魏建、周林彬主编:《法经济学》,中国人民大学出版社 2008 年版,第 216 页。
② 魏建、周林彬主编:《法经济学》,中国人民大学出版社 2008 年版,第 211 页。

模侵权案件当中,受害人的多数性具有不同的表现,即可能是几百个,也可能涉及几千个、几万个。受害人的复杂性主要表现为真正受害人的区分,现行受害人和潜在受害人的区分以及因果关系的确定等,这些都使对大规模侵权损害赔偿案件的案件处理和诉讼程序的进行变得非常困难。所以,建立多元化的损害赔偿制度,有利于缓解法院在处理该类案件时所面临的尴尬局面,更好地节约我国的诉讼资源。

同时,企业面对有如此众多受害人的巨额损害赔偿诉讼请求,由于自身资金的有限,往往会陷入破产的境地。企业宣布破产,就意味着受害人会得不到充分的赔偿,甚至得不到赔偿。同时,一个企业的破产,其所在社会就会面临着新产品得不到开发,进而影响社会经济的发展,造成一个社会的不稳定。然而,建立多元化的损害赔偿制度,就能很好地解决这个问题,一方面,可以使受害者得到及时、有效、完全的赔偿,维持社会的稳定。另一方面,也能避免一个企业的破产,使其尽快恢复生产经营,为社会创造更大的财富。

另外,实践中,大规模侵权案件中的受害人想要获得足额的赔偿也是非常困难的。诉讼中,法院的判决是一个刚性的判决,一旦受害人败诉,就不仅得不到侵权行为人的赔偿,自己因诉讼而投入的各种成本也石沉大海,得不到任何补偿,只能自担损失。即使法院判决受害人赔偿请求成立,受害人的损失也可能会因为执行难或者被告破产等原因得不到赔偿。也就是说,现行的法律制度也使得大规模侵权案件当中,受害人的损害赔偿难以得以真正的落实。

4. 赔偿基金、责任保险、社会保障构成的多元化损害赔偿的发展

早在 1980 年底美国为了处理环境损害的大规模侵权案件,颁布了《综合环境反应、赔偿和责任法》(学界称之为“超级基金法”)。社会保障发展到现在也已经有一百多年的历史。责任保险制度更是早在 19 世纪的欧美国家就已经出现了。这些多元化的救济手段的出现,为大规模侵权案件中受害人的多元化侵权损害赔偿制度的建立提供了前提和可行性。其实,并非只有侵权法才能很好地体现对受害人的救济。侵权法本身在参与救济侵权损害的过程中,催生和动员了社会法以及经济法的共同参与,甚至在很大程度上依赖赔偿基金、责任

保险、社会保障等社会制度。侵权法已经和经济法、社会制度一起，共同形成了一个密集的社会安全网络。

（三）现行立法为多元化损害赔偿建立了一个基本框架

程序法上，我国《民事诉讼法》第53条规定了共同诉讼，“当事人一方或者双方为两人以上，其诉讼标的是共同的，或者诉讼标的是同一种类，人民法院认为可以合并审理并经当事人同意的，为共同诉讼”。普通共同诉讼是可分之诉，它的形成需要当事人的同意，审理时应当分别做出确认各共同诉讼人的民事权利、义务的判决。这对于诉讼当事人一方或者双方为多人的案件解决具有一定的优势，可以适当地节约诉讼成本。同时《民事诉讼法》第55条规定了人数不确定的代表人诉讼制度，该条规定“诉讼标的是同一种类，当事人一方人数众多在起诉时人数尚未确定的，人民法院可以发出公告，说明案件情况和诉讼请求，通知权利人在一定期限内向人民法院登记。向人民法院登记的权利人可以推选代表人进行诉讼；推选不出代表人的，人民法院可以与参与登记的权利人商定代表人……人民法院做出的判决、裁定，对参加登记的全体权利人发生效力。未参加登记的权利人在诉讼时效期间提起诉讼的，适用该判决、裁定”。

实体法上，我国《民法通则》第106、119、122条对民事责任的归责原则、侵害生命健康权的民事责任、产品责任等做出了规定。同时，《侵权责任法》第2、4、41、42、43条也分别对民事权益的范围、侵权责任和其他责任的竞合、生产者的严格责任、销售者的过错责任、产品责任的请求权行使等做出了具体的规定。在《产品质量法》中，第28条是对产品瑕疵担保责任的规定，第29条至第34条是对产品缺陷赔偿责任的规定。

这些法律制度为多元化损害赔偿制度的建立提供了一个基本的法律框架。

三、大规模侵权综合救济体系的建立

根据加藤雅信的观点，为了解决现行赔偿制度所存在的问题，有必要建立一个由社会保险制度和损害赔偿制度合二为一的综合性救济系统。在该系统中，在要求以往的社会保障费的缴纳者，以及侵权行为特别法（机动车损害赔偿保障和环境损害赔偿法等）的原始资金缴纳者继续缴纳的同时，应该考虑要求从事危险工作的“定型性集团性”，即现在用任意保险进行防御的领域（如制造物责任，医疗事故等），缴纳与现行保险金相等的金额。而对事故的受害人则不分其事故原因的种类予以等值的给付。另外，在以集团性责任不能充分把握的领域，因个别侵权行为导致损害的受害者，首先从综合救济系统得到给付，然后，综合救济系统再通过向加害者追偿补充原始资金。换言之，现行制度是一个多渠道的复合体，而新制度在保留这种多渠道复合体的入口——并寻求新的入口——的基础上，将出口（受害人的救济）进行了统一化。①

为了实现多渠道的复合救济体系的构建，可以合理考虑我国的国情及实践经验。结合我国政府对三鹿奶粉事件处理中的行政经验，就大规模侵权的综合救济系统的构建，笔者认为应将行政措施、责任保险、侵权损害赔偿基金、社会救助结合起来，共同实现对受害人的救济。

（一）行政措施

大规模侵权由于其发生规模及产生损害的特殊性而有别于普通侵权，大规模侵权可能危害到公共利益，而政府部门的介入是应对大规模侵权案件的重要步骤。从中国政府对三鹿奶粉事件的处理中可以看到，带有中国特色的大规模侵权应对方案中至少有三方面的行政经验：一是针对大规模侵权的涉及面广、受害人较多的情况，维护社会稳定是政府首先需要考虑的问题，妥善保护受害群众合法利益则是一

---

① 渠涛：“从损害赔偿走向社会保障性的救济——加藤雅信教授对侵权行为法的构想”，载梁慧星主编：《民商法论丛》第2卷，法律出版社1994年版，第315页。

个基本思路;二是老百姓在实际选择救济途径的过程中更倾向于行政机关主导的救济机制;三是如果其他救济途径无法解决问题时,政府实际上还是要承担兜底的责任。① 由此可见,就目前我国的大规模侵权案件的救济而言,政府行政措施的引导是必需,政府主导成为可能。

政府部门对大规模侵权案件的处理主要是行政应急措施和行政规制措施两类,现今是以行政应急措施为主。采用行政应急措施,能够最快地安抚公众情绪,并能够在一定程度上降低损害,于大规模侵权的初期阶段是比较有效的。在大规模民事纠纷的综合救济体系中,政府职能必须强化,不能仅仅停留在行政应急阶段,必须形成完整的行政规章制度,并且需要接受公众的参与,提高行政透明度。在目前中国的政治法律环境中,行政措施在大规模侵权综合救济体系中必须是先行者,并能够有效引导社会保险及侵权损害赔偿的进一步开展。

(二)责任保险

责任保险(Liability Insurance)是指保险人与投保人约定,以被保险人依法应当对第三人承担的损害赔偿责任为标的的保险。换言之,责任保险以被保险人对第三人的赔偿责任为标的,以填补被保险人对第三人承担赔偿责任所受损失为目的,因此,责任保险又被称为第三人保险或第三人责任保险。②

责任保险具有以下法律特征:

第一,责任保险具有第三人性。责任保险是以被保险人对受害人承担的责任为标的的,与以有形财产或者利益为标的的财产保险有差别。在一般财产保险与人身保险实践中,保险人补偿的对象都是被保险人或其受益人,其赔款或保险金也完全归被保险人或其受益人所有,均不会涉及第三人。而各种责任保险却与此不同,其直接补偿对象虽然也是与保险人签订责任保险合同的被保险人,被保险人无损失则保险人亦无须赔偿,但被保险人的利益损失又首先表现为从被保险

① 岳业鹏:“大规模侵权救济模式与预防机制研究——‘大规模侵权法律对策国际研讨会’观点综述与评析”,载张新宝、葛维宝主编:《大规模侵权法律对策研究》,法律出版社2011年版,第206页。

② 文才:《论完善我国的责任保险法律制度》,西南交通大学出版社2010年版,第6页。

人的行为而导致第三人的利益损失为基础，即只有第三人利益损失客观存在并依法应由被保险人负责赔偿时，才会产生被保险人的利益损失。因此，尽管责任保险人的赔偿款是支付给被保险人的，但是这种赔偿款实质上是对被保险人之外的受害方即第三人的赔偿。保险人的赔偿款既可以直接支付给受害人，也可以在被保险人赔偿受害人之后补偿给被保险人。可见，责任保险是由保险人直接保障被保险人利益，间接保障受害人利益的一种双重保障机制。① 因此，责任保险在性质上是第三人保险，第三人对被保险人的赔偿请求权是责任保险得以成立和存在的基础。

第二，责任保险在偿付上具有替代性。责任保险是被保险人分散和转移其赔偿责任的一种方式，它为受害人取得实际赔偿创造了条件。除法律规定不能通过责任保险转移的赔偿责任或者保险合同不予承保的赔偿责任外，被保险人对第三人应当承担赔偿责任，或者受害人请求被保险人给付赔偿金时，由保险人承担赔偿责任。

第三，责任保险金额具有限制性。在订立责任保险合同时，投保人（被保险人）和保险人所约定的保险金额是保险人承担赔偿责任的最高限额。

国际保险发展的历史表明，责任保险的发展程度是衡量一国或地区财产保险业发达与否的重要指标。有关资料显示，美国的责任险业务是非寿险公司的支柱性险种，责任保险市场自 20 世纪后期即占整个非寿险业务的 45% ~50%；在欧洲国家则占 30% 左右，有的国家高达 40%；日本也达 25% ~30%。责任保险制度已经在我国《侵权责任法》中的道路交通事故部分得到肯定及施行，对于大规模侵权损害赔偿而言是重要的借鉴，并可以在其他类型的侵权领域中逐步推行，如医疗侵权、产品责任、环境污染侵权等。

商业保险采取的是自愿投保原则，但是，有的企业为了追求更多的利润会抱着侥幸的心理而不参加保险。所以，对于那些具有高风险的行业，笔者认为不能采取自愿原则，应该由政府采取强制保险的立

① 林宝清：《保险法原理与案例》，清华大学出版社 2006 年版，第 448 页。

法模式，强制规定对于某些行业的生产者，每一个生产企业必须要购买保险。对于一些风险不大的行业，则可以采取当事人自愿原则。所以，对于责任保险也应该采取强制投保和自愿投保相结合的方法。当保险合同规定的事由发生后，就可以由保险公司代替加害企业向受害人赔偿，这样就在一定程度上分散了企业从事生产的风险，以便企业更好地从事生产经营活动。

构建责任保险制度，将商业保险手段运用到产品安全管理体系，通过市场化的手段分散我国产品安全的责任风险，对侵权行为人、受害者以及社会都具有非常深远的意义。与损害赔偿基金制度相比，它具有以下优点：

第一，有利于分散侵权企业的责任风险。工业社会的发展，大机器生产方式的普及以及高科技产品的不断涌现，使任何一种产品都可能存在着现实和潜在的风险。有损害即有补偿，这就迫使生产企业在进行科技生产的同时也积极寻找转嫁风险的方法。责任保险制度就是用来转嫁风险的一种方式，当他们的产品给消费者造成损害之后，由保险人来承担损害赔偿责任。这样一来被保险的企业只要花一部分固定的资金就可以由保险公司来代替其承担损害赔偿责任，分散了自己的风险，在保持了自己生产经营的稳定性的同时也增强了自己产品的竞争能力。

第二，有利于责任企业尽快恢复生产经营，促进企业改善经营管理模式，提高产品质量。大规模侵权的赔偿数额是巨大的，责任企业往往会因为不能承受如此巨额的损害赔偿而宣告破产，或者至少也会使自己的生产经营陷入一个困境。如果责任企业在侵权事故发生之前投保了责任保险，那么，其巨额的赔偿责任就会有保险公司替其承担，企业就可以有更多的资金来恢复其生产和运行，在维护企业利益的同时也维护了社会的稳定。

另外，企业若要对自己的产品进行投保，那么其产品就必须要符合保险公司所要求的条件，否则保险人不予承保。这样生产企业为了能达到投保的条件，就必须要改善自己的经营管理模式以提高自己产品的质量。同时，保险人作为一个企业，也是以营利为目的的，它为了确保自己可以赢利,必然会为被保险人提供全方位的防止侵害受害人权益的服务,采取一系列的措施来引导被保险企业高度重视自己生产活动的安全性,增强被保险人的防灾抗灾能力,以避免或者减轻侵权行为的发生。

第三,有利于对受害人的赔偿。保险公司的设立要具备法律规定的一系列条件。根据我国《保险法》的规定,设立保险公司,其注册资本的最低限额为人民币二亿元,且注册资本必须为实缴货币资本,由此可见,保险公司是具备一定经济实力的。所以当大规模侵权案件发生后,保险公司可以根据它与侵权企业签订的合同,及时地赔偿受害人。

(三)赔偿基金

大规模损害赔偿基金(以下简称赔偿基金),是指专项用于救济或赔偿大规模侵权事件的被侵权人人身、财产损失的基金。① 如在三鹿奶粉事件中 ,为保障受害患儿得到充分救济,由中国乳制品工业协会组织 22 家责任企业出资设立医疗赔偿基金,这也是我国首次尝试医疗赔偿基金应对大规模侵权事件。随着人类文明程度越来越高,人们享受的利益就越大,作为副产品的风险也相应地就会越大,利益与风险相伴而生,现代文明社会就成为“风险社会”。② 大规模侵权即是在这样的风险社会中得以发生,并存在突出矛盾。我国现有的私法救济在大规模侵权案件中无法得到充分发挥,而向公法救济进行探索,所以社会救助基金就成为最佳尝试。如美国的超级基金、国际油污损害赔偿基金、投资赔偿基金等就是针对不同领域建立的损害赔偿基金,并在大规模侵权损害赔偿的学理和实践中担当了重要角色。

建立大规模侵权赔偿基金的思路并非无中生有,不仅仅是在各种以领域为界限建立的损害赔偿基金的基础上,更是根据大规模侵权的特点而构建针对该侵权领域的一种有效尝试。张新宝在其《大规模侵权损害救济(赔偿)基金条例》③立法建议稿中对大规模侵权做出了如

---

① 张新宝、葛维宝主编:《大规模侵权法律对策研究》,法律出版社 2011 年版,第 65 页。

② (德)克里斯蒂安·冯·巴尔:《大规模侵权损害责任法的改革》,贺栩栩译,中国法制出版社 2010 年版,第 1 页。

③ 张新宝、葛维宝主编:《大规模侵权法律对策研究》,法律出版社 2011 年版,第 3—10 页。

下界定:“所谓大规模侵权,是指被侵权人人数众多、损害后果影响重大的侵权事件,包括大规模产品责任事件、大规模环境污染致人损害事件、大规模工业事故。”大规模侵权是由现代化生产、销售高效且大规模重复,人与自然关系日益紧张,自然科学不够确定成熟的多方面动因催生。这就决定了大规模侵权案件中受害人和加害人主体的特殊性,受害人的多数性和复杂性,导致侵权范围广且损害影响大;侵权人通常单一或是有限的多数,其赔偿能力相对于大范围内受害人的赔偿请求而言是极有限的。主体的特殊性使得大规模侵权案件无论是在因果关系的认定还是损害救济方面,相对于普通侵权而言都显得尤其复杂。此时,损害赔偿基金在大规模侵权案件中的尝试尤可窥见其长处。

1. 大规模侵权中实体与程序的拓展性要求

大规模侵权案件的特殊性,使得其在实体法和程序法中都有不同程度的拓展性要求,然现有的实体法和程序法无法合理搭配解决问题。首先,大规模侵权在实体法上是否存在特殊规定的必要?我国法律属于大陆法系,在没有确定实体法的情形下只能诉求无门,而社会上不断出现的所谓“大规模侵权”事件,却无法完整地利用侵权法进行维权。随着公民权利意识的不断提高,对实体公正的追求也在各类案件中表现得愈加强烈,公众对大规模民事纠纷案件的关注度越高,对民法中侵权法的设计就越关心。将大规模侵权作为一种特殊的侵权形态明确在侵权法中,于现实社会是有必要的,笔者认为将大规模侵权的概念、构成要件、侵权归责原则以及损害赔偿在民法典中加以明确是有必要的。

其次,现行关于大规模侵权事件的救济途径在民事诉讼法中主要是和解和共同诉讼,这种多数人纷争解决程序在我国由于相关规范的不完备及在适用中与相关制度的配合不力,使得人民法院无法在大规模侵权案件中有所作为。民事诉权的启动和运行是寻求民事实体权益保护的必由之路。在我国,民事诉权是公民享有的请求国家给予民事诉讼保护的权利;而在法国民事诉讼法典的表述中,诉权对于提出请求的当事人来说,是用以陈述其实体内容,以便法官判断其请求是否具有法律依据的一种权利，对于另一方当事人而言，诉权则是针对对方这种请求的法律根据进行抗辩的权利。① 综合两者对诉权的理解，诉权应兼具程序内涵和实体内涵，其程序内涵指向原告向法院提起诉讼的权利和被告针对诉讼进行答辩的权利，其实体内涵指向原告通过法院向被告提出的实体上的请求的权利和被告通过法院反驳原告提出的实体上请求或者提出反诉的权利。要想实现民事实体权利的保护，诉讼是必不可少的，在法制体系完备且法治完善的社会中，法院裁判解决民事纠纷虽不是唯一的办法却是尤其具有公信力的方法。目前我国大规模侵权纠纷的处理脱离诉讼，完全依赖行政措施，究其缘由不仅仅是因为民事诉讼法律制度的不完备，更是因为没有一个行之有效的大规模侵权综合救济体系以供选择。

诉讼可以为大规模侵权损害提供及时的救济，然而由于科学技术的不成熟，对于潜在的或需要长久时间方可显现的损失，因诉讼时效问题或者是加害人已不存在等诸方面原因并不能有效实现救济，而损害赔偿基金就能够在时间及空间上存在更大的救济可能性。权利和救济不可分割，救济的性质决定权利的性质。② 大规模侵权损害赔偿基金的建立，也能成为促使实体法对大规模侵权这一特殊侵权类型进行界定规范的重要动因。

2. 风险社会下损害赔偿基金的公力救济

风险社会背景下，大规模侵权纠纷频发而造成的众多受害者紧迫的救济需求对社会的长治久安构成严重的威胁，亟须符合中国国情的救济模式和救济体系。在三鹿奶粉事件及康菲漏油事件中行政措施行之有效，且私法救济无门，这使得在大规模侵权事件中公众对政府有了更多的依赖。针对大规模侵权事件的行政救济是公力救济的一种，却不能仅此一种，以不同领域为界限的损害赔偿基金是我国对大规模侵权事件损害赔偿公力救济的又一路径。

大规模侵权造成众多受害人，其中存在相当一部分的潜在受害

① 潘牧天:《滥用民事诉权的侵权责任研究》，上海社会科学院出版社 2011 年版，第 23 页。
② (英)威廉·韦德:《行政法》，徐炳等译，中国大百科全书出版社 1997 年版，第 136 页。

者，受害人面临损害的风险中存在各种不确定性。风险不仅仅是存在于社会生活中，同样也存在于各种社会制度中，其中就包括法律制度。例如，美国侵权法就将过失界定为“未能（在具体场景下）尽到合理的注意义务”，或者“制造不合理的风险”。① 对法律制度而言，风险的不确定性一方面可能造成风险结果及其破坏程序无法推算，从而导致风险责任主体的模糊和缺位，没有人真正地去对风险灾难承担应当承担的责任；另一方面，风险在现代社会中常以合法状态存在，“大多数侵权行为从道德角度上讲是无辜的”②。大规模侵权涉及不特定多数人且损害后果严重，它的风险数值难以估算。大规模侵权影响的公共性及其他特征，使得其在损害赔偿救济方面存在多方面的局限。首先即是现有的损害救济的事前预防不足。在风险社会下大规模侵权损害发生率在不断上升，侵权责任制度设计除了有对损害进行填补的功能外，同时也应当有预防功能，提高大规模侵权成本，使得行为人对于自己的作为有更多的约束。而这种事先预防只能通过公力手段，如政府监管和赔偿基金制度建立。其次，损害赔偿是有限的补偿。有限补偿在大规模侵权事件中表现得尤为突出，一个损害行为的发生可能会引起无数损害的产生，要求侵权人承担全部损害赔偿责任是不现实的。此时，大规模侵权损害赔偿基金的建立就在一定程度上缓解了社会矛盾，既能给予受害人最大限度的补偿，又可以在一定程度上缓解侵权人的偿还压力。最后，现有损害赔偿制度无法完整地正面救济个体权利。大规模侵权损害影响除了范围广外，还有一重要特点即是损害的不确定性。一般的侵权事件中，个体的权利只能在有效的诉求时期内得到救济，一旦超过这个诉求时期就难以继续得到救济支持。赔偿基金制度在一定程度上解决了救济这个时期有限的问题。

一般而言，基金会可以被简单地理解为拥有自己的财产，由受托人或负责人管理，追求明确的某项公共目标的非政府、非营利的机

① 冯钰：“汉德公式的解读与反思”，载《中外法学》2008 年第 4 期。
② 张俊岩：“风险社会与侵权损害救济途径多元化”，载《法学家》2011 年第 29 期。

构。[①] 在大陆法系中,基金会是私法人性质的公益性财团法人,财团法人的实质在于其财产捐赠,它的设立基于捐助行为或者遗赠行为。在中国基金会与非营利组织研究当中,还产生了类型分类法,其中一种类型分类即是依据基金会与政府关系的密切程度,如将"官办"与"民办"作为谱系的两端,在纯官办和纯民办基金会的中间,划分官办民助型与民办官助型两类。[②] 大规模侵权损害赔偿基金的资源来自政府、行业和公众,赔偿基金的建立及运作即是为了解决大规模侵权中加害人与受害人、受害人损害与公共影响之间的矛盾。

(四)社会保障

政府在解决大规模侵权案件中发挥着无可替代的重要作用。在我国,例如三鹿奶粉事件发生后,政府第一时间站出来,让每个受害儿童免费去医院治疗,从财政资金中拨出一部分资金以先行救济受害人。在新西兰,1972 年颁布了《意外事故补偿法》,确立了"新西兰事故赔偿计划",该计划规定:在新西兰领域内的任何人,无论因交通事故、医疗事故、缺陷产品致损或者其他意外事故遭受损害,都可以从国家设立的意外事故补偿委员会中获得补偿。[③] 该法对侵权受害者提供及时有效的社会救助做出了明确规定。在日本,著名的民法学者加藤雅信在 20 世纪 80 年代借鉴了新西兰的做法,提出关于侵权法和社会保障制度改革的构想。由此,社会保障为侵权受害人提供救助成为一种行之有效的经验。

美国在 1935 年颁布的《社会保障法案》(Social Security Act)中首先使用了社会保障这一概念。1944 年,第 26 届国际劳工大会在《费城宣言》中正式采纳了"社会保障"这一概念。[④] 我国是在 1986 年六届人大四次会议通过的第七个五年计划中首次使用"社会保障"一词,社会保障是国家和社会通过立法实施的、以国民收入再分配为手段,对

---

① James Allen Smith. *The Evolving American Foundation*, *Philanthropy and the Nonprofit Sector in a Changing American.* Indiana University Press, 1999, p. 37

② 葛道顺等:《中国基金会发展解析》,社会科学文献出版社 2009 年版,第 7 页。

③ 梁慧星:"我国侵权责任法的几个问题",载《暨南学报》2010 年第 3 期。

④ 章晓懿:《社会保障:制度比较》,上海交通大学出版社 2004 年版,第 1 页。

社会成员的基本生活权利提供安全保障的社会行为及其机制、制度和事业的总称。[①] 社会保障制度包括：社会救助、社会保险、社会福利、社会优抚等。根据理论探讨及国外实践经验，对大规模侵权中的受害人的社会救助，即是社会保障中的一种。

大规模侵权事件往往是突发性的，使得受害人来不及应对，面对高昂的医疗费用和寻求私法救济受阻，各种因素极可能导致贫者愈贫，甚至有的情况下可以将受害人推入贫困的境地，导致受害人陷入生存危机，影响社会的稳定、和谐发展。社会保障制度能一视同仁地救济所有有困难的受害人，它并不考虑损害原因或者侵权责任，而是重视对受害人的困难进行救助。建立大规模侵权案件的社会保障制度就可以针对那些无力索赔或者因为无法取证等原因而依照侵权法和损害赔偿基金、责任保险制度等无法索赔的受害人，给他们以人道主义关怀，从人道主义出发补偿他们一定数额的金钱。把社会救助保障纳入大规模侵权损害赔偿多元化救济制度中，有利于维护社会的稳定并促进社会发展，使整个国民经济和社会有机体能够稳定、协调、持续地健康发展。

当然，社会保障只是大规模侵权损害赔偿案件中对受害人补偿的最后一道屏障。毕竟社会保障制度对受害人的补偿不是基于它本身的过错，它只是一种社会福利事业，仅是对受害人给予基本生活保障的一种社会经济制度。社会保障制度的保障功能和稳定功能在救助大规模侵权受害人时，主要表现在以下两方面：

（1）保障功能。大规模侵权案件中许多受害人会因为侵权致使人身受损害，一方面治疗需要钱，另一方面，因治疗而耽误收入的增加，对于这些直接以及间接收入的减少，却会因为各种原因而无法得到赔偿。对于因大规模侵权案件而致贫的受害人，社会保障制度的建立就可以使这些受害人的基本生活得以保障。

（2）稳定功能。社会保障作为一种社会安全体系，具有安定社会生活的功能。任何社会的发展，都必须要有一个稳定的社会环境加以

---

① 许琳主编：《社会保障学》，清华大学出版社/北京交通大学出版社 2005 年版，第 4 页。

保证。但是,由于大规模侵权案件具有受害人众多等特征,当受害人的损失得不到相应的赔偿之后,往往就会造成人民群众对社会的不满,引起社会的动荡,导致社会的不安定。这样是不利于社会经济发展的。因此,建立社会保障制度,保障社会成员的最低生活水平,可以在一定程度上稳定受害人的情绪,缓解社会矛盾,实现社会秩序的稳定,保证经济和社会生活的正常运行。

四、大规模侵权损害赔偿基金的建立

在大规模侵权综合救济体系中,任何方面的救济制度都是整个救济体系中不可忽视的部分,而目前我国侵权救济在行政救济、保险救济及社会救助中虽不甚完整,却仍是有例可循。相对而言,在我国建立以大规模侵权类型为界限的损害赔偿基金就需要进行理论的探讨和相关实践的突破。建立损害基金应当明确其目的、救济范围以及基金资金可行的来源。

(一)大规模侵权损害赔偿基金救济范围

大规模侵权损害赔偿基金,顾名思义,即是针对大规模侵权而使用的救济基金,但是在新时代下,侵权种类繁多且不断更新,是否任何侵权均可使用侵权损害赔偿基金予以救济?笔者认为,侵权损害赔偿基金的建立并不是取代了民事诉讼等救济方式,而大规模侵权发生后,受害人使用民事诉讼等私力救济方式无法得到有效救济,从而社会稳定受到恶劣影响情况下采用的又一救济途径。

严格把握大规模侵权的界定,在建立及使用大规模侵权损害赔偿基金时才能得到充分的援引。根据现今中外对大规模侵权行为的研究,不难发现大规模侵权主要存在以下几种典型:殃及大量机动车的大规模交通事故、大规模产品责任事件、大规模环境污染致人损害事件及大规模工业事故等。这几种典型侵权类型在我国现有的法律中有不同程度的救济机制,例如道路交通事故的侵权损害赔偿、责任保险及社会救助的综合救济机制就比较完备,环境侵权及产品侵权等仅停留在侵权责任法及我国的行政处罚救济方面，是否能够适用大规模侵权损害赔偿基金还是需要学理和实践的检验。

1. 大规模道路交通事故侵权

随着我国交通工具的普及化，以及公路建设的快速发展，大规模车辆碰撞事故的发生率呈不断上升趋势。就道路交通事故构成的大规模侵权而言，在我国制定了完备的交通事故强制责任保险制度，并且在《侵权责任法》中对道路交通事故规定了侵权损害赔偿、责任保险及社会救助的综合救济体制，足以对受害人提供充分的救济。然而现有的道路交通事故救济机制是否就符合大规模道路交通事故的救济要求呢？在真正意义的大规模事故中，首先要保护事故现场，采取各种营救措施如灭火、切断其他危险源、分离车身，因为已经相互楔入的机动车等会造成道路路面痕迹不可辨，无法确定其责任车辆；另一方面，由于碰撞角度和先后顺序已无法确定，当事人的感觉和记忆也存在不完整及破坏，所以从当事人那里收集真实可信的信息的可能性极小。① 如此真正大规模道路交通事故中受害人的损害是否可以在我国现行的救济机制中得到有效的弥补，笔者认为现行的侵权损害赔偿及责任保险未必能够有效救济大规模侵权受害人的损害。国外针对大规模道路交通事故的救济机制与我国现有的救济机制不尽相同，其中德国采用的专门应对大规模侵权事故的共同理赔原则值得我国学界思考。由德国机动车事故和第三人责任保险联合会成员的所有保险公司参与的共同理赔，其目的在于简化对大规模交通事故中受害人损害赔偿程序，有利于保护受害人。② 德国的大规模事故共同理赔原则是德国保险业处理此类事故理赔的极重要手段，也是合理运用资金资源的有效示范。整体而言，笔者认为我国现有应对道路交通事故的综合救济机制并不是完美无缺的，有必要给“大规模事故”提供特殊的救济途径。

---

① (德)克里斯蒂安·冯·巴尔:《大规模侵权损害责任法的改革》，贺栩栩译，中国法制出版社2010年版，第8页。

② (德)克里斯蒂安·冯·巴尔:《大规模侵权损害责任法的改革》，贺栩栩译，中国法制出版社2010年版，第24页。

2. 大规模产品侵权责任事件

我国的缺陷产品造成的大规模侵权案例由食品安全事件到药品安全事件，均体现了我国现有的产品侵权事件救济机制存在重大缺陷。产品侵权责任，是指产品存在可能危及人身、其他财产安全的缺陷造成消费者或者第三人的人身、缺陷产品以外的财产损害时，生产者、销售者应承担的责任。① 产品侵权责任发生在产品进入流通以后，商品市场下的产品流通速度和广度是难以估量的，缺陷产品导致的不良事件比率猛增，尤其涉及食品、药品的不良事件影响更为广泛。《侵权责任法》中的第五章明确规定了产品责任的归责、承担及救济方式，《产品质量法》就产品质量监督、产品责任损害赔偿的民事责任和行政责任做出详细规定，《食品安全法》仅就食品安全要求、食品安全事故的处理以及相关法律责任做出了专门规定。就目前产品责任的相关法律而言，缺陷产品行政责任较为明确且完整，而民事责任规定得过于笼统，产品责任的民事赔偿制度非常欠缺。仅产品责任，我国现有的法律就没有有效的损害赔偿救济机制，对"大规模产品责任事件"的私法救济更是无路可循。大量产品推向市场，发生大规模产品责任事件的几率不断增加。因日常产品是老百姓衣食住行的重要部分，由缺陷产品而产生的大规模侵权事件，关系社会民生安定，要求我国产品侵权的相关法律不断改进并细化。产品责任之所以能够成为大规模侵权事件中的典型，并且必然纳入大规模侵权损害赔偿基金救济范围中，不仅仅是因为产品责任是大规模侵权事件发生频率较高的类型，更是因为目前我国对产品责任救济的相关法律机制的不完整。

3. 大规模环境污染致人损害事件

在日本和我国台湾地区，环境污染致害被称为"公害"，公害的名称源自英美法上的 public nuisance。所谓"公害"，是指因伴随事业活动及其他人的活动而在相当范围内产生的大气污染、水质污浊、土壤污染、噪音、震动、地面下沉以及恶臭，对人的健康或生活环境造成的

---

① 王利明、周友军、高圣军：《中国侵权责任法教程》，人民法院出版社 2010 年版，第 510 页。

损害。[1] 一般而言，环境污染的损害后果具有潜伏性、隐蔽性、复杂性、持续性和广泛性等特点。[2] 通过国内及国外灾难性环境事故的频频发生，我们不难理解环境污染致害的公害性及其他特性。我国《民法通则》第124条、《环境保护法》第41条、《水污染防治法》第85条、《大气污染防治法》第62条、《固体废物污染环境防治法》第85条、《噪声污染防治法》第60条、《海洋环境保护法》第90条等法律均规定了对环境污染致害的损害赔偿要求。在大量环境侵权事件发生的今天，尽管无过错责任原则已经确立，传统的侵权责任理论已经扩张，但是，传统的民事赔偿责任制度已经不能适应填补损失、分散责任的社会需求，环境侵权自身的特点和平衡经济发展与受害人权益保护的需要，环境侵权救济类型必须扩展，扩展的趋势就是环境侵权的社会救济，这就决定了分担公害损失和环境侵权民事责任的社会化成为环境侵权救济制度的发展趋势，以求实现对受害人迅速及时的救济。[3] 环境侵权的社会救济在各国均有探讨，其中不乏已经付诸立法的实例，主要是环境责任保险制度和行政补偿制度。环境责任保险制度通过保险公司将损失分散到全体投保环境责任保险的"潜在环境侵权人"，从而实现环境损害赔偿的社会化，我国可以在保险制度中践行环境责任保险的施行。面对现今突发性环境污染事故频频发生的状况，行政补偿在民事赔偿制度无法及时有效缓和环境污染事故冲突的情形下起到救急作用，另一方面，行政补偿也可以在环境基金中得到有效的利用。大规模环境污染致害事故中，在侵权损害发生后由于责任主体、责任范围和因果关系的不确定性，使得环境侵权行为人可能无法立刻完全明确。环境污染损害后果的潜伏性和复杂性等特点导致环境污染受损害人无法立刻就损害提出诉求，此时基金就得以对大规模环境污染致害事件中受害人的损失提供救济。

4. 大规模工业事故

工业事故如工厂爆炸、井喷、核电站核泄漏、建筑施工坍塌等突发

---

① 于敏：《日本侵权行为法》（第2版），法律出版社2006年版，第323页。

② 王利明、周友军、高圣军：《中国侵权责任法教程》，人民法院出版社2010年版，第648页。

③ 邹雄：《环境侵权救济研究》，中国环境科学出版社2004年版，第113页。

性安全事故，均是属于在不理想的工作环境中发生的突发性侵权伤害事故。由于工作性质及工作要求的特殊性，此类工业事故极容易构成大规模侵权。面对此类大规模侵权工业事故，我国现有的政策是政府负责对死伤人员的赔偿，并由政府帮助办理相关的社会保险，我国对该类工业事故侵权案件的私法救济非常薄弱。面对大规模工业事故侵权案件，例如美国应对 BP 石油泄漏案，即是通过英国石油公司 BP 成立一个巨额基金，交由独立的第三方托管，确保墨西哥湾漏油事件的受害民众得到赔偿。[①] 运用基金对该类突发性安全事故受害人进行赔偿，在实践中证明其施行救济的及时有效，并且能够最大限度地保障受害人得到公平公正的赔偿。

可以说大规模侵权损害赔偿基金就是为了以上几种典型类型而整合建立的救济途径，但是并不是必然导致赔偿基金的设立和使用。在某一大规模侵权事件发生后，由负责设立基金的机关对被侵权人人数、损害后果的影响范围、救济难度、资金筹措情况等多重因素进行综合权衡后，决定是否使用赔偿基金。[②] 笔者认为鉴于风险社会下侵权类型的不确定性，不能用现有的几种典型类型限定大规模侵权损害赔偿基金的救济范围，可以在大规模侵权赔偿基金救济范围列举的几项类型之外的大规模侵权事件发生后，由基金设立机关根据实际情况进行考察后决定是否可以使用赔偿基金。

（二）大规模侵权损害赔偿基金的设立

大规模侵权损害赔偿基金主要是为了对众多人数的侵权损害后果进行赔偿，并且含有对大规模侵权事件的社会化救济功能，所以大规模侵权损害赔偿基金的机关设立及资金筹措是成立该基金的关键步骤。

我国的《突发事件应对法》于 2007 年通过，这是适应“风险社会”下各种突发自然灾害、事故灾难、公共卫生事件和社会安全事件频发

---

① 张新宝、葛维宝主编：《大规模侵权法律对策研究》，法律出版社 2011 年版，第 424—426 页。

② 张新宝、岳业鹏：“大规模侵权损害赔偿基金：基本原理与制度构建”，载《法律科学》2011 年第 6 期。

的行政对策之一，并明确在应对突发事件中，我国行政机关始终发挥核心作用。鉴于我国涉及大规模侵权的突发事件，如三鹿奶粉事件及康菲漏油事件中政府的高效处理及引导救济的重要作用，行政机关作为处理类似事件的主要力量，无论是在组织机构方面还是在公权力效率方面都应当担当公力救济的领导责任。处理大规模侵权事件中的行政力量主要包括民政、财政、公安等相关部门，笔者认为可以由这些行政机关联合设立专门的“大规模侵权损害赔偿基金指导委员会”①作为决策及主管机构，组织扩展对大规模侵权事件的公力救济。因大规模侵权事件的受害人众多等特点，仅依靠政府的财力物力对大规模侵权事件进行损害救济远远不够，由政府专门设立的“大规模侵权损害赔偿基金指导委员会”引导各种社会力量对大规模侵权损害进行救济是公力救济的重要环节，也符合公共政策要求。根据大规模侵权影响的范围不同，大规模侵权事件可分为全国性大规模侵权事件和省域大规模侵权事件。由于全国性大规模侵权事件涉及不同省域资源调度与利益安排，为了更好地综合协调、分级负责，宜由国务院设立的“大规模侵权损害赔偿基金指导委员会”负责组织协调相关工作；而省域大规模侵权主要涉及本行政区域内的基金筹集及赔偿，因此由省级（直辖市、自治区）人民政府设立的，由民政、财政、公安等相关部门负责人共同组成的“大规模侵权损害赔偿基金指导委员会”负责基金的运作及设立。② 对“大规模侵权损害赔偿指导委员会”的分级设立，通过国务院“大规模侵权损害赔偿基金指导委员会”对各省级“大规模侵权损害赔偿指导委员会”进行业务指导和监督，即是令不同级别的大规模侵权事件可以得到高效的救济。

大规模侵权损害赔偿基金的建立就是为了分散社会压力，给受害者提供救济保障，并与行政救济共同形成有效的公立救济机制。赔偿基金的资金来源体现建立该基金的目的，作为基金的设立机关首先要提供一定的资金，其次是侵权人出资为其自身的侵权行为埋单，各种

① 张新宝、岳业鹏：“大规模侵权损害赔偿基金：基本原理与制度构建”，载《法律科学》2011 年第 6 期。

② 张新宝、葛维宝主编：《大规模侵权法律对策研究》，法律出版社 2011 年版，第 73 页。

保险赔付也可以纳入基金中,最后是社会的捐助。基金的种种资金来源是对大规模侵权损害救济综合体系的又一体现。

首先是政府的拨款。政府的管理职能要求政府合理应用国家资金协调社会矛盾,并且政府对大规模侵权事件的发生难免要承担监管不当的责任。政府肩负维护社会稳定、保障人民生活安宁的基本保障责任,在"风险社会"中,这种基本保障责任的作用尤为重要。政府的拨款是大规模侵权损害赔偿基金中资金来源的重要部分,由于大规模侵权损害赔偿基金是分级建立,所以中央和地方政府应当就其相应等级的大规模侵权损害赔偿基金提供相应比例的拨款。其次是侵权人出资,笔者认为此处的侵权人出资可以理解为公司捐赠。大规模侵权的侵权人往往是公司企业,公司捐赠也是公司承担社会责任的一种重要形式。当代企业的社会责任是在保护劳动者、消费者利益,保护环境与合理利用自然资源等社会法治要求的基础上提出的,企业社会责任在立法和司法实践中不断得以确立。[①] 大规模侵权事件发生在风险社会背景下,而风险社会是由企业大规模发展、社会资源和自然资源极大耗费下的经济发展大趋势所催生。大规模侵权损害赔偿基金中的企业捐赠可以是企业负担因其发展而产生的各种社会不利影响的重要方面,至少企业捐赠是其对社会造成危险的一种弥补。当然在大规模侵权损害赔偿基金的运用中,根据因果关系理论,对某一大规模侵权事件的救济资金首先应当在明确侵权人的出资中求偿,并且侵权人出资应当是大规模侵权损害赔偿基金中的主要资金来源。再者是各种保险赔付,在保险业制度足够健全的状态下,各种保险如环境污染责任险、产品责任险、工业事故险等责任保险,可以集合成为赔偿基金中的救济资金。然而我国保险业现状并不够理想,所以在赔偿基金的救济资金中各种责任保险赔付在大规模侵权损害赔偿基金中的出资还不够分量。最后是社会捐助。大规模侵权事件,尤其是全国性大规模侵权事件,不同的侵权类型的共同之处在于产生了众多受害人受损,社会热心人士及慈善机构的捐助也能够为赔偿基金充实资金来源。

---

① 马育红、刘晓霞:《公司捐赠制度研究》,中国政法大学出版社 2012 年版,第 35—36 页。

五、大规模侵权损害赔偿基金的制度构建

我国现存的各类基金主要是为慈善目的而建立,基金会的工作也一直是默默无闻的奉献,而对大规模侵权损害赔偿基金的建立,则要求基金管理者以积极的作为及时有效地对大规模侵权的被侵权人予以救助和赔偿。台湾的第一个消费者保护团体是消费者文教基金会,1981 年,该基金会积极介入多氯联苯受伤者救助的过程及案件申诉,推动与消费者生活息息相关的环境保护运动,也是自此后,岛内成立的基金会除了基本的慈善业务外,也开始在社会上扮演较以往更为积极的角色。① 台湾的消费者文教基金会公开为消费者代言,尤其在涉及重大侵害消费者安全事件中,不仅仅是停留在慈善捐助方面,更值得注意的是其参与到案件诉讼中救助受害人的积极举措。我国大陆地区的基金会进入发展阶段,必须在基金会的工作项目中有所改进,特别是针对赔偿基金的使用,更应当以积极主动的姿态呈现。大规模侵权损害赔偿基金在基金的委托运作、损害赔偿方式及与诉讼的相互关系等方面应予以明确,这些方面的制度构建关系是否能够快速平衡相关主体的利益,维护社会稳定。

(一)大规模侵权损害赔偿基金救济性质

大规模侵权损害赔偿基金是政府主导设立的一种救济方式,根据赔偿基金救济资金的来源主要由政府拨款、侵权人及企业出资及社会捐助三方面组成,不能认为赔偿基金的性质为政府行政救助,而应当认定为社会救助基金。社会救助基金是指国家为了实施社会救助制度,通过各种渠道所建立起来的、法定的、专款专用的货币资金;社会救助基金来源根据不同国家福利普及强度的不同,政府拨款所占的社会救济基金比例也不同。② 从支出来看,我国社会救助基金支出主要

---

① 康晓光等:《中国基金会发展独立研究报告 · 2011》,社会科学文献出版社 2011 年版,第 130 页。

② 张留禄:《社会保障基金管理》,中国金融出版社 2010 年版,第 114—116 页。

包括自然灾害救助支出和社会救济支出,通过社会救助基金,以解决困难群众面临的生存风险。对侵权行为的社会救助基金已经存在,如我国《侵权责任法》第53条规定了道路交通事故社会救助基金的垫付职能。那么,针对大规模侵权事件的大规模侵权损害赔偿基金的存在,即是符合社会救助基金的设计目的。

关于赔偿基金与民事诉讼的关系,张新宝的观点是,大规模侵权损害赔偿基金是诉讼替代型解决方案,被侵权人对诉讼救济权利的放弃是赔偿基金制度启动、顺利运作及达到其设立目的的关键环节,因此基金赔偿与民事诉讼等救济程序不得并用,只能择其一行使。① 大规模侵权受害人在民事诉讼和赔偿基金中只能择一请求赔偿救济,在成熟的制度构建及受害人足够理性的情形下,方可使得民事诉讼与赔偿基金得以很好的平衡。在"9·11赔偿基金"等国际赔偿基金的实践中,侵权人与被侵权人签订和解协议放弃再行提起民事诉讼的权利,选择赔偿基金的救济方法,均是平衡诉讼和基金救济的有效例证。笔者认为,由我国现阶段国情决定,赔偿基金这一诉讼替代型解决方案还应由政府主导使用,或者经大规模侵权损害赔偿指导委员会的调查后认定为大规模侵权事件,并适合大规模适用赔偿基金救济,政府有主导被侵权人使用该诉讼替代型基金的必要。由于我国民事诉讼制度的不健全,在以往大规模侵权事件的救济实践中,被侵权人提起民事诉讼而法院却不受理、民事诉讼制度中集团诉讼制度的不完善,使得诉讼无门。另一方面在于我国国民理性制约,被侵权人有权选择民事诉讼或者赔偿基金进行救济,然由于对赔偿基金的不熟悉,国情驱使被侵权人倾向行政救济和"打官司",如此为之对设立赔偿基金,甚至是一个完整的综合救济体系而言就是空谈。当然这个政府主导使用赔偿基金救济并不在制度中强制规定,用"政府可以主导使用赔偿救济基金替代民事诉讼进行赔偿"以缓和应对现状。

不论是被侵权人在民事诉讼和赔偿基金中做出选择,还是政府主导诉讼替代型赔偿基金的运用,被侵权人选择赔偿基金救济后,应当

① 张新宝、葛维宝主编:《大规模侵权法律对策研究》,法律出版社2011年版,第88页。

与侵权人达成替代诉讼的和解协议。和解协议的内容应载明被侵权人放弃民事诉讼等其他救济途径的意思表示,并且就赔偿方案和赔偿标准予以明确。大规模侵权中侵权人数众多,难以让每一个被侵权人均参与到和解协议的谈判和部署中,被侵权人代表的作用就显得尤其重要。被侵权人代表的受损害情形应当具有多样性,满足差异性损害赔偿的要求。为提高代表人协商的效率,被侵权代表人人数不宜多,可以代表人诉讼制度为参照。

(二)大规模侵权损害赔偿基金运作规范

大规模侵权损害赔偿基金的赔偿操作具有专业性,需要具备相关专业知识及经验的个人或机构进行。赔偿基金的运作主要涉及法律、财务及管理等方面专业知识,在委托赔偿基金运作人或机构时主要包括:会计事务所、律师事务所、法律专家、非营利性慈善机构等。大规模侵权损害赔偿基金的运作可以由大规模侵权损害赔偿基金指导委员会委托以上几方面的专家或机构组成的基金运作团队进行,当然也可以委托具备相关知识及经验的个人进行。美国"9·11赔偿基金"由美国政府任命知名律师、财政部"薪酬沙皇"肯尼斯·范伯格(Kenneth Feinberg)担任管理人。国外实践表明,由个人运作赔偿基金,能够最大限度发挥能动性及执行效率,并且权责分明,易于实现赔偿基金的规范管理及科学运行。

(三)大规模侵权损害赔偿基金索赔标准规范

大规模侵权事件造成的损害主要包括人身损害和财产损害,赔偿基金设定合理的赔付标准,对赔偿基金救济工作影响重大。处理侵权损害赔偿纠纷时,存在全部赔偿原则、财产赔偿原则、损益相抵原则、过失相抵原则和考虑当事人经济状况原则五个确定赔偿范围的基本原则。其中财产赔偿原则是指侵权行为无论是造成财产损害、人身损害还是精神损害,均以财产赔偿作为唯一方法,不能以其他方法为之。[①] 侵权赔偿的目的即是维护社会的和谐和稳定,赔偿基金给予受害人因损害而得到的赔偿,应是恰好能够填补实际损害,不能赔偿不

① 杨立新:《侵权损害赔偿》(第五版),法律出版社2010年版,第233—245页。

足，也不能使之不当得利。虽然大规模侵权具有其特殊性却仍属于侵权行为，因此，尽管赔偿基金的赔付方式较为单一，但《侵权责任法》仍然是确定赔偿标准的主要依据。

大规模侵权事件是因一侵权行为造成众多损害结果，根据《侵权责任法》第 17 条规定："因同一侵权行为造成多人死亡的，可以以相同数额确定死亡赔偿金。"在大规模侵权事件中出现的死亡符合第 17 条的赔偿要求，并且在实践中极具操作可能性。除了死亡赔偿的统一标准，对其他损害赔偿在同等的基本赔偿额度之上，还应该根据不同受害人的具体损失情况，制定差异化赔偿标准。美国杜克大学 Francis E. McGovern 在北京大规模侵权法律对策研讨会上的"索赔评估与解决议案设计"报告中就提出了对大规模侵权事件损害赔偿评估的方法和技巧，其中包括用公式计算索赔额的数学计算方法、决策树分析方法及替代变量等技术方法。[①] 仔细学习 Francis E. McGovern 的几种主要损害赔偿评估方法，笔者认为 Francis E. McGovern 对赔偿评估的主张在于根据不同的大规模侵权事件选定一个确定的赔偿评估方法，对受害人实行差异化赔偿，用技术性赔偿标准来保证赔偿前后的一致性。所以大规模侵权损害赔偿基金虽然是一种社会救助基金，但它也是一种诉讼替代型基金，实行差异化赔偿是处理大规模侵权事件的成熟要求。当然，这个技术型损害赔偿评估方法必须是由大规模侵权损害赔偿基金指导委员会经过专门调查研究后确定。

---

① 参见张新宝、葛维宝主编：《大规模侵权法律对策研究》，法律出版社 2011 年版，第 342—344 页。

第四章 道路交通事故损害赔偿公共政策的适用

一、道路交通事故损害的社会化救济

十九世纪末,汽车出现在人们的生活中,逐渐成为不可替代的交通工具。随着我国交通运输业的极速发展,人均收入的提高,人们的生活水平普遍提高,汽车的需求量逐年攀升。2009 年、2010 年,新车市场销售量连续两年实现高速增长,尤其是 2010 年新车产销双双突破 1800 万辆;尽管 2011 年的增长速度有所降低,但是 2011 年的前 11 个月累计销量也达到了 1681.56 万辆。汽车拥有量的增加,带来了很多弊端,人们在苦恼着车位少、纠结着堵车等问题的同时,大规模交通事故的发生率也呈逐年上升趋势。根据我国公安部发布的数据:2005 年,全国共发生道路交通事故 450254 起,造成 98738 人死亡,469911 人受伤,直接财产损失 18.8 亿元;2006 年,全国共发生道路交通事故 378781 起,造成 89455 人死亡，431139人受伤，直接财产损失23.9亿元；2007年，全国共发生道路交通事故327209起，造成81649人死亡，380442人受伤，直接财产损失12亿元；2008年，全国共发生道路交通事故265204起，造成73484人死亡、304919人受伤，直接财产损失10.1亿元；2009年，全国共发生道路交通事故238351起，造成67759人死亡、275125人受伤，直接财产损失9.1亿元；2010年，全国共接报道路交通事故3906164起，同比上升35.9%，其中涉及人员伤亡的道路交通事故219521起，造成65225人死亡、254075人受伤，直接财产损失9.3亿；2011年，全国共发生涉及人员伤亡的道路交通事故210812起，共造成62387人死亡。①

此外，我国特大道路交通事故也是层出不穷，仅以2012年为例，8月26日，陕西延安包茂线高速公路发生特大交通事故，一辆罐车与一长途卧铺客车相撞，致36人死亡。11月17日，沪昆高速贵州安顺市境内发生特大交通事故，事故造成69辆车连环相撞，9人死亡。11月26日，京台高速泰安至宁阳段发生特大交通事故，约120余辆车发生连环相撞，造成5人死亡，2人在送往医院后经抢救无效死亡，35人受伤。以下是2011年和2012年我国发生的部分客车特大事故一览表：

表4－1：2011—2012年客车特大伤亡事故一览表②

事故时间	事故地点	事故情况
2011.3.16	山西临汾	1辆半挂货车与1辆客车相撞；死亡12人，受伤16人
2011.7.4	湖北仙桃	1辆货车与1辆大客车追尾，两车冲断护栏后翻落路基，并引火燃烧；死亡26人，受伤31人
2011.7.22	京港澳高速河南信阳段	1辆大客车后部起火；死亡41人，受伤6人

① 百度文库："中国历年交通事故死亡人数官方统计"，http://wenku.baidu.com/view/60eef0651ed9ad51f01df2d9.html。

② 资料来源："近两年客车车祸盘点"，360dos个人图书馆，http://www.360doc.com/content/12/0902/16/1164894_233770913.shtml。

续表

事故时间	事故地点	事故情况
2011.8.28	河北尚义	1 辆中巴车与 1 辆停靠的半挂车追尾;死亡 18 人,受伤 16 人
2011.10.1	湖北兴山	1 辆大客车行驶下坡路段时坠入深坎,沉入香溪河;死亡 16 人,受伤 19 人
2011.10.7	滨保高速天津界	1 辆大客车与 1 辆小轿车追尾;死亡 39 人,受伤 19 人
2011.11.16	甘肃庆阳	1 辆货车与 1 辆幼儿园校车迎面相撞;死亡 21 人(19 名幼儿),受伤 44 人
2012.1.3	沪昆高速湖南怀新段	1 辆重型半挂牵引车与 1 辆大客车对向相撞;死亡 13 人,受伤 41 人
2012.4.12	安徽宿州	1 辆客车与 1 辆货车相撞;死亡 24 人,受伤 3 人
2012.4.22	沿江高速江苏董浜段	1 辆旅游大巴与 1 辆货车相撞,撞毁路肩后侧翻;死亡 14 人,受伤 20 人
2012.6.20	福建宁德	1 辆双层卧铺客车翻落,坠入山深谷;死亡 17 人,受伤 28 人
2012.8.26	陕西延安包茂高速安塞段	1 辆双层卧铺客车与 1 辆装有甲醇的罐车追尾,引发甲醇泄漏、两车起火;死亡 36 人,受伤 3 人

道路交通事故已经成为一个重大社会经济问题。正如王泽鉴所指出,从社会问题来看,就是如何使被害人获得必要的救济,促进社会安全;从经济观点来看,就是如何有效率地处理交通事故所造成的庞大、难以估计的损失;从政治层面来看,就是如何设计一个迅速、公平的赔偿或补偿机制,此涉及保险业者、律师团体的利益,公共政策及政治哲学等。① 目前,我国道路交通安全法并没有对“大规模事故”给出具有法律约束力的定义。冯·巴尔则对此类现象和事实发生给出了一个较为确切、精准的表述:大量的交通工具牵连其中,并且损害事实的发生时间和发生空间紧密相连,而肇事过程的重现不可能实现,或者事故现场中的机动车辆面目全非,因而欲将整个事实发生划分为单

① 王泽鉴:《侵权行为法》,三民书局 2010 年版,第 622 页。

个独立的事故不可能实现,或者这样的划分和重现面临重大的困难,则构成“大规模事故”。根据这一定义,构成大规模道路交通事故的条件有两个:一是道路交通事故必须有大量的交通工具牵连其中,且损害事实的发生时间和发生空间紧密相连;二是事故责任的认定非常困难,很难将肇事过程重现或把整个事实划分成一个个独立的事故。对于受害人而言,一旦因交通事故遭受不幸,面临的是如何能够迅速获得赔偿救济。但就整个社会而言,作为一种社会风险,既然交通事故无法完全避免,则应当考虑如何通过创设强制汽车责任保险等类似制度来实现损害的分散,以确保被害人的损害获得赔偿,减轻加害人的负担,并减少处理交通事故的交易成本。①

二、国外道路交通事故损害赔偿救济体系

(一)英国

英国的道路交通事故救济体系主要包括侵权损害赔偿、机动车强制责任保险和 MIB 保障机制。

1. 侵权损害赔偿

在英国,对于因侵害行为引起的人身或财产损害主张侵权损害赔偿责任的,采取过失责任原则。但在司法实践中,为了更好地保护受害人利益,英国法院逐渐提高了机动车驾驶员须付诸“注意义务”的程度,如若没有达到法院所认可的程度,则视为存在过错。②

2. 机动车强制责任保险

英国自 1931 年起,依据《道路交通法》的规定,对于在公路上使用或许诺他人使用或雇用他人使用机动车的人,强制其投保责任保险。此后,英国机动车强制责任保险几经修订。1933 年,英国《公路和铁路交通法》正式颁布实施,该法在 1931 年《道路交通法》的基础上规

---

① 王泽鉴:《侵权行为法》,三民书局 2010 年版,第 622—623 页。

② 有关英美侵权法上道路交通领域机动车驾驶员的注意义务及其违反的民事责任承担的构成要素,请参见熊进光:《侵权行为法上的安全注意义务研究》,法律出版社 2007 年版,第 320—323 页。

定：即使被保险人的民事法律赔偿责任尚未确定，保险人也应及时赔偿交通事故受害第三者的医疗费用，其金额限定在每人每天 50 英镑住院费用和 5 英镑门诊费用之内。

1934 年英国对《道路交通法》进行了修订。修订内容中最主要的一项便是扩展了受害第三人的直接请求权。在此之前，只有机动车强制责任险的被保险人才能向保险人提出保险金索赔申请。在实践中，交通事故致害人（即被保险人）败诉后，往往没有足够的能力向受害人支付侵权损害赔偿金，但却也不向保险人提出保险金索赔申请，致使受害第三人陷入尴尬境地，很难得到及时充分的救济。修订后，受害第三人的直接请求权得到了扩展，规定第三人对被保险人取得胜诉判决后，可以直接要求保险人承担支付保险金义务。此后几年，英国又分别对《道路交通法》《机动车强制保险规则》做了更为密集的调整和完善。主要包括：进一步扩大了受害第三者的范围，将机动车上的乘客列入了受害第三人保障范围之内；赔偿范围从原先单纯的人身损害扩大为人身损害和财产损害；机动车强制责任险对财产损失的责任限额进一步提高，由原先的 25 万英镑提高到 100 万英镑。①

3. MIB 保障机制

英国机动车强制责任保险实施之后，由于制度还不够完善，保障范围还不够全面，导致出现了许多受害第三人无法从保险人处获得赔偿的案例，因此，1946 年英国保险行业组织成立了机动车保险人局（Motor Insurers' Bureau, MIB），专门负责处理未投保驾驶员和肇事逃逸驾驶人所致的交通事故的损害赔偿问题。MIB 以保证责任公司的形态经营，其最高机构为会员大会，下设理事会为决策单位，理事会下设稽核委员会、技术委员会、行政总监。MIB 透过稽核方式确认会员处理赔偿案件的公平合理，当受害人不同意理算结果时，可以申请仲裁。② MIB 日常任务范围主要包括以下两个部分：

---

① 《机动车强制度责任保险制度比较研究》编写组：《机动车强制度责任保险制度比较研究》，中国财政经济出版社 2008 版，第 53 页。

② 祁雪冻："我国道路交通事故社会救助基金事实问题的思考"，载《对外经济贸易大学学报》2007 年第 5 期。

（1）交通事故索赔处理。MIB 的主要经营模式是：按照机动车强制责任保险保费的一定比例向本国机动车保险人收取费用，以此向未投保机动车和肇事逃逸机动车所致交通事故的受害人提供赔偿。其中，未投保驾驶人的受害人在能够确定肇事驾驶人且确认其未投保机动车强制责任保险的情况下，可以采取两种常见的方式寻求对自己人身损害和财产损失的经济补偿：其一，填写索赔申请表，直接向 MIB 申请赔偿。其二，启动侵权赔偿诉讼，向未投保驾驶人索取民事赔偿金。如果受害人通过法院起诉致害人，则应在法院受理案件的 14 天之内，将有关情况书面通知 MIB。肇事逃逸驾驶人的受害人索赔程序与未投保驾驶人的受害人索赔程序有所不同。肇事逃逸驾驶人的受害人应当在人身伤害事故发生的 14 日或财产损害事故发生的 5 日之内，及时将有关事件报告警察部门并协助其进行调查。在取得警方的调查报告或证明文件后，受害人可以在人身伤害事故发生后的 3 年内或财产损害事故发生后的 9 个月内向 MIB 申请赔付。①

（2）机动车强制责任保险保单信息库管理。MIB 的另外一项主要工作就是管理机动车保险信息库。英国机动车保险信息库建立于 2001 年，其内汇集了全英国所有的注册机动车保险信息，是英国机动车强制责任保险得以有效运行的一个重要辅助工具。

MIB 成立后，英国的机动车不仅必须投保机动车强制责任保险，而且所有的保险信息还必须在机动车强制责任保险保单信息库进行登记。如果保险信息未在信息库进行有效登记，那么上路行驶的机动车就面临着被警察查扣的风险。MIB 的成立对英国政府加强责任保险强制投保工作的整体计划起到了至关重要的作用，特别是 2006 年英国交通部通过使用先进的自动车牌识别设备加大了对机动车保险信息库的查询频率后，大量未投保机动车强制责任保险的机动车被抓获并处罚，未投保机动车占注册机动车的比重随着 MIB 体系的完善而日益下降。

---

① 《机动车强制度责任保险制度比较研究》编写组：《机动车强制度责任保险制度比较研究》，中国财政经济出版社 2008 版，第 62 页。

(二)德国

德国的道路交通事故救济体系主要包括侵权损害赔偿、机动车强制责任保险和机动车交通事故损害赔偿基金。

1. 侵权损害赔偿

德国对机动车交通事故侵权采用严格责任的归责原则,交通事故发生后,无须受害人举证便可直接请求机动车保有人对事故造成的人身伤亡和财产损失承担赔偿责任,除非责任人能够证明自己具有法律所规定的免责事由,即"不可抗力"。

2. 机动车强制责任保险

1939 年,德国制定了《机动车保有人强制责任保险法》,开始全面推行机动车强制责任保险制度。《机动车保有人强制责任保险法》规定:"通常定居国内的机动车或者挂车的车主有义务为自己,即机动车所有人和驾驶人购买第三者责任险,以保证对车辆在公路和公共场所使用中造成的人员损失、物质损失和其他财产损失根据规定进行赔偿。"德国机动车强制责任保险赔偿范围较广,包括受害人的人身伤亡、财产损失,甚至包括可得利益的损失。在处理多车共同肇事的情况下,德国法律规定,各被保险人应当在受害人的损害范围之内,分别以自己的保险金额为限承担赔偿责任。这一规定的意义在于受害人获得的保障并不仅限于一份保险金,而是在损害范围内可以穷尽数份强制责任保险的保险金额,从而使受害人的权益得到充分的保障。

此外,德国为了更好地解决大规模事故中的受害人救济问题,制定了机动车第三人责任强制保险与机动车第三人责任强制保险再保险框架性协议以及大规模事故的共同理赔原则。

(1)《机动车第三人责任强制保险与机动车及第三人责任强制保险再保险框架性协议》。《机动车第三人责任强制保险与机动车及第三人责任强制保险再保险框架性协议》(以下简称《协议》)是德国机动车事故和第三人责任保险联合会的一个协议。协议规定,被保险人首先向哪个保险公司主张请求权,则该保险公司即负责理赔。然后在保险公司之间,以在事故中的被保险机动车的数量,按照份额对赔付的款项进行划分。① 该协议制定的目的在于简化牵扯到多辆机动车第三人责任保险之情形中保险公司间的追偿程序，以便受害人能够更快地获得赔付。同时防止了由于各保险公司对赔付责任份额的争议而相互推诿、延迟赔付的情况。

(2)大规模事故的共同理赔原则。《大规模事故的共同理赔原则》(以下简称为《原则》)为德国保险业处理此类事故的理赔提供了一个极为重要的手段。该原则是由德意志机动车事故和第三人责任保险联合会制定的。《原则》规定涉及50辆以上机动车的事故原则上可以适用共同理赔程序。共同理赔程序一经适用，将委托一个或几个保险公司处理整个事故的保险理赔，受委托的保险公司为此支付的理赔费用由与事故相关的所有保险公司分担，份额按照事故中由其承保的机动车的数量来确定。《原则》制定的目的同样在于简化对大规模交通事故中受害人损害赔偿的程序，从而更好地保障受害人权益。

3. 机动车交通事故损害赔偿基金

为了更全面地保障受害人权益，救助无法从致害人及保险人等处得到赔偿的受害人，1963年德国保险业者自发设置汽车交通事故补偿基金，对交通事故受害人所遭受的不在强制汽车责任保险范围内的损失加以补偿。受害人应自得知损害发生且了解其应该向基金求偿之时起3年内向补偿基金求偿。补偿基金接收受害人提出的补偿请求后，授权由保险公司代为处理，发生理赔争议的案件，则送交基金的委员会处理。受害人如对委员会的决议不满，不愿接受补偿基金提出的补偿建议时，应当向基金的仲裁委员会提出仲裁请求，未经仲裁的案件，不得向法院提出诉讼，但经提出仲裁请求超过三个月的不受此限。② 在德国，经营车辆保险的保险公司必须加入该协会，协会通过投资来实现基金的保值增值。司法部从法律的角度对基金进行监督，行业协会负责对基金的运行进行财务监督。基金所需资金由保险公司

---

① (德)克里斯蒂安·冯·巴尔:《大规模侵权损害责任法的改革》，贺栩栩译，中国法制出版社2010年版，第21页。

② 祁雪冻:"我国道路交通事故社会救助基金事实问题的思考"，载《对外经济贸易大学学报》2007年第5期。

依据上年机动车强制责任保险毛保费收入的一定比例分摊，缴纳比例一般为上述保费收入的 0.5%。不过在不同的时期，协会可根据基金的收支情况对保险公司的缴费比例进行微调。

三、机动车交通事故责任的强制保险

（一）交强险的性质与特征

交强险（Compulsory automobile liability insurance），即机动车第三者责任强制保险，是指由保险公司对保险机动车发生道路交通事故造成本车人员、被保险人以外的受害人的人身伤亡、财产损失，在责任限额内予以赔偿的强制性责任保险。①它是公共政策理论影响下，对机动车交通事故损害赔偿中的受害人加以保护最为直接和典型的体现。

1. 交强险的性质

交强险是我国首个由国家法律规定实行的强制保险制度，属于公益性保险，具有法定强制性，通过法律的直接规定，强制要求所有车辆在上路行驶前，必须投保，而保险公司必须承保。同时，属于政策性保险，有别于商业险的任意性质。交强险是以保障受害者为核心要务，通过对人身损害和财产损害的赔偿，使交通事故对受害人的创伤最小化，维护社会秩序，实现交强险的社会公益功能。

2. 交强险的特征

(1)交强险具有法定强制性。交强险最主要的特性就是法定强制性。我国在 2003 年颁布实施的《道路交通安全法》中以法律的形式确立了交强险制度。这就要求所有属于调整范围内的机动车在投入使用前，都必须投保此类险种，违者即要受到有关法律法规的制裁。同时，投保人享有强制缔约权，保险人无法定理由不得拒保，无特殊情况，保险人也不享有保险合同解除权。此外，机动车第三者责任强制保险的强制性还体现在保险合同的各个要素上，如对于主体的约束性规定，保险范围的强制性规定以及赔偿的限额等。

---

① 许谨良主编：《财产保险原理与实务》，上海财经大学出版社 2010 年第 4 版，第 287 页。

(2)交强险具有公益性。交强险属于政策性保险,是“具有特殊政策的公益险种”,因而具有公益性,其制度价值在于为社会上不特定的受害人提供基本保障,是针对受害人的辅助补偿制度。它不同于一般性的商业第三者责任保险,其主要目的是为了填补被保险人因对第三者的赔偿责任而受的损失。在商业险种中,当出现特殊风险或者受害人可能无法获得赔偿的时候,受害人既不能向保险公司请求赔偿,也不能获得相应的特别救助。而交强险的情况相反,其最重要的目标,是保障受害人获得及时、基本的救济。除此之外,《机动车交通事故责任强制保险条例》(以下简称《交强险条例》)规定了在保险费率方面,实行不盈利不亏损的原则。① 这从另一个方面,证实了交强险的非商业性。

(3)交强险的公共性以及公益性。从理论上来说,要判断一种服务或者产品是否为公共产品,首先就是看有没有具备非排他性和有没有具备消费的非竞争性这样两种特征,如果这两个特征都满足了,而且受益者众多,在技术上不能排除任何一个受益者的享用,那么该物品可视为公共产品。尽管采取了各种措施,交通事故的发生和受害人赔偿责任的产生都是不可避免的,人们只能积极地减少由此产生的负效应,并不能消除它的供给和需求,因此,交通事故的风险满足了非排他性和非竞争性的两个特征,同时交通风险的覆盖面广、影响巨大,每一个交通事故的受害人的赔偿责任都可以囊括在交强险中。由此,交强险是具有很强的公共性的。

(二)交强险的保障范围

在已经建立了交强险制度的国家和地区,根据交强险的保障范围可以分为两类:

(1)仅对人身伤亡给予保障,而对财产损失不予赔偿。主要有日本、新加坡、澳大利亚及我国的香港、台湾等国家和地区。如我国台湾地区《强制汽车责任保险法》第5条规定:“因汽车交通事故致受害人

---

① 《交强险条例》第6条规定:“机动车交通事故责任强制保险实行统一的保险条款和基础保险费率。保监会按照机动车交通事故责任强制保险业务总体上不盈利不亏损的原则审批保险费率。”

体伤、残废或死亡者，加害人不论有无过失，在相应本法规定之保险金额范围内，受害人均得请求保险赔偿给付。”这些国家或地区的立法者认为，对交通事故受害人的人身损害进行赔偿是交强险的首要任务，如果将财产损失也列入赔偿范围，将会大幅度地提高保费，从而增加投保人的负担，降低投保率。为了充分实现交强险为交通事故受害人健康、生命的损害提供基本保障这一目的，仅对人身伤亡予以保障，而不保障财产损失。

(2)对人身伤亡和财产损失均予保障。主要包括英国、美国、德国、奥地利等欧美国家，其中少数国家如德国、奥地利的保障范围甚至包括了可得利益的损失。这一点与只保人身损害的国家和地区形成了鲜明的对比。

我国交强险的保障范围：

第一，人身伤亡、财产损失。

根据《交强险条例》第 3 条的规定，在中华人民共和国境内(不含港、澳、台地区)，被保险人在使用被保险机动车过程中发生交通事故，致使受害人遭受人身伤亡或者财产损失，依法应当由被保险人承担的损害赔偿责任，保险人按照交强险合同的约定，对每次事故在下列赔偿限额内负责赔偿：死亡伤残赔偿限额为 11 万元；医疗费用赔偿限额为 1 万元；财产损失赔偿限额为 2000 元；被保险人无责时，赔偿限额则另有规定。由此可知，我国交强险的保障范围包括了人身伤亡和财产损失这两个方面。

第二，精神损害。

在《交强险条例》中，并没有条文直接规定精神损害赔偿，但在交强险统一条款(保监会制定)以及最高人民法院的批复中有关于精神损害赔偿的规定。其中，保监会制定的《机动车辆交通事故强制责任保险条款》(2008 版)第 8 条第 2 款规定：“无责任死亡伤残赔偿限额和死亡伤残赔偿限额下，负责赔偿死亡补偿费、丧葬费以及受害人的亲属办理丧葬事宜等支出的交通费用、残疾辅助器具费、残疾赔偿金、康复费、护理费、交通费、被扶养人住宿费、生活费、误工费，被保险人依照法院判决或调解承担的精神损害抚慰金。”最高人民法院于 2008

年10月16日在《关于机动车交通事故责任强制保险赔偿限额中物质损害赔偿和精神损害赔偿次序问题的复函》([2008]民一他字第25号)指出:“《机动车交通事故责任强制保险条例》第3条规定的‘人身伤亡’所造成的损害包括财产损害和精神损害。精神损害赔偿与物质损害赔偿在强制责任保险限额中的赔偿次序,请求权人有权选择。请求权人选择优先赔偿精神损害,对物质损害赔偿不足部分由商业第三者责任险赔偿。”

(三)交强险与商业第三者责任险的区别

交强险是在2006年出台的,而在此之前国家尚未对强制第三者责任险做出明确规定,所以当时各地交管部门都规定新车挂牌前必须购买商业第三者责任险。而现在则必须购买交强险,否则也不准予挂牌和上路。实行交强险制度是通过国家法规强制机动车所有人或管理人购买相应的责任保险,以提高三者险的投保面,在最大程度上为交通事故受害人提供及时和基本的保障,故也可以看作是广义的第三者责任险。

第一,交强险实行的是无过错责任原则,而商业机动车第三者责任保险采取的是过错责任原则。无论被保险人是否在道路交通事故中负有责任,交强险均要按照条款的具体规定在责任限额内予以赔偿。商业机动车第三者责任保险则要根据被保险人在道路交通事故中所承担的事故责任来确定其赔偿责任,保险人依据被保险人在事故中所负的事故责任比例承担相应的赔偿责任,对于无事故责任的不予赔偿。

第二,交强险赔偿范围远远大于商业机动车第三者责任险。交强险的保险责任范围几乎涵盖了所有道路交通风险,其责任免除仅为受害人故意行为、被保险人自身财产损失、相关仲裁及诉讼费用和事故造成的某种间接损失。交强险的保障范围还覆盖了“精神损害抚慰金”和后续治疗费、整容费、营养费。商业机动车第三者责任保险的责任免除条款达二十多条,而且在合同中规定了不同等级、数额的免赔率或免赔额。此外,对于商业机动车第三者责任保险,保险人有权拒保高风险客户,而对于交强险保险人无权拒保。最后,在一些特殊情况下，交强险规定可以先由保险人垫付受害人的抢救费用。

第三，交强险不以营利为目的。交强险业务实行与其他保险业务分开管理，单独核算，坚持不盈利原则。据统计，自交强险 2006 年 7 月开办至2008 年底的累计经营成果为：承保亏损 37.4 亿元，两年半间投资收益 44.3 亿元，盈亏相抵结余 6.9 亿元。

第四，交强险有社会救助基金配套，体现了社会公益性。《交强险条例》第 24 条规定："国家设立道路交通事故救助基金。"救助基金的一项重要来源是按交强险保险费的一定比例收取的资金。交强险的施行使得社会救助基金启动。它归根结底是由缴付交强险保险费的车主共同筹集了一个"以人为本"的社会救助基金，体现了交强险的社会公益性。

(四)交强险在应对大规模道路交通事故时存在的不足

1. 交强险制度立法上的不协调

《道路交通安全法》第 76 条第 1 款规定："机动车发生交通事故造成人身伤亡和财产损失的，由保险公司在机动车第三责任强制保险责任限额的范围内予以赔偿。"根据该规定，保险公司在交强险责任限额内承担无过错责任。而 2006 年的《机动车交通事故责任强制保险条例》第 23 条规定："机动车交通事故责任强制保险在全国范围内实行统一的责任限额。责任限额分为死亡伤残赔偿限额、医疗费用赔偿限额、财产损失赔偿限额以及被保险人在道路交通事故中无责任的赔偿限额。"且《交强险理赔实务规程》(2008 版)第四节"赔偿处理"中规定交强险在实践理赔的过程中主要根据有无过错确定不同的赔偿限额。可见实践中交强险实行时区分被保险机动车在交通事故中有无责任，根据不同的责任规定不同的赔偿限额。这种做法与《道路交通安全法》第 76 条第 1 款的规定相冲突，两者的归责原则不一致，这不利于对受害人权利的保护，导致法律混乱与当事人法律适用的困惑，不利于法制的统一。

笔者认为，《道路交通安全法》属于法律，《交强险条例》属于法规，根据我国《立法法》的规定，法律的效力高于行政法规，行政法规违反法律的，应该予以撤销或修改。《交强险条例》违反《道路交通安全法》,应当予以修改。而且从交强险立法本意来考虑,交强险设立的根本目的就是保障交通事故中的受害人利益,而《交强险条例》设定保险人在责任限额内承担过错责任原则,明显不利于保障受害人利益。且在大规模道路交通事故中,大量的交通工具牵连其中,损害事实的发生时间和发生空间紧密相连,肇事过程的重现不可能实现,责任的认定非常之困难。在这种情况下,若采取过错责任原则,则受害人通过交强险获得救济的效率将会大大降低,受害人很难得到及时有效的赔偿,这与立法本意相违背,所以修改《交强险条例》既体现了法规与法律的一致性,维护了法律的权威,也有利于维护受害人利益,使受害人得到更为充分的保障。

2. 责任限额制度存在的问题

我国责任限额制度主要存在两个问题:

第一,《机动车交通事故责任强制保险条例》对责任限额进行细化分项不合理。

根据《交强险条例》规定,责任限额被进一步分为死亡伤残赔偿限额、医疗费用赔偿限额、财产损失赔偿限额以及被保险人在道路交通事故中无责任的赔偿限额。其具体的赔偿限额分别为有责情况下,财产赔偿限额 2000 元,人伤医疗费用赔偿限额 1 万元,死亡及伤残赔偿限额 11 万元。无责情况下,财产赔偿限额 100 元,人伤医疗费用赔偿限额 1000 元,死亡及伤残赔偿限额 1.1 万元。原先《道路交通安全法》将财产损失的赔偿纳入交强险赔偿范围之中,曾引起了学界强烈的争论,很多学者表示了质疑。这样的规定属于典型的立法跃进,不但与我国的国情不符,而且也不符合国际机动车三责险的惯例和趋势,认为将其列入赔偿范围会占用原本就非常宝贵的机动车强制三者险资源和社会资源。而《交强险条例》将原本就不高的责任限额进一步细化的规定则更是令交强险对受害人和被保险人的保障大大降低,甚至还不如商业第三人责任险对受害人的保障。商业第三人责任险中并未对赔偿项目具体分项,不论是人伤医疗费还是财产损失费都可在其投保限额内得到赔偿。而交强险的责任限额的总额虽然有 12.2 万元,但其用于医疗费赔偿的最高额却只有 1 万元。在物价飞涨的当今社会,1 万元的医疗费往往远不能满足受害人的救济需求,交强险对受害人的救济力度随着责任限额的分项被进一步地削弱。

第二,我国的交强险责任限额按每次事故而不是按每个人计算也是一个缺陷。

我国的交强险责任限额是针对一起事故所有人损失的最高赔偿额,而不是针对每一个受害人的最高赔偿额。在处理大规模道路交通事故时,往往一起事故就会造成多人死伤,而 12.2 万元的赔偿额分到每个受害人身上则捉襟见肘。在我国部分发达地区,死亡一个人,仅死亡赔偿金、精神损害抚慰金就超出 40 万元了,这还不包括医疗费、被扶养人生活费等其他费用,12.2 万元甚至可能还无法满足一个人的救济需求。这就涉及大规模事故中,数个受害人之间如何分配交强险赔偿金额的问题。大规模事故中的受害人往往损害程度不一,有死有伤,有轻伤有重伤,如若按人数平均分配赔偿金额,则很难做到公平公正,而如若按比例分配,在实际操作中又太过麻烦,只有将事故中所有受害人的损失全部加以确定以后,才可能计算出比例,如此一来交强险救济效率将会大大降低,不利于受害人及时得到应有补偿。这一切的症结在于"交强险"责任限额不是针对每一个受害人而言,而是针对一次事故而言,显然,这样的规定非常不合理。海外部分国家和地区的机动车强制责任保险在处理多车共同肇事的情况时就有更为合理的制度设计。以德国为例,德国法律规定,各被保险人应当在受害人的损害范围之内,分别以自己的保险金额为限承担赔偿责任。这样使受害人获得的保障并不仅限于一份保险金,而是在损害范围内可以穷尽数份强制责任保险的保险金额。另外我国台湾地区机动车强制责任保险责任限额并没有规定每次事故总的最高责任限额,但设有每人限额,医疗为 5 万元/人次,死亡为 37.5 万元/人次,即如果是多人死伤,每一位受害者都将在限额内受到同等保障,其限额是累加的。这与我国对每次事故设有最高责任限额 12.2 万元,且分项的制度形成了鲜明的对比。在只有一人伤亡的情况下,台湾地区受害人可以获得高出于大陆数倍的保险赔偿金。而在多人伤亡的情况下,台湾地区受害人可以获得的保险赔偿金不变,大陆受害人可获得的赔偿却随着受害人数的增加成倍地减少。

笔者认为,要解决上述问题,交强险必须取消责任限额分项的规定,不再区分医疗、死亡伤残、财产损失等限额;同时,可以借鉴我国台湾地区关于责任限额的设定,将责任限额规定为对每一个受害人的最高赔偿额。即将原先的责任限额从每次事故的最高限额改为每次事故中每个人的最高赔偿额,使每一个受害人单独享有一个责任限额的保障,每一受害人都不至于因与其他受害人分配一个责任限额而降低其应得到的赔偿。

3. 我国交强险中第三者范围的界定现状及存在的不足

第一,我国交强险中第三者范围的界定现状。

在《交强险条例》实施以前,主要是依据 1995 年的《保险法》和 2004 年的《道路交通安全法》来处理机动车交通事故中的大小问题,对于责任保险中的第三者范围问题,以上两部法律规定得都比较模糊,实践中争议较大,操作相对困难。同时,现有的内容对第三者范围界定得较为狭窄,不利于对受害人及时保护,加之保险公司对利益的追求,事故受害者得不到相应的赔偿,保障力度不足。

2004 年 5 月 1 日,我国正式实施了《道路交通安全法》,该法第 17 条规定了机动车交通事故责任的强制保险制度,其中第 76 条阐述了交通事故受害人的范围,有两种类型:一是因为机动车发生了交通事故导致其损害的行人(非机动车上的);二是因为机动车之间肇事造成了损害的人,不仅包括参与肇事的车辆中的驾驶员和乘客,也包括在此事故中受到损害的行人。分析条文规定后,不难发现,本车驾驶员被列为受害者要满足两个条件:一是数辆机动车之间发生的交通事故,二是本车的驾驶员不存在过失。

我国在 2006 年 7 月 1 日颁布了《交强险条例》,正式实施"交强险"制度,但是纵观整个条例,并没有明确地规定交强险中第三者的范围,但是该条例第 3 条规定"本条例所称机动车交通事故责任强制保险,是指由保险公司对被保险机动车发生道路交通事故造成本车人员、被保险人以外的受害人的人身伤亡、财产损失,在责任限额内予以赔偿的强制性责任保险",由此推定,我国现行法律规定的受害第三者是将本车人员、被保险人排除在外的，而被保险人通常是机动车的投保人或者合格的驾驶员等。

第二，我国交强险第三者范围界定的不足。

与世界其他国家相比，我国的交强险制度起步比较晚。初期，相关法律法规对交强险第三者范围的规定过于模糊，不利于实践操作；现行的《交强险条例》，第三者的范围不仅将车上人员排除在外，也不包括投保人、驾驶人员。在交通事故发生时，时常出现车上人员身份转化的问题，由于缺少明确的法律规定，很容易造成各方相互推脱的局面，不利于对受害人的保护，也很难实现交强险的立法宗旨。正如台湾学者林勋发所说“关于机动车事故受害人的范围，对于被保险人、使用或管理保险机动车的人，以及驾驶被保险机动车的人所受到的机动车事故损害，保险人不承担保险责任，依照责任保险的性质，尚可接受，但是，将被保险人的家庭成员，乘坐被保险车辆的他人所受到的事故损害，列为机动车责任保险的除外责任，与第三人保险向受害第三人提供基本保障的本意相冲突”①。世界各国，尽管对交强险第三者的范围规定不一，但是总体来说，随着社会经济的发展和法律的完善，其范围都是呈扩大的趋势的，我国应借鉴经验，完善法律中对于第三者范围的规定。

(1)我国交强险中第三者范围过于狭窄。在前面的内容里，已经介绍了我国交强险的界定现状，与美、英、日及我国台湾地区相比较，我国的《交强险条例》对第三者范围的规定过于狭窄，不仅将投保人、驾驶人员排除在外，而且将车上人员也排除在外，这种情况非常不利于保护道路交通事故中的受害人。我国实务中存在众多的争议与此规定息息相关，尤其是存在着很多车上人员与第三者的转化，同案不同判的问题。

(2)我国交强险第三者范围过于狭窄而出现的立法空白。立法部门基于《道路运输条例》已经有关于承运人责任险的规定，而将车上人

① 林勋发：《保险法论著译作选集》，台湾今日书局 1991 年版，第 172 页。

员排除在第三者范围之外。一般来说,承运人责任险的投保人是运营车辆的所有人和管理人,其保障范围是车上乘客的财产和人身损害赔偿,但法律所调整的社会环境是不断变化的,路上载人的车辆不单只是运营车辆了。近几年,由于油价的上涨,养车费用太大以及环保意识的提高,出现了大批的"拼车客",包括春节期间,长途赶回家的外乡人,他们拼车的对象都是私家车车主。据交通事故的统计,私家车肇事的比例不断上升。一旦发生交通事故,车上人员遭受了损害,由于没有相关的立法,其利益的保障是空白区,得不到交强险的保护,这个缺失,正是交强险过于狭窄的第三者范围的规定导致的盲区。

(3)"本车人员""被保险人"的概念解释容易扩大。一方面,"本车人员"是个宽泛的概念,从不同的立场会有不同的结论,如某保险案例中对在车顶上的肖某某是否是本车人员的争论①,实践中还有大量的此类案件,包括:正在上下车的乘客,正在车底修理的原车上乘坐人员,中途下车休息的乘客,等等。《中国人民保险股份有限公司机动车辆第三者责任条款》第6条免除了保险人对于"本车驾驶人员以及家庭成员的人身伤亡和财产损失",从字面上来看,保险公司的规定没有违背交强险的要求,但在实质意义上是缩小了第三者的范围,正是因为没有明确的界定,保险公司才有缝可穿,将"本车人员"做扩大的解释。②

另一方面,被保险人包括了两种:一是投保人,二是允许的合法驾驶人。由于婚姻关系、子女关系以及雇佣关系的存在,和被保险人同居的全体家属或者法人单位所雇的驾驶人员等,也有可能成为被保险人。如果其中任何一个被保险人同另外一个实际的驾驶人相撞,发生了交通事故遭到损害,受害人是否属于第三者、有没有权利向肇事的司机请求赔偿等问题都存在着较大的争议。

---

① 参见江西省保险行业协会:《江西省首届保险司法联谊会会长材料》,2011年8月,第31—32页。

② 对于被保险车辆"车上人员"之第三者身份的转化问题,将在下节中专门予以论述。

四、被保险车辆"车上人员"之第三者身份的转化

(一)保险实务中的分歧与困惑

因被保险车辆发生交通事故而导致车内人员被甩出并造成人身损害的案件时有发生,于此情形下,受害人究竟是属于"车上人员"还是"第三者",对于保险人责任的承担关系甚大。然而,保险实务中对于该问题的认识却存在较大分歧。例如,在"原告柳兵驾驶蒙H17957(蒙H7433挂)重型厢式半挂车与被告闫超全驾驶的皖KA8097(皖KD996挂)重型普通半挂车发生碰撞,蒙H17957车驾驶室右侧部受到碰撞向后撕裂变形,造成副驾驶座上的赵素勤被抛出向下坠落中右小腿下段受到蒙H17957车右侧油箱护栏下横梁前端碰撞后着地当场死亡"人身损害赔偿案中,法院认为:"判断受害者是'车上人员'还是'第三者'应以交通事故发生时受害者处于保险车辆'之上'还是'之下'这一特定时空进行认识。""事故发生时赵素勤从驾驶室被抛出,脱离了事故车辆,此时已不属于'车上人员',此后在坠落过程中右小腿又与蒙H17957车右侧油箱护栏下横梁前端发生碰撞并着地死亡,赵素勤与车辆的碰撞及着地死亡均在车辆'之下',已经转化为受害的'第三者'。"①在"肖某驾驶赣DC063重货车行驶至龙厦公路渡槽段处,由于所载货物无法通过该路段一横跨道路的水渠,肖某某和谢某上车顶整理货物,此时肖某驾驶车辆继续行驶通过水渠,使站在车顶整理货物的肖某某、谢某与水渠发生挤压,造成肖某某死亡、谢某受伤"保险理赔纠纷案中,法院认为:"交通事故发生时肖某某正在车顶,与一般在车上乘坐的人员有所不同,但肖某某与车辆又属于同一运行主体,对于事故发生时肖某某是否为车上人员原、被告做出了不同的解释。根据《合同法》第41条之规定,……应当做出不利于提供条款一方的解释。故对于机动车交通事故责任强制险条款第5条约定中关于'车上人员'的理解,应当做出不利于被告方的解释,即交通事故

---

① 福州市马尾区人民法院民事判决书(2011)马民初字第132号。

发生时肖某某不属于‘车上人员’。”①

而在另外一些案件中，对于“车上人员”能否转化为“第三者”的认识却相反。例如，在“被告张荣桓驾驶赣 K17907 重型牵引车拖挂赣 K3901 货车搭乘原告邹当荣行驶至广东省紫金县紫城镇石码庄园路段时，因操作不当，致使车辆翻车，造成原告邹当荣从车内被甩出受伤”人身损害赔偿案中，法院认为：“原告邹当荣在事故发生时是乘车人员，属于车上人员险（乘客）的保险对象，故被告天安财产保险股份有限公司宜春中心支公司和被告中国人民财产保险股份有限公司南丰支公司在本次事故中，免于第三者责任险的赔偿。”②又如在“习小青搭乘吴小斌驾驶的赣 K09519 大货车从广东河源往惠州方向，当行驶至河惠高速公路南行 39 公里时，该车因避让其他车辆而导致失控翻车，习小青在驾驶室内随着车辆的翻滚，右侧门的破裂，使其身体摔至车外路面，该车在第二次碰撞时，造成习小青受伤”人身损害赔偿纠纷案中，二审法院认为：“习小青在车内受伤，后又摔出车外遭受第二次受伤，只是该次交通事故的连续状态，并不因此改变其在事故发生时属于车上人员的性质。”“习小青要求人保公司在交强险和第三者责任险范围内予以赔偿的请求不能成立，本院不予支持。”③

从上述案例可以发现，对于“车上人员”转化为“第三者”判断标准的认识较为模糊，如“保险事故发生时”究竟是指保险危险发生时，还是指保险事故结果发生时？是一个时点，还是一个时段？车上人员被甩出后又与本车碰撞或发生接触，是否就当然地转化为“第三者”？由于这些问题并未形成一致认识，给保险实务带来了许多困惑。

（二）最高法院的倾向性意见及质疑

2008 年 7 月，最高法院首次公布了“车上人员”转化为“第三者”的指导案例：该案中，原告郑克宝乘坐浙 EB1662 大型汽车，沿 312 国道由西向东行驶，行至唯亭立交桥东堍处时，驾驶该车的司机杨建平

---

① 江西省保险行业协会：《江西省首届保险司法联谊会会议材料》，2011 年 8 月，第 31—32 页。

② 广东省紫金县人民法院民事判决书（2009）紫法民一初字第 566 号。

③ 江西省新余市中级人民法院民事判决书（2010）余民一终字第 00044 号。

对路面动态疏于观察，遇紧急情况时采取措施不当，致车辆失控，将乘坐在车内的原告甩出车外，原告随后又被该车碾压致重伤。该案裁决要旨是：①机动车辆第三者责任险中的“第三者”，是指除投保人、被保险人和保险人以外的，因保险车辆发生意外事故遭受人身伤亡或财产损失的保险车辆下的受害者；车上人员责任险中的“车上人员”，是指发生意外事故时身处保险车辆之上的人员。据此，判断因保险车辆发生意外事故而受害的人属于“第三者”还是属于“车上人员”，必须以该人在事故发生当时这一特定的时间是否身处保险车辆之上为依据，在车上即为“车上人员”，在车下即为“第三者”。②由于机动车辆是一种交通工具，任何人都不能永久地置身于机动车辆之上，故机动车车辆保险合同中所涉及的“第三者”和“车上人员”均为在特定时空条件下的临时性身份，即“第三者”与“车上人员”均不是永久的、固定不变的身份，二者可以因特定时空条件的变化而转化。因保险车辆发生意外事故而受害的人，如果在事故发生前是保险车辆的车上人员，事故发生时已经置身于保险车辆之下，则属于“第三者”。至于何种原因导致该人员在事故发生时置身于保险车辆之下，不影响其“第三者”的身份。① 通过公布该指导案例，表明了最高法院对于“车上人员”转化为“第三者”的认识态度：一是必须以受害人在事故发生当时这一特定的时间是否身处保险车辆之上为依据；二是二者的身份可以因特定时空条件的变化而转化，如果事故发生时已经置身于保险车辆之下，则属于“第三者”，而不论其何种原因。事实上，这一指导意见成为各级法院与仲裁机构在裁判实务中判断“车上人员”是否转化为“第三者”的主要依据。例如，南昌市中级人民法院《关于审理道路交通事故人身损害赔偿纠纷案件的处理意见（试行）》第39条指出：“因保险车辆发生交通事故的受害人，如果在事故发生前是保险车辆的车上人员，事故发生时已经置身于保险车辆之外，在主张赔偿时不属于‘车上人员’。”②

然而，随着近年来该类纠纷案件的不断增加，最高法院的态度发

---

① 参见“郑克宝诉徐伟良、中国人民财产保险股份有限公司长兴支公司道路交通事故人身损害赔偿纠纷案”，载《最高人民法院公报》2008年第7期，第42页。

② 南昌市中级人民法院民一庭：《南昌民事审判》总第1期，2010年2月，第8页。

生了转变。例如,在“张某乘坐李某驾驶的汽车行驶在山路上,经过一处急转弯道路时,车辆发生险情,张某打开车门跳出车外,以求避险,但该车已经失去了平衡,向张某着地方向翻滚,将张某当场轧死”保险理赔纠纷案中,一审法院认为张某的身份发生了变化,应视为“第三者”;二审法院则认为,张某跳车时,被保险车辆处在事故发生的进行中,张某仍是“车上人员”,不能成为被保险车辆以外的“第三者”。该案审理时一种意见认为:张某在车辆发生事故前虽乘坐该车辆,是“车上人员”,但其在车辆行驶中处于危险状态时跳出车外,与正在行驶中的被保险车辆形成“相对第三者”的关系,符合保险条例及《道路交通安全法》中所称的“第三者”情形,应认定其是被保险车辆以外的人员,由保险公司在交强险限额范围内予以赔偿。对此,最高法院民一庭发表了倾向性意见:“当被保险车辆发生交通事故时,如本车人员脱离了被保险车辆,不能视其为机动车第三者责任强制保险中的‘第三者’,不应将其作为机动车第三者责任强制保险限额赔偿范围的理赔对象。”①

对于上述倾向性意见,笔者认为有进一步商榷的余地:①该意见能否被理解为“只要受害人乘坐于车内,无论是如何被甩出或脱离被保险车辆,均不能转化为‘第三者’”?如果是,则表明该意见否定了2008年所公布案例的指导意见。在前述案例中,最高法院的态度是:不论何种原因,如果事故发生时受害人已经置身于保险车辆之下,则属于“第三者”。由此引发的疑问是:这种态度转变的法理依据是什么?是否具有法律依据?②如果该意见只能被限制地理解为“保险事故发生时,如受害人脱离了被保险车辆,则不能转化为‘第三者’”,那么,“保险事故发生时”究竟如何界定?是指保险危险发生时,还是指保险事故结果发生时?是一个时点,还是一个时段?对此,最高法院的态度似乎并不明确。③该意见针对的是交强险理赔中“车上人员”的身份转化,是否能当然适用于商业第三者责任险(以下简称商业三责险)的理赔?换言之,对于“车上人员”身份转化问题,交强险与商业

---

① 最高人民法院民一庭:“被保险车辆中的车上人员能否转化为机动车第三者责任强制保险中的第三者”,载中华人民共和国最高人民法院民事审判一庭编:《民事审判指导与参考》总第43集,法律出版社2011年2月,第142页。

险是否存在差异？事实上，对于这些问题并无明确答案。

（三）条款解释与保险合同利益上的衡量

1. 从条款解释论看"车上人员"的界定

第一，车上人员责任险条款的解释。

对于"车上人员"的界定，依中保协《机动车商业保险行业基本条款（A款）》（中保协条款［2007］1号）《机动车车上人员责任保险条款》第3条规定，"是指保险事故发生时在被保险机动车上的自然人"。《机动车商业保险行业基本条款（B款）》（中保协条款［2007］2号）则解释为"意外事故发生的瞬间，在本保险车辆上的一切人员，包括此时在车下的驾驶人以及车辆行驶中或车辆未停稳时非正常下车的人员"。《机动车商业保险行业基本条款（C款）》（中保协条款［2007］3号）《机动车车上人员责任保险条款》第4条则解释为"发生意外事故的瞬间，在符合国家有关法律法规允许搭乘人员的机动车车体内或车体上的人员，包括正在上下车的人员"。对此，有以下几点值得注意：其一，从目的解释角度来看，上述解释意在扩大车上人员险所保护的对象，即不仅包括保险事故发生时处于被保险车辆之上的人，也包括发生意外事故的瞬间的非正常下车人员和正在上下车的人员；其二，该解释针对的仅是机动车责任保险中的特定险种——车上人员险，并非可以当然适用于交强险和商业三责险保险理赔中对"车上人员"的解释；其三，交强险（商业三责险）与车上人员险是两种不同的保险产品，在保险责任、责任免责、保险费率等方面均不相同，有各自的条款体系，如果以车上人员险的条款解释作为交强险中"车上人员"转化为"第三者"的依据，可能不符合交强险的立法宗旨。

第二，交强险条款与商业三责险条款的解释。

《机动车交通事故责任强制保险条款》（中保协条款［2006］1号）（以下简称《交强险条款》）第5条规定："交强险合同中的受害人是指因被保险机动车发生交通事故遭受人身伤亡或者财产损失的人，但不包括被保险机动车本车车上人员、被保险人。"同时，《机动车交通事故责任强制保险条例》第3条规定："本条例所称机动车交通事故责任强制保险，是指由保险公司对被保险机动车发生道路交通事故造成本车人员、被保险人以外的受害人的人身伤亡、财产损失,在责任限额内予以赔偿的强制性责任保险。”这里,“本车人员” 与“本车车上人员”系同一概念,其外延完全一致。就商业三责险条款而言,以中国人寿财产保险公司《机动车第三者责任保险条款》(编号:A24H01Z01070320)为例,该合同第3条规定:“本保险合同中的第三者是因被保险机动车发生意外事故遭受人身伤亡或者财产损失的人,但不包括被保险机动车本车上人员、投保人、被保险人和保险人。”同时,该合同第5条规定,被保险机动车造成被保险人及其家庭成员、驾驶人及其家庭成员和本车上的其他人员的人身伤亡或财产损失的,保险人均不负责赔偿。

尽管交强险条款与商业三责险条款均未对“本车车上人员”“本车上人员”或“本车上的其他人员”的概念做出进一步界定,但如果从交强险和商业三责险的区别来看,仍可发现两者对于“车上人员” 界定范围有所不同:其一,就交强险而言,它不仅具有强制性和法定性,并且具有公益性。这里的“公益性”,是指交强险属于“具有特殊政策的公益险种”,其制度价值在于为社会上不特定的受害人提供基本保障,是针对受害人的辅助补偿制度。① 若以此为依据,则交强险条款中的“本车车上人员”应做限制性解释,即交强险中的“受害人”(第三者)是指除被保险车辆本车车上人员、被保险人(投保人及其允许的合法驾驶人)之外的任何人。换言之,除被保险人之外,只要被保险车辆的“车上人员”符合 “第三者” 身份转化条件的,均可受到交强险的保障。其二,就商业三责险而言,它具有合同订立的自愿性、保险经营的营利性和保险责任的补充性等特点,因而其保险责任或责任免除条款的内容更多地体现出商业保险的要求。例如,它不仅可以将被保险人及其允许的合法驾驶人排除在“第三者”之外,还可以将被保险人的家庭成员、本车驾驶人及其家庭成员和本车上的其他人员排除在“第三者”之外。若以此为依据,则商业三责险中的“受害人”(第三者)应做限制性解释,应小于交强险中 “受害人”的范围。进而言之,并非被保

---

① 《交强险条例》第6条规定:“机动车交通事故责任强制保险实行统一的保险条款和基础保险费率。保监会按照机动车交通事故责任强制保险业务总体上不盈利不亏损的原则审批保险费率。”

险车辆上的所有“车上人员”均可转化为“第三者”，如果受害人具有某种身份（如系被保险人的家庭成员、本车驾驶人及其家庭成员），即使事故发生时符合身份转化的时空要求，也无转化的余地。

2. 保险合同的利益衡量

利益衡量是20世纪60年代以来兴起的一种法律适用方法。它是指法官审理案件，在案情事实查清后，综合把握本案的实质，结合社会环境、经济状况、价值观念等，对双方当事人的利害关系做比较衡量，做出本案当事人哪一方应当受保护的判断。此项判断称为实质判断。在实质判断的基础上，再寻找法律适用上的根据。① 以利益衡量方法观之，就交强险的“第三者”范围而言，是应当予以严格限制还是予以适度扩张，这既取决于立法者对交强险功能的定位，也与本国经济发展水平、保险市场现状和法制环境相关。例如，英国1972年修改后的《道路交通法》和司法判例将交强险中第三者扩大为除本车驾驶员之外的任何受害人，包括机动车上的乘员；并且通过机动车保险局与政府达成的协议，将未参加保险或交通肇事逃逸机动车的受害人也纳入MIB的保障体系。在法国，根据1985年颁布的《改善交通事故受害者处境法》（Badinter法），除了机动车驾驶人以外，受害人因为其人身损害而遭受的损失应当予以赔偿。根据我国台湾地区2005年2月修正的《强制汽车责任保险法》第10条、第13条，以及2005年11月修正的《强制汽车责任保险条款》第3条，受害人不仅包括受害第三者，而且包括本车人员，但排除了被保险人（机动车所有人、管理人及使用人）及驾驶员。但在美国，尽管马萨诸塞州的《强制机动车责任保险法》将车上伤亡的乘客和伤亡的行人纳入受害第三者的范围，但就总体而言，美国交强险所指的受害第三者并不包括本人（驾驶人）、车上人员以及享受员工补偿福利的人。② 由此可见，对于交强险中“车上人员”或“第三者”的界定，已非条款解释本身所能涵盖，必须立足于交强险的利益衡量。

---

① 梁慧星：《裁判的方法》，法律出版社2003年版，第186页。

② 余香成：“机动车第三者责任险之第三者范围研究（下）”，载《江西保险》2012年第2期。

那么,应如何看待我国交强险所保护的利益群体?有观点认为,交强险制度的设立需要在参加保险的普遍性、费率的高低以及赔付的可能性等诸多因素间取得平衡。如此,就需要考虑赔偿范围,包括赔偿请求权的主体范围和赔偿限额。在法律明确规定的情况下,应当认为,立法者正是合理地考虑了上述因素后,才做出如此的规定。并且,除交强险之外,乘客还有其他保障方式如车上人员险、运输合同的合同责任等,通过交强险对乘客进行保护并非唯一的方案。① 对此,笔者不能苟同。理由是:第一,交强险是一种公益险种,本身是为交通事故不特定的多数受害人提供保障,属于公共利益的范畴。尽管目前存在费率偏低、经营亏损等现象,但不能由此漠视它的公益性质。第二,既然交强险条例和交强险条款未对"车上人员"的概念做出界定,那么,在现行法规体系下,衡量受害人和保险人二者的利益状态,受害人利益应当得到优先保护。第三,尽管乘客可以通过车上人员险获得保障,但该保障具有不确定性(取决于是否投保)、保障程度低(取决于投保人的投保份额,且保额偏低);至于运输合同的合同责任,更是取决于承运人的赔偿能力,加上诉讼成本的负担,客观上降低了对乘客的保障程度。第四,从各国交强险立法的发展来看,受害人的范围有不断扩大的趋势。基于上述理由,笔者认为应当扩大我国交强险所保护的利益群体范围。

3.《审理交通事故损害赔偿案件的解释(征求意见稿)》第5条之评析

为了正确审理道路交通事故损害赔偿案件,最高法院于2012年3月21日公布了《关于审理道路交通事故损害赔偿案件适用法律若干问题的解释(征求意见稿)》(以下简称《征求意见稿》)。该《征求意见稿》第5条第1款规定:"投保人允许的驾驶人驾驶机动车致使非本车人员的投保人遭受损害,赔偿权利人请求承保该机动车第三者责任强制保险的保险公司在责任限额范围内予以赔偿的,人民法院应予支持。但损害是因投保人故意造成的除外。"对于这一规定,笔者认为有

---

① 最高人民法院民一庭:"被保险车辆中的车上人员能否转化为机动车第三者责任强制保险中的第三者",载中华人民共和国最高人民法院民事审判一庭编:《民事审判指导与参考》总第43集,法律出版社2011年2月,第141页。

以下几点值得肯定：第一，它突破了交强险条例与交强险条款对被保险人适用交强险保障绝对排除的限制。根据交强险条例第3条及交强险条款第5条之规定，任何情形下被保险人均不能成为交强险的保障对象。这里的“被保险人”，依交强险条例第42条第2项之解释，是指投保人及其允许的合法驾驶人。但依《征求意见稿》之规定，如果投保人既未驾驶，也未乘坐于被保险车辆内，因其允许的驾驶人驾驶被保险车辆而造成交通损害的，尽管属于“被保险人”，但仍可以转化为“第三者”并受到保障。第二，从解释论角度看，既然投保人在一定条件下都可能转化为“第三者”，那么被保险人的家庭成员、本车驾驶人的家庭成员以及乘坐于被保险车辆上的其他车上人员，只要符合转化的时空要求，都可以由“车上人员”转化为“第三者”。换言之，除本车驾驶人外，任何受害人均有转化的可能。显然，在对交强险功能的定位上，《征求意见稿》顺应了各国交强险立法的发展趋势。当然，《征求意见稿》第5条也存在一些不足，如它并未针对交强险条例所规定的“车上人员”能否转化为“第三者”以及如何转化做出明确规定，未能从根本上解决保险实务中所面临的困惑。

（四）“车上人员”转化为“第三者”的具体认定标准

1. 受害人转化为“第三者”的排除

基于交强险与商业三责险的不同性质，受害人可能转化为“第三者”的范围亦不同。如果受害人具有某种特定身份，即使符合转化的时空要求，也可能被排除在“第三者”范围之外。以下是交强险与商业三责险中受害人可能转化为“第三者”范围的对照表：

保险条款 受害人	商业第三者责任险（A款）	交强险条款	最高法院《征求意见稿》
①保险人	×	–	–
②被保险人	×	×	–
③投保人	×	×	√
④车上人员	√	√	√
⑤本车驾驶人	×	×	×
⑥被保险人的家庭成员	×	√	√
⑦本车驾驶人的家庭成员	×	√	√
条款使用情况	在使用	在使用	未使用

如上所示，在商业三责险中，除车上人员外，其他人员均不发生“第三者”的转化，即使被保险人的家庭成员、本车驾驶人的家庭成员与“车上人员”的身份发生竞合，因商业三责险免责条款的适用，亦不发生转化问题。但在交强险中，除被保险人（投保人及本车驾驶人）外，车上人员、被保险人的家庭成员、本车驾驶人的家庭成员都有可能转化为“第三者”；并且，依最高法院《征求意见稿》第5条之规定，除本车驾驶人外，其他受害人均有可能转化。

2.“车上人员”实现转化的认定标准

在适用上述排除规则的基础上，因被保险车辆发生交通事故导致车上人员被甩出并造成人身损害时，就车上人员如何实现转化的认识，保险实务中有时空变化说、身份转化说、事故发生瞬间说等不同观点。笔者认为，车上人员被甩出车外或者紧急情况跳下车，能否转化为“第三者”，要根据具体的时空特点和近因原则来判断，只有同时符合以下要求才能实现转化：

（1）从时间节点上来看，“保险事故发生时”，是指一个时间点，是指受害者伤亡或死亡的瞬间，而非事故危险发生的那一瞬间，更非从危险发生时到损害结果出现的时间段。

（2）从空间位置来看，要判断保险事故发生时受害人的空间位置，若事故发生时，在车上应认定为车上人员，若在车下，则可能转化为第三者。如前述“肖某某和谢某上车顶整理货物，此时肖某驾驶车辆继续行驶通过水渠，使站在车顶整理货物的肖某某、谢某与水渠发生挤压，造成肖某某死亡、谢某受伤”案例中，从空间位置来看，肖某某未满足转化条件。

（3）从保险法“近因原则”上看，如果受害人甩出车后或紧急情况跳下车后并未有其他因素介入，则并不具备实现转化的条件，不能仅以损害结果是否发生于车外作为唯一依据。这是因为，保险经营的是风险，即保险人所承担的是承保风险所导致损害的责任。如果认为只要损害结果发生于车外就属于“第三者”，实际上就把保险责任简单地理解为结果责任。

（4）如果甩出车后或紧急情况跳下车后被保险车辆撞击、碾压或因其他接触而导致损害结果的发生，于此情形下，笔者认为仍应区分两种情况：其一，如果被保险车辆处于事故状态（如侧倾、翻滚、坠落、与其他机动车碰撞等）而与受害人发生撞击、碾压或其他接触，则不能实现转化。因为在此种情形下，实际上是交通事故的连续状态，并不因此改变其在事故发生时属于车上人员的性质。其二，如果被保险车辆仍处于行驶状态，而与受害人发生撞击、碾压或其他接触，则应转化为第三者。

五、道路交通事故社会救助基金制度

（一）道路交通事故社会救助基金的性质

根据《道路交通事故社会救助基金管理试行办法》第 2 条之规定，道路交通事故社会救助基金（以下简称“救助基金”），是指依法筹集用于垫付机动车道路交通事故中受害人人身伤亡的丧葬费用、部分或者全部抢救费用的社会专项基金。

1. 管理模式的特殊性

交通事故社会救助基金是由国家法律赋予特定权力的不以营利为目的的道路交通事故社会救助基金管理机构来管理的。社会救助基金与商业保险不同，不能完全按照商业化运营的模式运行。我国《机动车交通事故强制保险条例》第 26 条规定，救助基金的具体管理办法，由国务院财政部门会同保监会、国务院公安部门、国务院卫生主管部门、国务院农业主管部门制定试行。根据《机动车交通事故强制保险条例》第 26 条可以看出我国采用由各政府部门联合管理的方式对基金进行日常管理。

2. 救助对象的特定性

交通事故社会救助基金是指针对特定事项、特定人员使用的专款专用资金。特定当事人是指在道路交通事故发生后，在交通事故中受伤并且需要抢救的当事人，而不是一般情况下的其他人。特定事项是指救助基金具有特定适用范围，即只适用于道路上发生的交通事故所造成的人员伤害,致伤人员危险期的生命抢救,而非一般病患的抢救或治疗。①

3. 救助职能的公益性

从功能上看,交通事故社会救助基金承担的是一种社会救助职能,不以营利为目的,具有显著的社会公益性和优抚性。

4. 救助程度的有限性

交通事故社会救助基金承担的是一种社会救助职能,在使用上具有一定的程序、条件及额度限制。在事故发生后,社会救助基金只能对交通事故中的受害人提供最基本的保障,其救济内容主要侧重于对当事人人身损害的补偿,一般不会过多地涉及当事人的财产损害和精神损害的补偿。

5. 对现行保险制度的补充性

我国目前为应对因机动车使用过程中造成的社会损害而出台了由机动车损害赔偿责任、机动车损害赔偿责任保险和道路交通事故社会救助基金制度组成的整体保障法律体系,而道路交通事故社会救助基金制度是对前两者的重要和有效的补充。在《道路交通安全法》相关规定中,对参加机动车第三者责任强制保险的肇事车辆,受害者的抢救费用由承保公司在责任限额范围内支付。对于受害者的抢救费用超过保险公司理赔限额的,或肇事车辆未参加机动车第三者责任强制险的,或肇事后逃逸当场无法追查的,抢救费用由道路交通事故社会救助基金先行垫付。其实,在实际的社会实践中,很多重特大事故的赔偿和善后仅仅依靠第三者责任强制险是远远不够的,甚至是肇事机动车在已经购买了交强险和商业险之后依然无法负担起高昂的赔付费用,这个时候就会凸显社会救助基金进行救助的重要性。②

(二)我国道路交通事故社会救助基金的现状与不足

1. 道路交通事故社会救助基金管理机构

① 于昆:"服务型政府视角下中国社会保障制度的构建",南京师范大学硕士学位论文,2006年5月。

② 朱凌:"淮南市道路交通事故社会救助基金制度研究",中国社会科学院研究生院硕士学位论文,2012年4月。

目前我国尚未形成统一运行的道路交通事故社会救助基金的组织管理机构。2004 年《道路交通安全法》正式以立法形式确认了道路交通事故社会救助基金的法律属性和作用；2006 年 7 月出台的《机动车第三者责任强制保险条例》对基金的来源、管理程序做出规定；2007 年国务院发布的《道路交通事故社会救助基金管理暂行办法(征求意见稿)》规定：由省级人民政府负责救助基金的筹集和运作，并确定具体主管部门；各省财政、公安交管、农业、卫生、保险监督等部门根据规定各自履行职责。2009 年 9 月 10 日，财政部、中国保险监督管理委员会、公安部、卫生部、农业部五部委联合发布的《道路交通事故社会救助基金管理试行办法》第 3 条规定：“财政部会同有关部门制定救助基金的有关政策，并对各省、自治区、直辖市(以下简称省级)救助基金的筹集、使用和管理进行指导和监督。省级人民政府应当设立救助基金。救助基金主管部门及省级以下救助基金管理级次由省级人民政府确定。”

目前我国部分已经开始实施基金制度的地区，其规范性法律文件对基金的管理机构做出了相关规定，以金华、深圳、西安为例：

(1)金华市道路交通事故社会救助基金管理机构①。《金华市区道路交通事故社会救助基金管理暂行办法》第 4 条规定，成立金华市区道路交通事故社会救助基金管理领导小组，由市政府分管秘书长任组长，市公安局、财政局负责人任副组长，市卫生局、民政局、劳动保障局、监察局、保险协会等部门和单位负责人为成员。领导小组负责筹集社会救助基金、审定救助基金的发放使用、协调救助基金运作等工作。第 5 条规定，领导小组各成员单位按照各自职责，做好以下工作：市公安局负责救助对象的资格审核以及与财政专户的结算工作；市财政局负责社会救助基金的财务管理；市卫生局负责交通事故抢救定点医疗机构的确定，指导、监督抢救工作，审核抢救费用；市民政局负责协助做好救助善后处理工作；市劳动保障局负责协助做好抢救费用的

---

① 金华市人民政府：《金华市人民政府办公室关于印发金华市区道路交通事故社会救助基金管理暂行办法的通知》，《金华政报》2008 年第 10 期，第 26 页。

审核；市监察局负责对社会救助基金使用管理情况的监督；市保险协会负责提供机动车第三者责任强制保险承保相关信息。

(2)深圳市道路交通事故社会救助基金管理机构①。《深圳市道路交通事故社会救助暂行办法》第6条规定，市政府设立深圳市道路交通事故社会救助基金管理委员会，市基金管理委员会设主任一名，主任由市政府分管道路交通安全工作的领导担任，其他委员由市财政部门、市卫生部门、市劳动保障部门、市民政部门、市审计部门、市公安交管部门、深圳保险监管机构的代表以及医学、法律、财务、保险等社会专业人员组成，社会专业人员不得少于五人。市基金管理委员会定期召开会议，履行以下职责：①监督救助基金的筹集和垫付工作；②协调、研究救助基金运作的有关工作；③审定其办事机构提交的重要议题和有关事项；④定期向市政府报告救助基金的收支管理情况；⑤本办法规定的其他职责。

第7条规定，市公安交管部门是本市道路交通事故社会救助的主管部门，并作为市基金管理委员会的办事机构，履行以下职责：①负责救助基金的日常管理工作；②接受、审核救助申请；③对符合条件的受害人实施救助；④依法追偿垫付款；⑤定期向市基金管理委员会报告救助基金收支情况；⑥制定与本办法配套的有关管理制度与操作规程；⑦完成市基金管理委员会交办的其他工作。

第8条规定，市公安交管部门实施道路交通事故社会救助的行政管理费用支出，由财政部门在部门预算中安排，不得从救助基金中列支。

(3)西安市道路交通事故社会救助基金管理机构②。《西安市道路交通事故社会救助暂行办法》第3条规定，设立西安市道路交通事故社会救助基金协调管理委员会，市协管委由市财政局、市公安局、市卫生局、市农委组成，对全市救助基金重大事项进行协调和决策。市协管委下设西安市道路交通事故社会救助基金协调管理委员会办公

① 资料来源："深圳市道路交通事故社会救助暂行办法"，腾讯网，http://news.qq.com/a/20080226/003226.htm。

② 资料来源："西安市道路交通事故社会救助暂行办法"，西安市公安局交通管理局网站，http://www.xianjj.com/。

室，办公室设在市财政局。第4条规定，市协调办负责碑林区、新城区、莲湖区、未央区、雁塔区及灞桥区六区的救助基金管理工作。阎良、临潼、长安、周至、蓝田、户县、高陵等区（县）分别成立救助基金管理机构，负责各自辖区内的救助基金日常管理工作。

从《机动车第三者责任强制保险条例》（以下简称《条例》第26条的规定可以看出，立法者倾向于通过建立多部门联合管理领导小组来实现对道路交通事故社会救助基金的管理。而从各个地区的地方规范性法律文件对基金的管理机构做出的相关规定可以看出，基金管理机构也基本上是以市政府办公室、市公安局、市财政局、市卫生局、市民政局、市劳动保障局、市监察局、市审计局等多个部门联合组成的道路交通事故社会救助基金管理领导小组。

2. 道路交通事故社会救助基金的来源

根据《条例》第25条规定，救助基金的来源包括：①按照强制保险的保险费的一定比例提取的资金；②对未按照规定投保强制保险的机动车的所有人、管理人的罚款；③）救助基金管理机构依法向道路交通事故责任人追偿的资金；④救助基金孳息；⑤其他资金。

可以看出，我国救助基金的资金来源主要是从各保险公司办理强制保险的保费中按比例提取，再就是对未按照规定投保机动车交通事故责任强制保险的机动车的所有人、管理人的罚款，然而《条例》已经实施许久，基金的建立、运营还是空中楼阁。《条例》规定将按照一定比例从强制保险的保险费中提取一部分作为救助基金，但实际上到今天为止也没有一家保险公司从保费当中扣除一分钱。部门利益的驱使导致了当前救助基金的难产，基金来源渠道过窄，数量有限，运营中又要受到严格的监管。基金不允许营利，而又无时不在风险之中，基金一旦发生亏损，基金管理人将面临严重偿付危机。而且由于基金收取数额和支出数额难以确定，建立之初就存在严重亏损的风险。没有多大油水，无利可图，又是众目聚视的焦点，因此这块烫手的山芋至今没人愿意接手。

3. 基金在应对大规模道路交通事故时存在的缺陷

我国五部委出台的《道路交通事故社会救助基金管理试行办法》

第24条规定救助基金管理机构根据本办法垫付抢救费用和丧葬费用后,应当依法向机动车道路交通事故责任人进行追偿,但对基金管理机构的法律地位并未予以明确,基金管理机构是否具有法律地位,能否成为独立的民事主体都未做明确规定。随着基金垫付与追偿工作的开展,救助基金垫付容易追偿难的问题日益显现。江西省救助基金实施走在全国前列,但根据江西省财政厅公布的全省42个市、县救助基金管理机构设立以来反映的情况来看,由于相关法律法规并未确立救助基金管理机构在民事诉讼中的法律主体地位,全省还没有一起通过诉讼方式追偿的案件,基金的追偿成了最大的难题。

相对于普通的道路交通事故而言,大规模道路交通事故中社会救助基金的垫付金数额往往十分巨大,追偿的对象更是杂乱,追偿难度远高于普通道路交通事故。基金追偿的困难,不利于社会救助基金的经营和发展,因此通过立法的形式赋予救助基金追偿权,使其具有诉讼当事人的地位,并赋予其独立的法人资格成了当务之急。

(三)我国道路交通事故社会救助基金的完善

1. 进一步明确基金的法律地位

依救助基金的社会救济性质而论,政府主导救助基金的运行,则救助基金管理机构也应赋予其公法法人性质。救助基金是基于社会政策的考量为社会公益目的而创设,受到国家相关法规的规范,由政府主导运行,并接受相关主管机构的监督,道路交通事故社会救助基金与其他国家的政府保障事业属于同样性质的制度,应赋予救助基金公法法人性质。

2. 进一步明确基金的来源

我国法律的规定远远不能够满足基金来源的充足性、持续性和可增长性,因此要提升救助基金在处理交通事故中的作用,最重要的是多方筹措资金。结合我国国情和各地实践,笔者认为,基金可从以下几种途径获得:

(1)从机动车交强险的保费中提取一定比例的资金。参照其他国家和地区的法律规定,道路交通事故社会救助基金的主要来源是按规定从机动车强制责任保险的保费中按比例提取的资金。日本规定保险公司在收取机动车强制责任保险保费时，应当一并征收“纯赋课金”，大概占强制责任保险保费的0.55%，然后在一定时限内缴纳给政府，逾期缴纳的加收滞纳金，“纯赋课金”和滞纳金共同作为社会救助基金的组成部分；依法不用参加强制保险的汽车，也要缴纳此项“纯赋课金”。机动车每年法定强制缴纳的经费是新西兰交通事故基金的来源，例如一辆小型家用客车一年大约缴纳200澳元。此外，新西兰政府还额外对车辆加收2%的汽油费，也将这部分资金纳入无过失保险机制基金中。①

(2)未按照法律规定投保机动车交强险的罚款。我国《道路交通安全法》第七章详细规定了公安交通管理部门及其交通警察在执法过程中可以对违法的机动车所有者、驾驶人等处以罚款的各种情形及处罚幅度。这些罚款的部分应作为交通事故救助基金的来源，用来救助那些因未投保肇事、肇事逃逸、保额不足肇事而得不到及时救治的受害者。

(3)救助基金的孳息。道路交通事故救助基金属于财团法人，财团法人的性质决定了它不应以营利为目的，但救助基金仍可以通过从事某些特定的经济行为，来实现财产的增值。如基金会可以将资金存入金融机构收取利息，也可以购买国家债券、金融债券、股票等有价证券。② 我国台湾地区的《汽车交通事故特别补偿基金管理办法》规定，在保证业务需要的前提下，基金可以存入国内银行收取利息；可以购买公债、国库券、中央银行储蓄券、金融债券等有价证券；可以转让定期存单、银行承兑汇票及银行保证商业本票。每年年底，扣除当年经营所需的支出，剩下的部分应全部纳入基金，作为基金的来源。

(4)救助基金管理机构依法向交通事故责任人追偿的资金。《道路交通安全法》和《机动车交通事故责任强制保险条例》都有相关规定，道路交通事故中受害人人身伤亡的丧葬费用、部分或者全部抢救费用，由救助基金先行垫付，救助基金管理机构有权向道路交通事故

---

① 郁光华：“走向交通事故人身伤亡处理的完全性无过失保险机制”，资料来源：中国民商法律网，http://www.civillaw.com.cn/weizhang/default.asp? id=9052。

② 史峰：“财团法人略论”，载《研究生法学》1997年第1期。

责任人追偿,追偿的资金将作为救助基金的来源。

(5)地方政府按照保险公司经营交强险缴纳营业税数额给予的财政补助。为了进一步加大救助基金的保障力度,扩大救助基金资金来源,《道路交通事故社会救助基金管理试行办法》规定省级财政部门按照上一个季度保险公司缴纳交强险营业税数额和救助基金收支情况,向本地省级救助基金拨付财政补助。政府财政拨款应当成为道路交通事故社会救助基金在以后发展过程中稳定而主要的资金来源。

(6)社会捐款。救助基金属于财团法人,因此有关社会组织和个人可以到各级救助基金管理机构进行捐款。根据募集渠道多样化的特点,充分发挥募集在社会救助基金资金来源中的作用。设立专门的账户,接受日常群众的募捐;举办大型的慈善晚会,在普及全民道路交通安全意识的同时发扬慈善传统,进而动用一切社会力量来支持慈善事业;在交通安全日活动期间,动员机关、企事业单位、社区、街道进行募捐;也可以动用网络力量,由网友直接在网络上进行捐赠;此外还可以发行彩票、债券等形式募集资金。①

3. 进一步明确基金的救助范围

《道路交通事故社会救助基金管理试行办法》第 12 条规定,有下列情形之一时,救助基金垫付道路交通事故中受害人人身伤亡的丧葬费用、部分或者全部抢救费用:①抢救费用超过交强险责任限额的;②肇事机动车未参加交强险的;③机动车肇事后逃逸的。依法应当由救助基金垫付受害人丧葬费用、部分或者全部抢救费用的,由道路交通事故发生地的救助基金管理机构及时垫付。根据上述规定,当抢救费用超过交强险责任限额、肇事机动车未参加交强险或机动车肇事后逃逸时,道路交通事故发生地的社会救助基金应当先行垫付部分或全部医疗费用、丧葬费用。值得注意的是,这里所谓的“抢救费用”,应适当做扩张解释,即以维持受害人必要的医疗服务和由此支出的医疗费用为限。

---

① 项明玉:“交通事故损害赔偿的法律问题研究”,江西财经大学法学院法律硕士学位论文,2010 年 4 月。

3. 进一步加强基金的管理

为了加强救助基金的管理，《道路交通事故社会救助基金管理试行办法》规定救助基金实行统一政策、地方筹集、分级管理、分工负责。救助基金实行单独核算、专户管理，并应当按照规定用途使用。省级人民政府应当设立救助基金，并确定救助基金主管部门及省级以下救助基金管理级次。救助基金主管部门主要负责制定本地区的救助基金管理办法，确定救助基金管理机构，监督检查救助基金的筹集、垫付、追偿情况并定期予以公告，委托会计师事务所对救助基金年度财务会计报告进行审计并予以公告，依法处理和处罚救助基金管理机构及其工作人员的违法行为。救助基金管理机构主要负责依法筹集资金；受理、审核垫付申请，并依法垫付费用；依法追偿垫付款；等等。地方的财政部门、保险监督管理机构、公安机关交通管理部门、农业机械化主管部门、卫生主管部门分工协作，互相配合，共同为救助基金服务。

4. 进一步强化基金的运行与监管

保值原则和效率原则是救助基金运行必须遵循的两大原则。保值，顾名思义就是救助基金必须在一定的额度范围内维持自身的平衡和稳定，不能出现资金的流失和损耗。此外，救助基金还要最大限度地发挥和实现其预期功能，在支付、使用和追偿等各个环节要快速流转，这就是效率原则。为了保证救助基金始终处于良性的运行轨道上，就必须建立起一套有效控制损耗和成本的运行机制，即应当具备以下几个方面：

一要专款专用。由财政部门监管的社会救助基金账户，必须专款专用，不能与其他的民政性质的救济账户相混淆。

二要直接支付。公安交通管理部门与保监会需要通过协商确定救助基金如何先行垫付部分或全部抢救费用。按照交通事故处理程序的规定，交通事故发生后，交通管理部门应立即赶赴现场，组织将伤者送至医疗部门进行抢救，还应开具垫付抢救费用的证明，尽快通知社会救助基金机构。交通管理部门就像是会计，而社会救助基金则好像是出纳。资金转移只发生在救助基金管理机构与医疗卫生机构之间，不能通过当事人或交通管理部门中转，但在支付时应及时告知受害人及交通管理部门。

三要建立基金目录。为了更好地规范社会救助基金的运行，应建立起包括适用项目目录、损益目录、流失目录及其他分类账目的救助基金支付分类目录。其中，适用项目目录包含适用对象、适用领域、适用医药器械和技术等方面的内容。

四要进行统一收支。我国地区差异较大，经济较发达地区可能因强制保险执行情况较好而收多支少，资金闲置；而经济较落后地区则可能支出大大超过收入，资金不足。救助基金实行全国性的统一收支，进行总体的调配、支付和统筹，可以解决上述的不平衡，使资金流向最需要的地方。除此之外，统一收支也避免了跨地区事故救助的协调、转账等问题的出现。

五要开展年度审计。作为一项政府性的社会公益基金，救助基金的宗旨在于帮困解难，抢救极度危险的受害人以及补偿受害人在事故中遭受的人身损失，因此应进行严格审核，对不符合条件的不予支付。此外，为了保证其依法、合理、有序地运行，救助基金不应当受制于某一特定的政府部门，但是其运行机制应当依法进行，其财务状况应当公开，并依法按期接受国家和有关财政部门的检查和审计。①

---

① 项明玉："交通事故损害赔偿的法律问题研究"，江西财经大学法学院法律硕士学位论文，2010 年 4 月。

第五章 医疗侵权损害赔偿公共政策的适用

一、医疗侵权损害赔偿的社会化

(一)医疗损害赔偿社会化的提出

医疗侵权作为侵权行为的一种,广泛存在于人们的日常生活中。医疗行为是为了满足人类增进自身健康的需要而存在,人是医疗行为的直接作用对象。然而医疗行为不同于一般的民事行为,受医疗科学水平、人本身存在的个体差异等条件的制约,医疗行为具有人身侵害性、潜在的危险性及实验性等特点。一旦出现医疗侵权行为,那么对于受害人而言关乎的是其生命健康,其所遭受的损失也将是巨大的,甚至是以生命为代价。

在医疗损害发生后,作为受损害的患者,为了维护自身的合法权益,目前主要是通过民事侵权赔偿的诉讼途径来解决。但是,患者在诉讼过程中,由于医疗行为具有高度的专业性,通常病例等原始证据都由医疗机构保管,作为弱势群体的患者面临着举证难、诉讼周期长、难以及时有效地获得赔偿等问题。而作为实施医疗行为的一方——医疗机构及医务人员,为了避免承担巨额的损害赔偿责任,也往往陷入恐慌之中,始终处于保存证据应对严重的医疗诉讼和赔偿责任的压力之下,采取防御性医疗,对患者采取过度检查等手段保留证据,对具有一定风险的医疗行为进行推诿甚至拒绝。即使最后法院判决由医疗机构承担侵权损害赔偿责任,也可能由于侵权人赔偿能力的限制而使得被侵权人难以及时有效地获得赔偿。这样就进一步加剧了医患矛盾,使得医患纠纷不断增加,医疗社会矛盾也就得不到全面的缓和。同时,防御性医疗的出现不仅有碍于患者的治疗,也有碍于医疗技术的革新与发展。

侵权责任本身是一种追究个人责任的机制,侵权责任的成立是进行损害赔偿的前提。所以,相对于被侵权人的损失而言,侵权责任法更关注的是侵权人责任承担的正当性或合法性。这样在医疗侵权损害赔偿的诉讼中,必将花费大量的时间去确定医疗机构及其医务人员的责任,而这个过程最终结果的不确定性在导致被侵权的患者获得赔偿的不确定性的同时,也将大大拖延获得赔偿的时间。这表明,在现行侵权责任法的个人责任机制下,当出现大量的、严重的医疗侵权事故,造成患者人身伤亡时,要对被侵权的患者进行及时有效的赔偿将变得非常艰巨。只有突破个人责任的局限,将个人责任转为社会责任,采取社会化的方式,才可能更切实地保障被侵权患者的合法权益。

事实上,除了个人责任制度的限制外,侵权责任法作为一种补偿机制,在损害赔偿方面也受到了社会保障法、弱势群体保护法等挑战。被侵权的患者在侵权赔偿诉讼无果的情形下,往往寻求相关社会保障部门的帮助,并且这种方法越来越多地受到受害人的青睐。正如王泽鉴所指出:“侵权责任真正走到了何去何从的‘十字路口’:是在人身伤害方面干脆废除侵权责任,完全靠社会保障补偿事故受害人;还是使侵权责任配合社会保障,在一种混合体制中充当‘小伙伴’的角色,抑或是维持侵权责任的现状。对此我们必须做出选择。”①依王泽鉴的观点:损害分散的思想已经逐渐成为侵权法的思考方式。此种分散损害的方式有两个优点:一是使被害人的救济获得较佳的保障;二是加害人不致因大量损害赔偿而陷入困难或破产。此所涉及的,除加害人和被害人外,尚有社会大众,不特别着眼于加害人的过失,而是在寻找一个“深口袋”(Deeper Pocket),有能力分散损害之人,并体认到这是一个福祸与共的社会,凸显损害赔偿集体化的发展趋势。②

将个人责任转由社会承担,使得医疗机构及其医务人员由于侵权所造成的损失可以由整个社会或者社会的某个特定群体集体承担,分散危险。将私人责任社会化,从传统的个人本位转为社会本位,在给予受害人及时和有效救济的同时,也避免侵权人的破产,促进医患纠纷的解决。

(二)我国医疗损害赔偿社会化——医疗保险责任的现状

早在20世纪90年代,我国就已经引入医疗责任保险。云南是率先开展医疗责任保险工作的省份。中国人民保险公司2000年初在全国范围内推出医疗责任保险条款,平安保险股份有限公司、太平洋保险股份有限公司等也先后推出此险种。③ 我国引入并推行医疗责任保险,其目的在于利用保险的分散风险、消化损失的功能解决传统的由医疗机构自行赔付所面临的难题。但是,与美国的医疗责任保险制度的强制性不同,我国的医疗责任保险是非强制性的,医疗责任保险业务的开展并不乐观,很多医疗机构并不愿意投保。导致这种状况的主要原因还是医疗责任保险制度本身的问题。首先,医院认为投保费用过高,保险范围有限,医院负担过重。如人保保单的保险范围仅为医疗事故和医疗差错,且责任限额为医疗事故每人10万元,医疗差错为每人0.5万元,另外还有年度最高累计限额,远低于患者提出的几十万甚至上百万的赔偿请求额。其次,医疗责任保险的条款存在不合理的地方,并且,像其他的保险合同一样,作为格式合同的相对人,投保

---

① 王泽鉴:《民法学说与判例研究》(第2册),中国政法大学出版社2003年版,第197页。

② 王泽鉴:《侵权行为法》,三民书局2010年版,第8页。

③ 陈玉玲:“强制责任保险:我国医疗责任险发展取向”,载《上海金融》2002年第1期。

人即医院并没有协商的权利。以人保的保险条款为例,第十七条规定:“发生保险事故时,未经保险人书面同意,被保险人或其代表不得作出任何承诺、拒绝、出价、付款或赔偿。必要时,保险人可以以被保险人的名义对诉讼进行抗辩或处理有关索赔。”①该条款规定了被保险人在向受害者做出承诺、拒绝、出价、付款或赔偿等行为时有获取保险人书面同意的义务,而没有规定保险人的义务,并且对于条款中“必要时”的概念也是模糊不清的。像这种只规定被保险人义务,使得被保险人处于被动地位的格式合同又如何能吸引投保人进行主动投保?答案显然是否定的。

为了更好地让医疗侵权损害的患者获得赔偿,分散医疗机构及其医务人员的经营风险以及执业风险,实现责任承担的社会化,应当借鉴机动车强制责任保险的立法模式,在现有医疗责任保险的基础上,将其规定为强制责任险,使其发挥应有的作用;同时,借鉴国外的经验,建立医疗损害赔偿基金。

二、国外医疗侵权损害赔偿救济社会化模式

(一)国外医疗侵权损害救济的模式

在国外,对于医疗侵权的赔偿,通常有以下几种模式:

美国是通过建立医疗责任保险制度来分担医疗风险,解决医疗损害赔偿的给付问题。在美国,责任保险分为个人和商业两类,个人部分有房屋及住宅责任、个人汽车及其责任保险;商业部分为企业或以商业为目的的有关商业责任保险,如企业投保的综合责任保险、产品责任保险、董事及管理人责任保险、职业责任保险、建造商投保的建造工程责任保险、石油公司投保的第三者综合责任保险等。② 而医疗责任保险就是其责任保险体系中的一种。在美国的医疗责任保险体系中,建立了以商业医疗责任保险为主体,以互助组织、自保组织为补

---

① 陈玉玲:“强制责任保险:我国医疗责任险发展取向”,载《上海金融》2002年第1期。

② 刘建英:“略谈美国的责任保险”,载《中国保险》2000年第3期。

充,多种主体共同参与的医疗风险分担体系。美国是最早开展医疗风险管理活动的国家之一,其医疗风险分担机制以商业医疗责任保险为主体。在实施方式上,实行强制医疗责任保险制度,医院和医生都必须分别购买医疗责任保险。美国作为联邦制国家,虽然各个州关于医疗责任保险的法律规定并不相同,但整体而言,医疗责任保险已成为医疗机构开业和医务人员执业的前置性条件。由于医疗机构大多数是私立的,并且对于医疗损害的赔偿是由造成损害的医务人员个人承担,因此大部分的医务人员在医疗纠纷中是独立的民事主体,为了避免医疗事故或医疗意外可能带来的巨大损失,医务人员也会通过积极投保的方式来自保。

与美国的自保型不同,英国虽然也有医疗责任保险,但英国没有强制立法实行医疗责任保险。由于非强制性,其医疗责任保险是由政府来投保。在英国,医疗服务属于国家提供的福利,医院由国家财政税收支持,因此,医院和医生的医疗责任保险费用由政府支出。有专门的行政法庭性质的医疗上诉法庭处理医疗纠纷及医疗事故赔偿,还可以通过法院审理判决,赔偿费用由保险公司支付。① 除了医疗责任保险外,英国开创了医疗责任风险金模式来分担医疗风险。这样就形成了以互助医疗责任风险金为主体,商业医疗责任保险为补充的医疗风险分担体系,并利用再保险机制对医疗风险进行分散。互助风险金主要由医生维权联合会(The Medical Defense Union)、医生保护协会(Medical Protection Society)和国民医疗诉讼委员会(National Health Service Litigation Authority)提供。其中,医生维权联合会是一个互助性、非赢利的医生维权机构,其宗旨之一是对医生的医疗过失损害赔偿责任提供全额补偿。医生保护协会也是采取会员制,成员都是医生以及医学辅助人员,资金主要来源于会员所缴纳的会费。对于会员因医疗过失而造成的损害,医生保护协会给予赔偿。国民医疗诉讼委员会的会员是因向国民提供免费医疗服务有可能承担损害赔偿责任的

① 范愉:《非诉讼纠纷解决机制研究》,中国人民大学出版社 2000 年版,第 252 页。

各公立医院和卫生当局，专门负责患者针对公立医疗机构提起的索赔。① 由于这些机构是非营利机构，在处理医疗纠纷时，可以从案件本身来考虑，而不会受经济效益的影响，从而更好地维护医生及医院的利益。同时，对于会员因医疗过失而产生的损害赔偿，不管数额大小，机构都给予赔偿，其费用比商业保险的保险费低得多，并且没有像商业保险机构那样在保险合同中设定责任限额和除外责任。

在澳大利亚，由医疗辩护协会(The Medical Defense Association)处理医疗纠纷，进行医疗损害赔偿。协会采用重复保险制度，向会员收缴10镑澳币，协会再缴纳5镑给再保险公司。一旦发生医疗纠纷，医疗辩护协会负责赔偿720镑之内的赔偿数额，保险公司负责赔偿超过720镑的赔偿数额，但保险公司赔偿的最高额不超过25000镑。投保人无案件及年数限制，协会派遣其所属律师为原告服务，大部分案件就能在庭外解决，很少诉讼到法院。②

德国也是通过建立医疗责任保险制度来解决医患纠纷，进行医疗损害赔偿。德国的医疗责任保险如同美国一样，亦是由法律规定强制执行的。凡是从业的医务人员必须投保医疗责任保险，其承保范围较为广泛，甚至包括求诊的患者在医院厕所里摔倒碰伤所引起的民事赔偿责任。但德国的医疗责任保险又不同于美国的法定强制保险模式，德国的医疗责任保险模式总体可以概括为：法定强制保险为主，私人自愿保险为辅，社会健康保险体系与商业健康保险体系共存。医生投保了医疗事故责任保险后，如若出现医疗事故，则由医方和患方之外的专门机构进行仲裁，确认责任的承担主体，然后由保险公司负责赔偿。其亮点在于有专门的“医疗事故调解处”。医疗事故发生后，患者或者其亲属一般首先与当事医生或者院方进行直接接触以确认事实，并协商可能的赔偿问题。如果这一措施没有达到效果，患者就可以向“医疗事故调解处”求助。调解处是德国设立的专门负责医疗事故庭外解决的机构，由各州的医生协会单独或者几个州的医生协会联合设

---

① 许冰梅：《医疗过失损害赔偿制度研究》，人民法院出版社2008年版，第215页。

② 田苗苗、李雅琴：“医疗责任保险制度问题之研究”，中华医学会医学伦理学分会第十三次学术年会论文，2005年7月，北京。

立。该机构的职责是从调解民事纠纷的角度来处理医疗事故,判断医疗事故中医生有无责任、责任的大小及赔偿数额。由于该机构的办公费用都是由医疗保险公司支出,因此患者或其亲属在求助的时候,几乎不用支付费用。[①] 这样不仅有效地缩短了患者求偿的时间,也大大减轻其维权的负担。

通过对国外医疗风险的分担机制的考察,可以看出医疗责任保险和基金两种形式被广泛采用。这两种方式相对于通过诉讼方式来获得赔偿而言,具有周期短、获得赔偿及时全面等特点。为了有效解决我国医疗侵权损害赔偿问题,我们可以借鉴国外的先进经验,设置强制性医疗责任保险制度和医疗损害赔偿基金制度。

(二)奥巴马医疗保险改革法案及启示

1. 医保法案出台的艰难历程

奥巴马医疗保险改革法案,全称为"患者保护与平价医疗法案"(Patient Protection and Affordable Care Act,简称 PPACA)。[②] 该法案的出台过程可谓困难重重、惊心动魄。奥巴马 2008 年竞选的一个主要议题就是改革美国臭名昭著的医疗制度。美国的医疗保险制度到底诟病有多深呢?如果用一个字来形容美国的医疗体系的话,"贵"就是一个最恰当的字——看病贵、保险贵。据统计,美国人均医疗费用是其他发达国家的两倍。一个简单的小病到了医生那里,最后的账单可以轻而易举地达到上千美元。虽然医疗费用高得惊人,但对于那些有保险,尤其是有好的保险的民众来说,还不是一个巨大的压力。问题就在于,不是每一个人都能够获得医疗保险的保障。通常情况下,保险费用由雇主承担大头,雇员承担小头。对于那些自谋职业者或从事非固定性工作的美国人而言,很多人因支付不起昂贵的保险费用而无法购买医疗保险,从而失去医疗保险所提供的保障。据估计,这部分

---

① 赵衡文:《医疗纠纷的理论与实践》,中南大学出版社 2005 年版,第 94— 95 页。

② Elmendorf, Douglas W.. Additional Information on the Effect of the Patient Protection and Affordable Care Act on the Hospital Insurance Trust Fund. Congressional Budget Office. January 22, 2010[2010-03-31]. "This letter responds to questions you posed about the Congressional Budget Office's (CBO's) analysis of the effects of H. R. 3590, the Patient Protection and Affordable Care Act (PPACA)".

没有保险的美国人大约有5600万之多。

为了把这部分没有购买医疗保险的人纳入医保范围，奥巴马的医保改革要求每个人必须购买保险，否则将面临罚款。法案通过扩充政府为低收入者提供的保险以及联合私人保险公司两个方法，双管齐下，试图为没有保险的民众提供医疗上的保障。然而，这一法案遭到了主要来自以共和党为代表的保守派的反对。反对派的观点主要集中在两点：一是个人自由方面的考量，他们认为政府不应该强迫个人购买保险，不应该限制个人在这方面的自由；二是对医保费用上涨的担忧，担心为其他人"埋单"，他们认为医保会大大增加政府的花费，造成政府开支庞大，个人也会因此支付更高的税收。虽然奥巴马的医保改革遭到了国会中共和党议员的强烈抵制，但是民主党凭借着参众两院多数党的优势地位通过了这一法案。2009年12月，参议院就医保法案进行了投票，并以60:39票通过了该法案；2010年3月21日，众议院以219:212票通过了该法案。2010年3月23日，奥巴马总统签署了这一法案。

法案签署之后，保守派的抗争愈演愈烈。从2010年3月份开始，他们发起了无数声势浩大的街头抗议，组织了各种草根组织，募集了大笔资金。在这一过程中，极端保守的"茶党运动"孕育而生，并且不断发展壮大。他们反对大政府、反对增加税收、反对政府无节制的花费，反对政府过分干预个人自由，而医疗保险改革是其反对的具体对象之一。反对派并没有把抗争仅仅停留在街头示威的层面，他们还在各种级别的法庭上开始了旷日已久的斗争，试图通过法院的判决阻止法案的生效。反对医保法案的二十多个州，以及无数个团体、个人向联邦法庭提出了各种诉讼，指责奥巴马医保法案违宪，并对其中若干条法案内容提出严重反对意见。保守派最终将奥巴马的医保法案上告到最高法院。

2012年6月28日，奥巴马和拜登在白宫椭圆形办公室，像成千上万名美国人一样，通过电视新闻等待美国最高法院的判决结果。上午10点整，首席大法官罗伯茨开始在庭内宣布判决的意见书——最高法院以5:4的投票结果支持了奥巴马医保法案，认为其中有关要求大多数美国人参保或者支付罚金的条款是国会赋予其征税的权利，不涉嫌违宪。令外界大吃一惊的是，素以坚定保守派著称的首席大法官罗伯茨破天荒地第一次站在自由派一方，投下了决定奥巴马医保法案“生死”命运的最关键一票。①

2. 医保法案的主要内容

美国医疗系统是由许多合法个体提供的医疗服务业。医疗设施和医疗保险大部分都由私营部门经营，美国政府会提供较为辅助性的公共医疗保险、医疗辅助计划、小童医疗保险计划和荣民（退伍军人）健康管理。欧盟和美国的药业组织认为美国是全球医学研究及推出新型医术和医疗产品的龙头国，他们又表示必须依靠美国高昂的医疗开支才能有效推动这些研发的进行。2007 年至 2008 年的统计显示，最少有 15% 的美国国民得不到任何医疗保险计划的保障，另外还有很大部分的美国国民购买的医疗保险未能有效保障其受益人。而美国个人医疗费用开支是全世界最昂贵的。②

针对美国医疗服务存在的严重问题，奥巴马医疗保险改革法案的措施主要包括五大方面，即强制个人参险、提高对雇主的要求、扩张公共计划、创建医疗保险交易中心、规范保险市场等。③

（1）个人强制参险。法案要求自 2014 年开始所有美国公民和合法居民都必须参加医疗保险。只有少部分情况除外，包括：经济困难和宗教问题；美国的印第安人；没有医疗保险持续时间不足 3 个月者；医疗计划最低支出超过收入 8% 者；个人收入低于税收限制者。没有参加医疗保险者每年要缴纳 695 美元以上（每个家庭的最高罚金为 2085 美元）或者家庭收入 2.5% 的罚金。该规定在 2014 年至 2016 年

① 张娟：“美国医疗改革法案的困惑”，载《财经文摘》2012 年 8 月刊。

② 根据经济合作与发展组织（OECD）以购买力平价计算，美国 2007 年的人均医疗开支为 7290 美元、占国内生产总值（GDP）16%，这两项数据都是全球最高的。参见维基百科：“美国医疗改革”，http://zh.wikipedia.org/wiki/%E7%BE%8E%E5%9C%8B%E9%86%AB%E7%99%82%E6%94%B9%E9%9D%A9。

③ 杨洋：“美国医疗保险扩面改革之路的里程碑”，载《社会保障研究》2012 年第 5 期。

将逐步实施。①

(2)创建医疗保险交易中心。各州建立医疗保险交易中心(Health Insurance Exchanges)和小企业医疗选择计划交易中心(Small-Business Health Options Program Exchanges, SHOP),由政府机构或者非营利性组织管理。这些新成立的交易市场将为消费者和小企业提供诸多不同类型、不同保费、不同保障程度的健康计划供其选择。不能参加雇主保险的人可以在医疗保险交易中心购买医疗保险,雇员不足100人的小企业可以在小企业医疗选择计划交易中心购买医疗保险。

交易中心要求所有保险机构在该中心所提供的保险计划满足其所设定的最低标准。保险机构可提供四种不同水平的保险计划,分别是铜级计划、银级计划、金级计划和白金级计划,不同计划的保费、现金支付费用、最低标准之外的津贴都有所不同,但均必须提供基本医疗津贴。其内部提供的各项保险计划,交易中心要预先进行资格审查,所有计划都要符合相应的资格条件,并要求这些保险计划公示相关信息。为了提高人们对交易中心所提供保险计划的支付能力,扩大覆盖面,交易中心为收入水平介于联邦贫困线100%~400%的家庭提供保费和共付费用补贴。补贴水平根据收入的增加逐渐递减,并对保费支出进行控制,收入低于贫困线133%家庭的保费支出不得超过收入的2%;收入介于300%~400%之间的家庭保费支出不得超过收入的9.5%。

(3)扩大医疗补助计划的覆盖范围。法案将65岁以下收入水平低于联邦贫困水平133%的所有人都纳入医疗补助计划的覆盖范围内。该措施将取消改革前各州之间关于参加医疗补助计划不同的资格标准设定,创建一个各州统一的最低医疗补助计划资格标准。收入水平在联邦贫困水平133%以上且不能参加雇主所提供的医疗保险者可以通过新创建的各州医疗保险交易中心购买保险。符合医疗补助计划资格者不再同时享有各州医疗保险交易中心所提供的补贴。为

① The Kaiser Family Foundation (2010). Summary of Coverage Provisions in the Patient Protection and Affordable Care Act. Focus on Health Reform. www. kff. org.

确保医疗补助计划扩大覆盖面的顺利实施，2014 年至 2016 年间，联邦政府将为新加入该计划者的所有费用提供 100% 的补助。随后这一补助比例逐年递减，至 2020 年及以后，由联邦政府提供的补助比例确立为 90%。

(4)提高对雇主的要求。法案没有强制要求雇主为雇员提供医疗保险，但要求大企业雇主要么为其雇员购买保险计划，要么支付雇员的保险计划费用。雇员人数超过 50 人的企业雇主，如果没有为雇员提供保险，有 1 名以上的雇员在交易中心接受了保费补贴，则该雇主要为每个全日制雇员缴纳 2000 美元的罚金。为雇员购买了保险的 50 人以上企业雇主，如果有 1 名以上的雇员通过交易中心获得了保费补贴，则企业雇主也要缴纳罚款，但有两种方式可供选择，一种是为每个获得保费补贴的雇员缴纳 3000 美元的罚款，一种是为每一个全日制雇员缴纳 2000 美元的罚款。如果为雇员提供了保险，又想避免此种惩罚，则雇主需要为收入水平低于贫困线 400% 且保费支出占收入 8% ~9.8% 的雇员提供一份凭证，以确保其可以参加交易中心的保险计划。对于提供保险的大企业雇主而言，如果雇员没有与其提供的保险签订合约或者没有声称要退出保险，则雇主都要自动为雇员参加其所购买保险计划中最低保费的计划。

(5)规范私人保险市场。新保险市场计划将避免医疗保险公司以任何原因拒绝提供保险，如健康状况，并且避免其以健康状况和性别为由提高保费。法案还要求所有的新健康计划都要提供综合性的覆盖项目，如至少要包括最低的服务要求；不能对预防性服务强加任何共付费用；不能对所提供的保险津贴强加年度或终身消费的限制因素，禁止撤销保险(欺诈情况除外)等。

3. 医保法案的启示

奥巴马的医保法案尽管遭到来自美国保守派的坚决反对，认为强制保险违背了宪法自由的精神，是对市场自由原则的背离。但是，如果立足于美国市场化的医疗保险体系来考察，奥巴马医保法案仍然可以给我们很多启示与借鉴：

第一，扩大医疗保险的保障对象。从全球医疗保险改革发展趋势来看,无论是推行医疗保险市场化的国家,还是以公共福利形式实施医疗保险的福利国家,近年来都出现了一种关注社会低收入者,扩大医疗保险保障对象的全民健保改革呼声。美国是医疗保险市场化最典型的国家,但其市场化的医疗保险也存在许多不足,最为突出的便是未参保者和保障不足者数量不断增长,医疗保险覆盖率低。奥巴马医保法案的目的之一便是扩大医保参保人员范围。据估计,法案实施将使得非老年美国人的参保人数至2016年增加约3200万人,至2021年增加约3400万人。届时,2021年美国合法非老年居民的参保率将达到95%,将比当前增加12个百分点,离实现全民医保将再进一步。[①] 奥巴马医保法案对于处于转型和发展过程中的我国医疗保障制度的改革无疑具有借鉴意义。换言之,人人享有健康和医疗保障应当成为我国未来医疗保险改革的直接目标。[②]

第二,个人强制性参保成为医疗保险的新趋势。强制性参保是奥巴马法案最核心,也是最受保守派攻击的改革内容。美国是医疗保险市场化最为典型的国家,医疗保险方式多,政府的干预程度小,主要通过市场机制调节进行。然而这一机制也产生不少问题,如医疗费用和保险费用不断上涨,医疗消费成了美国人不能承受之重。通过强制性参保的实施,不仅使这部分参保人得到了基本的医疗保障,而且增加了医保资金来源。更为重要的是,按照首席大法官罗伯茨的法律理念,也防止了没有保险的人"搭顺风车",占其他有保险人的便宜。[③] 换言之,从医疗侵权损害社会化机制的视角来看,无论是实行以商业性保险为主的风险分散模式,还是主要由国家或政府提供医疗保障的风险分散模式,既然医疗风险无法避免,那就应该"聚所有人之财,于损害发生之时所用"。因此,奥巴马法案实际上也为医疗侵权损害社会化机制的建立提供了某种示范。

第三,多元化的资金筹措方式。根据奥巴马法案,美国政府将向

---

① Congressional Budget Office (2011). CBO's Analysis of the Major Health Care Legislation Enacted in March 2010. p17.

② 杨洋:"美国医疗保险扩面改革之路的里程碑",载《社会保障研究》2012年第5期。

③ 张娟:"美国医疗改革法案的困惑",载《财经文摘》2012年8月刊。

医疗改革计划提供总额为9480亿美元的财政支持。为此,奥巴马政府制订了比较详细的计划。作为初期投入,在2010年财政预算中安排了6350亿美元,其中将近一半来源于医疗保险与医疗补助计划的节省,余下的通过调整税收筹集。其他一系列的医疗节省计划还将在未来十年内为医疗改革计划提供大约3130亿美元。① 可见,作为一项社会改革,如果没有国家财政或税收政策作为支撑的话,是无法实施的。从某种程度上说,医疗损害赔偿的社会化也同样如此。从公共政策理论来看,医疗侵权损害早已超越纯粹的私人性,成为一个公共性的话题。如何举全社会之力,切实解决因医疗侵权损害所带来的受害人救济问题,这本身就属于公共利益的表述。而通过财政、税收、福利机构、慈善基金、社区、商业保险、社会救助等多种形式与机构参与医疗侵权损害的受害人救济,化解医疗风险,或许成为侵权法改革的未来趋势。②

三、我国医疗侵权损害赔偿社会化的具体模式

(一)强制医疗责任保险模式

1. 强制医疗责任保险相关概念

要了解什么是强制医疗责任保险,就得先了解其上位概念责任保险。责任保险是投保人与保险人根据法律的规定或当事人双方的约定建立的,一方承担支付保险费的义务,而对方则承担其因意外事故出现所导致损失的经济补偿或给付义务的一种保险法律关系。因责任保险以被保险人对第三人的赔偿责任为保险标的,以填补被保险人对第三人承担赔偿责任所受到的损失为目的,因此又称之为第三人保险(Third Party Insurance),或者第三者责任保险(Third Party Liability Insurance)。③ 根据业务内容的不同,责任保险可以分为公众责任保

---

① The White House. Medicare fact sheet final. http://www. White house. gov/Medicare Fact Sheet Final/, August 27,2009.

② 王泽鉴:《侵权行为法》,三民书局2010年版,第41—42页。

③ 邹海林:《责任保险论》,法律出版社1999年版,第30页。

险、产品责任保险、雇主责任保险、职业责任保险和第三者责任保险五类业务，其中每一类业务又由若干具体的险种构成。其中职业责任保险是以各种专业技术人员在其从事专业技术性工作时，因工作上的疏忽或过失，造成第三人人身损害或财产损失，依法需要由其承担的经济赔偿责任为保险标的的保险。在发达国家的保险行业中，针对医生、药剂师、律师、会计师等专门职业都开设了责任保险。具体而言，医疗责任保险就是由医疗机构或医务人员作为投保人与保险人根据法律的规定或当事人双方的约定建立的，以医疗过失行为所导致的损害赔偿责任为保险标的，医疗机构或医务人员承担支付保险费的义务，而保险人则承担保险标的情况出现时的经济补偿或给付义务的一种保险法律关系。其中，医疗过失行为所导致的损害赔偿责任，是指由医疗机构及其医务人员在执业过程中，因为自身的过错，违反其在行医过程中应尽的责任，从而导致病人病情加剧、伤残或死亡等结果时所应承担的侵权损害赔偿责任；强制医疗责任保险就是指，在医疗责任保险的保险模式中采取的强制模式，其强制性是由国家通过立法或行政手段来确定，从而强制特定的对象进行购买。

2. 强制医疗责任保险的特征

强制医疗责任保险除了具有一般责任保险的特点外，还具有以下特点：

第一，在保险模式上，强制医疗责任保险是强制实施的，具有强制性。保险行为作为典型的民事行为，一般而言，应当遵循自愿原则，充分体现保险合同当事人的意思自治，是否投保，投何种险种都不得强制当事人做出决定。我国《保险法》也明确规定自愿投保的原则，要求订立保险合同时，应当协商一致，遵循公平原则确定各方的权利和义务。但强制医疗责任保险打破了自愿性原则的要求，通过立法或行政手段，使得特定的投保人必须投保某个险种，而特定的保险人也必须开办相应的保险业务。这样，在法律、行政法规的规定下，医疗责任保险就具有了强制性。

第二，强制医疗责任保险的本质是填补被保险人对第三人承担赔偿责任所受到的损失。在财产保险和人身保险中，保险人所填补的通常是被保险人或受益人所遭受的直接损失，即被保险人或受益人是利益受害者，并且保险金也归被保险人或受益人所有，不会涉及保险合同以外的第三人。但强制医疗责任保险则不同，虽然其直接填补对象也是被保险人或受益人，但是这种补偿是以被保险人的行为导致第三人的利益受损，依照法律的规定，被保险人应当对其承担赔偿责任，并且该第三人也向被保险人提出了赔偿请求为前提的。换言之，必须同时满足三个条件，保险人才会对损失进行填补：一是被保险人侵害了第三人的合法权益；二是被保险人对此应承担法定的赔偿责任；三是受损害的第三人提出了赔偿请求。三个条件缺一不可，否则就有悖“无损失则无保险”原则。如果三个条件同时满足，被保险人对第三人的损害进行了赔偿，承担了侵权损害赔偿责任，那么保险公司就应该支付保险金。如果被保险人无须承担侵权损害赔偿责任，或虽要承担但第三人免除了其责任，那么保险公司则无须支付保险金。

第三，强制医疗责任保险的保险标的是被保险人对第三人依法应当承担的医疗侵权损害赔偿责任。以对第三人的侵权损害赔偿责任作为保险标的，这是由责任保险的制度所决定的。首先，该保险标的是医疗侵权损害赔偿责任，也就是指医疗机构及其医务人员在执业过程中，因为医疗过错导致病人病情加剧、伤残或死亡等结果时所应承担的赔偿责任。既然是赔偿责任，那么就是民事责任，并且限于经济赔偿，而对于医疗机构及其医务人员所应承担的行政责任、刑事责任则不包含在内。其次，该侵权损害赔偿责任是由于医疗机构及其医务人员自身的过错，违反其在行医过程中应尽的责任而产生的，也就是因医疗机构及其医务人员的过失行为而产生。如果是故意造成第三人损害而承担赔偿责任的，不属于强制医疗责任保险的承保范围。最后，这是对第三人承担的侵权损害赔偿责任，第三人是受到损害的人。对于医疗机构及其医务人员自身所遭受的财产损失或人身损害，则不包括在强制医疗责任保险的承保范围之内。强制医疗责任保险作为第三者责任险，其功能就是为了分散和填补被保险人对第三人所应当承担的侵权损害赔偿责任，如果没有第三人的存在，仅是医疗机构及其医务人员自身受到损害，那么被保险人也就不存在需要承担的侵权损害赔偿责任,保险公司也就无须支付保险金。

第四,强制医疗责任保险在保障被保险人利益的同时,也保障了受害人的利益。投保人在投保强制医疗责任保险时,其目的是为了通过保险机制来填补自己承担对第三人的侵权损害赔偿责任的损失。直接看来,这并不涉及对受害人的保护,但强制医疗责任保险的目的在于转移被保险人对第三人应承担的赔偿责任,由保险公司来承担,这就相当于保险公司对受害人获得充分的赔偿提供了保障。从这个意义上来说,强制医疗责任保险其实是为第三人的利益而订立的保险合同。并且,作为责任保险的一种,我国《保险法》第 65 条明确规定,保险人对责任保险的被保险人给第三人造成的损害,当确定被保险人应当对此损害承担赔偿责任时,保险人可以依照法律的规定或合同的约定,或根据被保险人的请求,而直接向第三人提供保险金。同时,在被保险人怠于请求时,第三人有权就其应获得赔偿的部分直接向保险人请求赔偿保险金。① 这些制度无疑都为受害人获得赔偿提供了保障。

3. 强制医疗责任保险的益处

将医疗责任保险规定为强制险的好处在于:首先,对医院而言,规定为强制险后,符合条件的医疗机构都必须购买医疗责任保险,这样在全国范围内,被保险人数量的增多就可以最大限度地分散医疗风险,把原本属于个人或团体组织的责任转化为一种社会责任,由所有潜在的投保人分摊,实现保险的规模效应。当发生医疗侵权后,由于投保了医疗责任保险,医疗机构所面临的经济赔偿责任就转由保险公司承担,从而减轻了医疗机构的经济负担,使得医疗机构与患者之间的矛盾能够很好地解决,而不至于激化。这也就相当于增强了医疗机构的赔偿能力,使得医疗机构不致由于巨额的赔偿而影响其正常的医疗行为,甚至陷入破产的境地。同时对于医生而言,医疗责任保险分

① 《保险法》第 65 条第 1 款规定:"保险人对责任保险的被保险人给第三者造成的损害,可以依照法律的规定或者合同的约定,直接向该第三者赔偿保险金。"第 2 款规定:"责任保险的被保险人给第三者造成损害,被保险人对第三者应负的赔偿责任确定的,根据被保险人的请求,保险人应当直接向该第三者赔偿保险金。被保险人怠于请求的,第三者有权就其应获赔偿部分直接向保险人请求赔偿保险金。"

散了医生的执业风险,保障医生权益,医生不必因担心可能的医疗诉讼风险而采取防御性医疗行为。这样既有利于对患者的诊疗,也有利于医疗技术的发展进步;并且,由于投保了强制医疗责任保险,支出了相应的保险费,医生也会提高行医过程中的谨慎性,防止医疗侵权的发生。其次,对于患者而言,医疗机构购买强制性的医疗责任保险后,如果出现了保险范围内的医疗侵权,受害人——患者就可以及时地获得赔偿。根据《保险法》第 25 条之规定,“保险人应在 60 日内做出最低金额的赔付”。这从法律上保证了受害人能够得到及时赔偿。而在有关赔偿金额方面,作为责任保险的一种,尽管医疗责任保险有最高金额的限制,但是与通过诉讼等其他救助方式所获得的赔偿金额相比较而言,医疗责任保险的赔偿金额比较高。最为重要的是,受害人即患者有直接从保险人处得到经济赔偿的权利。依照保险法的一般规定,保险事故发生之后,被保险人及受益人都具有索赔权。受害人既不是责任保险合同关系中的被保险人也不是受益人,因而无权直接得到保险人的赔偿。但我国《保险法》第 65 条充分肯定了第三人的直接请求权,体现了立法者对第三人权益的充分保护和尊重。赋予第三人直接请求权,可以有效地保护受害人,防止保险人不当得利,而且方便第三人索赔从而减少诉讼成本,是责任保险制度发展的趋势之一。①就医疗责任保险而言,通过赋予受害人对保险人的直接请求权,增加了受害人直接获得赔偿的可能性。最后,对于社会而言,通过实施强制性医疗责任保险,增强加害人的赔偿能力,给予受害人合理的赔偿,从而化解医、患双方的紧张关系,降低整个社会的成本,有利于医疗技术的发展和社会秩序的稳定。

4. 强制医疗责任保险制度的具体构想

(1)强化强制医疗责任保险的法律依据。《保险法》第 11 条规定:“订立保险合同,应当协商一致,遵循公平原则确定各方的权利和义务。除法律、行政法规规定必须保险的外,保险合同自愿订立。”也就是说,在保险合同的缔结上,双方当事人都享有缔约自由,法律应该

① 周玉华编著:《最新保险法释义与适用》,法律出版社 2009 年版,第 114—115 页。

尊重当事人的意思自治。如果想要将医疗责任保险规定为强制性责任险，就必须有充分的法律依据。在我国将医疗责任保险强制化的地区中，虽然当地政府也出台了相关的办法、意见等，但其法律效力却受到影响。例如，上海市在2002年9月1日出台了《医疗事故责任保险实施方案（试行）》，强制要求上海市所有非营利性医疗机构必须投保医疗责任保险，其他医疗机构可自愿参保；深圳市于2003年11月出台了《深圳市医疗执业风险保险管理办法》，强制要求医疗机构和医务人员出资加入医疗责任保险，采取强制保险的实施模式；北京市卫生局于2004年11月出台《北京市实施医疗责任保险的意见》，规定从2005年1月1日起，北京市所有国有非营利性医疗机构必须参加商业性医疗责任保险。事实上，这些办法、意见等属于政府条例，以政府条例的形式来强制性要求医疗机构及其医务人员购买医疗责任保险，严格来说是不具有法律效力的。因为这不仅违背了合同缔结中的意思自治原则，同时也违反了上位法的法律规定。正如《保险法》第11条所规定的，仅仅在法律、行政法规有例外规定的情况下，保险合同才可以强制性订立。在推行强制医疗责任保险制度的过程中，必须强化其法律依据，使得医疗责任保险的强制性有法可依。为此，可以效仿机动车交通事故责任强制保险的做法，通过法律或行政法规的形式规定医疗责任保险的强制性。

（2）强制医疗责任保险的承保范围。责任保险的保险责任具体包括了因侵权行为应依法承担的民事赔偿责任、保险事故发生后被保险人为了减少损害进行施救支付的合理费用以及因保险责任事故引起的有关诉讼费用。对于医疗责任保险而言，其保险责任范围就是指由于医疗侵权行为所引起的，侵权人应承担的民事赔偿责任、保险事故发生后被保险人为了减少损害进行施救支付的合理费用以及因保险责任事故引起的有关诉讼费用。而医疗侵权行为按是否构成医疗事故，可以分为医疗事故侵权行为与非医疗事故侵权行为。由此产生的问题是，强制医疗责任保险的承保范围是仅包括医疗事故侵权行为所导致的损害，还是将非医疗事故侵权行为所导致的损害也包含在内。以人保保单为例，其医疗责任保险的保险范围仅为医疗事故和医疗差错,这无疑大大缩减了医疗责任保险的范围。因为根据《医疗事故处理条例》的规定,医疗事故是指医疗机构及其医务人员在医疗活动中,违反医疗卫生管理法律、行政法规、部门规章和诊疗护理规范、常规,过失造成患者人身损害的事故。同时,根据该条例第 4 条之规定,要构成医疗事故必须达到"造成患者明显人身损害"的严重程度。换言之,如果未造成"明显损害"则不是医疗事故,医疗机构不承担赔偿责任。可见,如果仅以医疗事故侵权行为所导致的损害作为强制医疗责任保险的承保范围的话,将很大限度地限制可参保的范围,不利于对医疗机构的保护。为了充分发挥医疗责任保险保障患者权益和分散医疗赔偿风险的作用,强制医疗责任保险的承保范围不应限于医疗事故,而应该包括所有的由医疗机构及其医务人员在医疗活动中因过失而造成对患者的人身损害。

分析强制医疗责任保险的承保范围,就必须提及责任保险事故有效期的确定方法。对此,法国于 2003 年由"损害发生制"改为采用"索赔发生制",即以损害事故索赔提出的时间为基础,计算责任事故的有效期。虽然对于大多数的医疗侵权案件来说,患者通常在第一时间就能知道自己受到了不法医疗行为的侵害,进而可以第一时间提出赔偿请求保护自己的合法权益。但是,由于医务人员的过失,将医疗器械或废物遗留在患者体内的事件并不少见,于此情形下,患者往往是经过一段时间后才察觉出体内的不适,才知道自己的身体健康受到了侵害。如果此时仍然按照"损害发生制"来计算责任事故的有效期的话,患者很有可能会失去应当获得的保险赔偿金。而采取"索赔发生制"以损害事故索赔提出的时间为基础计算责任事故的有效期,将可以很好地避免此类事件的发生。

(3)强制医疗责任保险的承保机构。医疗责任保险虽然早就存在于我国的保险行业,但没有得到广泛的使用。除了医疗机构等对于投保该险的积极性不高外,在可能出现的高额保险金的压力下,许多保险公司也不愿意承接医疗责任保险。所以,一旦将医疗责任保险规定为强制险,就必须解决好由谁来担任承保机构。以环境责任保险为例,目前环境责任保险的承保机构,在国外有三种模式:一是专门保险机构，如环境保险公司是美国于1988年设立的专门机构；二是联保集团，如意大利在1990年成立的联合承保集团是由76家保险公司组成的；三是非特殊的承保机构，在英国，环境侵权责任保险是由现有的财产保险公司承保。借鉴国外环境责任保险承保机构设立模式的经验，为防止保险公司由于可能的高额保险金支付而不愿承保的状况出现，笔者认为我国强制医疗责任保险的承保机构较宜采取第二种模式，即由政府引导我国的保险公司进行联合，完成单一的保险公司不能或者不愿进行承保的责任，通过这种联保的方式来分散大规模侵权带来的巨大风险。

(4)强制医疗责任保险的投保人。第一，对于医疗机构作为强制医疗责任保险的投保人，这是无可厚非的。但到底哪些医疗机构需要投保，是所有的都需要投保抑或区别对待？从上述上海、北京等地出台的相关文件中，可以看出，目前我国各地政府只是规定国有非营利性医疗机构必须投保，而营利性的医疗机构则实行自愿性的投保。这样在是否必须购买医疗责任保险上就形成了相对性的强制。2000年国务院办公厅转发卫生部等八部门《关于城镇医疗卫生体制改革的指导意见》，提出要建立新的医疗机构分类管理制度，即将医疗机构分为营利性与非营利性两类进行管理。这一政策使得我国民营医院的数目越来越多，在医疗市场占据了重要的一席。把营利性医疗机构排除在强制医疗责任保险政策之外，既显失公平，又与大多数保险法则理论相悖，影响保险公司经营，难以实现分散风险功能。① 所以，在强制医疗责任保险制度的构建过程中，应该取消相对强制，规定所有的医疗机构都应该投保。

第二，是否应将医务人员也规定为强制医疗责任保险的投保人。《民法通则》第43条规定："企业法人应当对它的法定代表人和其他工作人员的经营活动承担民事责任。"《侵权责任法》第34条第1款规定："用人单位的工作人员因执行工作任务造成他人损害的，由用人单

① 黄贤昌、廖满媚："浅谈建立强制医疗责任保险制度的关键问题"，载《经济与法制》2010年第8期。

位承担侵权责任。”根据上述规定，当医务人员在医疗过程中造成患者损害时，侵权责任应由医疗机构承担。既然由医疗机构承担，那投保该强制险的主体就应该仅为医疗机构，医务人员无须投保。这实质上是混淆了投保人与被保险人两者的概念。被保险人，是指根据保险合同，其财产利益或人身受保险合同保障，在保险事故发生后，享有保险金请求权的人。在医疗侵权损害中，当发生侵权诉讼时，是由医疗机构作为被告成为一方诉讼当事人，并且侵权责任也是由医疗机构承担，在强制医疗责任保险中，享有保险金请求权的应该是医疗机构，即由医疗机构作为被保险人。但这并不能剥夺医务人员作为投保人的资格。医务人员用自身所得缴纳保险费，参与强制医疗责任保险，有利于增强其风险防范意识，同时也有利于其医疗水平的提高。

(5)强制医疗责任保险的保险费率的确定。费率水平是否合理直接关系到强制医疗责任保险的推行能否成功。保险费率是根据保险标的的危险程度、损失概率、责任范围、保险期限和经营费用等来计算的。如果强制医疗责任保险的保险费率过高，那么作为投保人的医疗机构及其医务人员要面对高额的保险费，将会对强制医疗责任保险产生抵触情绪，这也是为何医疗责任保险存在这么多年，但医疗机构不愿投保的原因之一。所以，对于保险费率的确定，既要考虑保险人方面，也要考虑被保险人方面。对于保险人，也就是保险公司，他们经营该险种的风险以及成本应纳入考虑范围内；而对于被保险人，应该考虑其承受能力，防止出现由于保险费用过高而带来的抵触投保的现象。尤其是对于小型的医疗机构，强制医疗责任保险不应该明显加重医疗机构的负担和经营成本。就医疗行业而言，不同地区的医疗机构，由于所在地不同，大城市的大医院所面临的风险相较于偏远地区的中小医院而言要大很多。并且，在同一个医院内，不同的科室之间所面临的风险也有较大的差异。所以在确定强制医疗责任保险的保险费率时，必须综合考虑各方面的因素：①医院的类别(综合或专科)、级别、科别的不同组成；②医院的病床数和实际入住率、医护人员人数和实际接诊、服务次数；③过去一定时期发生医疗过失概率及未来一定时期医疗过失发生的概率；④一定时期内通过各种不同途径解决纠纷的平均医疗过失赔偿额；⑤医院所在地区的物价指数和职工年度平均收入等①，真实反映出投保人的风险水平。

（二）医疗损害赔偿基金模式

1. 建立医疗损害赔偿基金制度的必要性与可行性分析

正如责任保险制度，救济基金制度也是一项利于实现受害人、侵权人以及整个社会利益共赢的措施。关于建立医疗损害赔偿基金的必要性，首先从患者角度来看，医疗损害赔偿基金可以更大限度地保护患者，当患者遭受医疗侵权损害时，可以更好地获得救济。在程序方面医疗损害赔偿基金有着比司法程序和责任保险制度更加宽松的赔偿条件，能够为受害人提供最及时的救济。这并不会影响受害人采取其他的救济手段保护自己的合法权益，尤其是在人身损害中，往往会存在后遗症等需要长期关注的损害，要保护受害人的合法权益就需要给予受害人持续关注，而救济基金制度正可以在较长的时间内为受害人提供必要的救助。并且，医疗损害赔偿基金可以更全面地给患者提供救济，以弥补强制性医疗责任保险的不足。因为医疗责任保险只对医疗机构及其医务人员的过失行为所造成的侵权损害承担赔偿责任，并且存在着承保范围、最高赔偿限额等方面的限制，建立医疗损害赔偿基金正好可以对医疗责任保险赔偿限额之外的损害进行赔偿。其次，对于侵权人而言，无论是从医疗侵权的归责原则、医疗侵权诉讼中的举证责任，还是医疗侵权赔偿的项目以及支付方式来看，相关立法都注重对患者这一弱势群体的保护，这就意味着医疗机构及其医务人员就面临着很大的经营风险和执业风险。虽然强制性医疗责任保险制度在一定程度上可以分担这些风险，但同样由于承保范围、最高限额等规定，医疗责任保险的作用也是有限度的。为了更好地分散风险，提高医疗机构的赔偿能力，避免其因为一次大规模侵权事件而陷入诉讼甚至承担巨额的损害赔偿责任，从而影响其正常的生产经营活动，甚至陷入破产的境地，建立医疗损害赔偿基金就显得十分必要。即使侵权人因破产导致民事主体资格消灭时，受害人仍然可以通过救

① 陈玉玲："强制责任保险：我国医疗责任险发展取向"，载《上海金融》2002 年第 1 期。

济基金得到必要的赔偿。另外,因为救济基金制度的存在,潜在的侵权人在向基金提供资金时,就会提醒其增加风险防范意识,采取更加有效的措施来避免大规模侵权事件的发生。最后,从整个社会角度来看,救济基金制度比责任保险在更广泛的范围内实现了大规模侵权损害赔偿责任的分散。因为责任保险是实现损害赔偿责任在一个行业内的分散,而救济基金的资金来源渠道更加多样化,不仅有潜在侵权人的缴纳,还有政府的财政拨款和社会捐助。正如学者所认为的"一个健全的社会,不仅要有公平的利益分配制度,而且要有公平的损失分配制度"①。

医疗侵权赔偿中,引入医疗损害赔偿基金,可以更好地用来解决医疗纠纷,进一步维护患者的权益。事实上,在三鹿奶粉事件发生后,我国就进行了这方面的有益尝试:在三鹿奶粉事件处理措施中,其亮点之一就是建立了"患儿医疗赔偿基金"。这一赔偿基金是在三鹿奶粉事件之后,在政府相关部门主导和中国乳制品工业协会牵头下,由22家涉案的企业集体出资成立。其目的是作为对30万名被确诊患儿的善后措施,对受害人积极进行赔偿,争取受害人以及全体国人的原谅。该赔偿基金的方案是由三鹿奶粉事件受害者的援助律师最先提出,并且考虑到受害人的利益,相关律师也曾建议对三鹿集团采取股权收购的方式重组,以便于保留赔偿义务主体对受害人进行长期的妥善处理。援助律师的这些建议都是为着受害人的长远利益来考虑的,是在解决大规模侵权事件中应该加以考虑的措施。

2. 建立医疗损害赔偿基金制度的具体构想

(1)医疗损害赔偿基金的法人性质。要想建立一个完善的医疗损害赔偿基金制度,首先得明确医疗损害赔偿基金的法人性质,只有这样才能更好地确定其适用的法律依据。

那么,医疗损害赔偿基金与人们一般所说的基金相同吗?日常生活中,人们一般所说的基金是指投资性基金。我国《证券投资基金法》第2条规定:"在中华人民共和国境内,公开或者非公开募集资金设立

① 江平主编:《民法学》,中国政法大学出版社2000年版,第749页。

证券投资基金(以下简称基金),由基金管理人管理,基金托管人托管,为基金份额持有人的利益,进行证券投资活动,适用本法。”可见,证券投资基金是一种利益共存、风险共担的集合证券投资方式,即通过发行基金份额,集中投资者的资金,由基金托管人托管,由基金管理人管理和运用资金。投资基金的目的是为了集合投资者的资金,以科学的投资组合来分散投资风险,最终获利,具有营利性。而医疗损害赔偿基金是一个明显的非营利性组织,其目的是为了遭受医疗损害的患者可以获得赔偿,所以医疗损害基金并不是证券投资基金,不适用《证券投资基金法》的相关规定。除此之外,医疗损害赔偿基金有没有可能是政府性基金?《政府性基金管理暂行办法》第2条规定:“本办法所称政府性基金,是指各级人民政府及其所属部门根据法律、行政法规和中共中央、国务院文件规定,为支持特定公共基础设施建设和公共事业发展,向公民、法人和其他组织无偿征收的具有专项用途的财政资金。”而医疗损害赔偿基金的资金来源并不是无偿征收所得,而是包括政府拨款、社会捐赠等多元化渠道筹集的,所以医疗损害赔偿基金也不是政府性基金。

其实,根据医疗损害赔偿基金的设立目的、资金来源等来看,其法人性质很符合《基金会管理条例》第2条的规定。该条规定:“本条例所称基金会,是指利用自然人、法人或者其他组织捐赠的财产,以从事公益事业为目的,按照本条例的规定成立的非营利性法人。”若依此规定,医疗损害赔偿基金作为基金会,应属于非营利性法人。

在国际上,对于基金会的法人性质,按照大陆法系和英美法系对于法人制定的不同规定,而存在着两种观点。在大陆法系中,按照法人设立时所依据的法律不同,而将法人分为公法人和私法人。公法人是指依据公法而设立的法人,私法人则是依据私法而设立的法人。前者又可分为公法社团法人、公法财团法人和公法机构法人,后者又分为财团法人和社团法人。其中财团法人是指法律上对于为特定目的的财产集合赋予民事权利能力而形成的法人。财团法人基于捐助行为或者遗赠行为设立。社团法人,指以人的组合为成立基础的法人。所以,在大陆法系中,基金会属于财团法人。而英美法系中,并不存在公法人与私法人的区分，也不存在财团法人与社团法人的区分，政府、公司和非营利组织在法律形式上都可以注册为公司。英美法系中的非营利组织的主要法律形式包括非营利公司、协会和信托。基金会在英美法系中就属于信托中的公益信托。①

我国《基金会管理条例》将基金会界定为非营利法人，但在现行的法律框架内并没有非营利性法人的具体规定。《民法通则》对法人的分类，也只是将法人分为企业法人、机关法人、事业单位法人以及社会团体法人四种。如果仅就这四种法人来看的话，非营利性法人更接近于社会团体法人。但是根据《社会团体登记管理条例》第 2 条之规定，社会团体是指自然人或者法人自愿组成，为实现会员共同愿望，按照其章程开展活动的非营利性社会组织。若仔细对比《基金会管理条例》和《社会团体登记管理条例》中有关设立的条件，可以发现这两者是存在冲突的。《社会团体登记管理条例》第 10 条规定社会团体必须有 50 人以上的个人会员，或者 30 人以上的单位会员，或者在既有个人会员，又有单位会员时，会员总数有 50 个以上。而《基金会管理条例》第 8 条对于基金会的设立并没有会员人数上的要求。就如壹基金、天使嫣然基金等公益基金一样，医疗损害赔偿基金也不存在会员，更没有会员人数上的要求，所以从这点上来看，医疗损害赔偿基金并不属于社会团体法人。

能否将医疗损害赔偿基金归为信托基金？根据我国《信托法》对于公益信托的规定，公益信托的范围包括：①救济贫困；②救助灾民；③扶助残疾人；④发展教育、科技、文化、艺术、体育事业；⑤发展医疗卫生事业；⑥发展环境保护事业，维护生态环境；⑦发展其他社会公益事业。其中虽然包括发展医疗卫生事业，但对于医疗卫生事业这个概念并没有更明确的表述，规定模糊，不足以将基金会界定为公益信托。

立法上的这些冲突与模糊，制约了基金会的法人性质的定位。在我国立法不承认社团法人和财团法人的前提下，只得将医疗损害赔偿基金作为非营利性法人。

---

① 葛道顺等：《中国基金会发展解析》，社会科学文献出版社 2009 年版，第 203 页。

（2）医疗损害赔偿基金的保障范围。医疗损害赔偿基金的保障范围，首先应当包括医疗机构及其医务人员在医疗活动中，因违反医疗卫生管理法律、行政法规、部门规章和诊疗护理规范、常规，过失造成患者人身损害时所应承担的赔偿责任。如果是故意造成患者医疗损害的话，则可能构成医疗事故罪，应通过刑法予以调整。由于医疗机构及其医务人员的过失所造成的侵权损害应该不区分其严重程度，即将医疗事故与医疗过错都包含在内。除了医疗事故与医疗过错外，还存在很大比例的医疗意外，那么，对于医疗意外是否应该包含在医疗损害赔偿基金的保障范围内，回答当然是肯定的。虽然在医疗意外中，医疗机构及其医务人员并不存在过失，但基于对弱势群体的保护，以及公平原则，医疗机构往往也要承担一定的无过错责任。将医疗机构在医疗意外中承担的这部分责任也纳入医疗损害基金的保障范围，无疑可以更好地实现对医疗风险的分担作用。

除此之外，随着科技的发展，产生了许多新的医疗技术，医疗机构为了治病救人，患者为了把握任何可以痊愈的机会，在患者同意的情况下这些新的医疗技术被引进治疗当中。但由于这些医疗技术有的只是处于医疗实验阶段，并未成熟，有的虽已成熟但很少被使用，在此情况下发生医疗损害的可能性就比一般情况大很多。为了更好地保护患者，促进医疗技术的进步，在这种非常情况下因运用新的医疗技术所造成的损害也应该纳入医疗损害赔偿基金的保障范围。如果该项新的医疗技术已经成熟，那么由于使用该项新技术造成损害时，则应区分该损害是由于医疗机构及其医务人员的过失造成的，还是出于医疗意外。如果是过失造成的话，那么医疗机构承担全部的赔偿责任，其全部责任都由医疗损害赔偿基金保障；如果属于医疗意外的话，那就只对医疗机构应当负责的那部分提供基金保障。如果该项技术尚未成熟而导致损害，则根据公平原则，应该由医疗机构、患者和社会共同承担。由于医疗损害赔偿基金本身就是社会为应对医疗损害赔偿，更好地解决医患纠纷所设立的一种社会分担医疗风险的制度，所以在这种情况下，就由医疗损害赔偿基金承担 2/3 的责任，患者本身承担1/3的责任。①

(3)医疗损害赔偿基金的资金来源。基金是对医疗侵权损害进行赔偿的基础,损失分散的功能就是由基金来实现的。因此保证基金的来源,使得基金内有充足的资金用于医疗侵权损害的赔偿,是医疗损害赔偿基金制度成功建立、顺利运行的关键。以我国交通事故救助基金为例,根据《道路交通事故社会救助基金管理试行办法》(财政部第56号)第6条之规定,道路交通事故社会救济基金的资金来源主要包括:按照机动车交通事故责任强制保险的保险费的一定比例提取的资金、地方政府按照保险公司经营交强险缴纳营业税数额给予的财政补助、对未按照规定投保交强险的机动车的所有人和管理人的罚款、救助资金孳息、救助基金管理机构依法向机动车道路交通事故责任人追偿的资金、社会捐款等。由此可以看出道路交通事故社会救济基金的资金来源是多元化的。

与此相类似,医疗损害赔偿基金的资金来源也应该是多元的。具体可以从以下几方面获得:

第一,潜在的医疗侵权人按一定标准所缴纳的资金。在患者受到人身侵害,产生相应的损害赔偿责任时,该人身损害既有可能是由于医务人员的违法医疗行为所致,如发生了医疗事故,也有可能是由于医疗机构的管理不善所致,如医疗机构未尽到善良管理人的注意义务,使得病人在卫生间滑倒,人身受到伤害。无论是何种情形,对患者而言,他们提出赔偿请求权的相对方是医疗机构,而不是具体的医务人员,并且最终承担责任的也是医疗机构。所以这里所指的潜在的医疗侵权人主要是指医疗机构。除此之外,患者也有可能因为使用了不合格的医疗器械、服用了质量不合格的药物、被输入了不合格的血液等原因而使得自己的身体遭受损害,在此情况下,往往医疗机构不是直接的责任承担者。面对医疗产品损害,根据《侵权责任法》第59条规定:“因药品、消毒药剂、医疗器械的缺陷,或者输入不合格的血液造

---

① 王若青:“建立新型的医疗风险分担机制——医疗风险分担基金”,载《集团经济研究》2005年第7期。

成患者损害的,患者可以向生产者或者血液提供机构请求赔偿,也可以向医疗机构请求赔偿。患者向医疗机构请求赔偿的,医疗机构赔偿后,有权向负有责任的生产者或者血液提供机构追偿。"患者虽具有选择由相应不合格产品的生产者或医疗机构来承担赔偿责任的权利,但即使选择了医疗机构作为赔偿主体,医疗机构也常常会推诿扯皮,使患者无法及时得到赔偿救济。如果将这些不合格医疗产品的生产者也视为潜在的侵权人,规定由他们向医疗损害赔偿基金按照一定的标准缴纳一定的资金,受害者直接向该基金请求赔偿的话,那么对受害者而言,将会省去很多不必要的麻烦,可以使得他们在第一时间找到求助主体,获得赔偿。

第二,按照强制医疗责任保险的保险费的一定比例提取的资金。如上文所述,在建立起强制医疗责任保险制度的前提下,可以仿照道路交通事故社会救助基金,在保险公司收取的强制医疗责任保险的保险费中,按照一定的比例提取资金,作为医疗损害赔偿基金的资金来源。该比例幅度,可以由财政部会同中国保险监督管理委员会根据上一年度医疗损害赔偿基金的收支情况,按照收支平衡原则确定。同时,各省级人民政府也应该考虑到当地的经济发展状况,在财政部和中国保险监督管理委员会确定的比例幅度范围内,确定本地区集体的提取比例。

第三,对未按照规定投保强制医疗责任保险的医疗机构,以及生产不合格医疗用品的生产者、经营者所进行的行政罚款所得。这些罚款在收缴之后本是充入财政体系之中,将其作为医疗损害赔偿基金的资金来源无疑可以更好地财尽其用。

第四,医疗损害赔偿基金管理机构依法向医疗损害赔偿责任人追偿的资金。在发生医疗损害后,受害者为了使自己的损害获得赔偿而向医疗损害赔偿基金提出赔偿申请,基金在给付相应的赔偿金后,为了使基金能够保持原有的资金数额,医疗损害赔偿基金的管理机构应获得对直接责任人的追偿权,而通过追偿所获得的资金理所当然应该用于补足基金。

第五,医疗损害赔偿基金所产生的孳息。除了通过多元化的突进筹集基金外,对于筹集到的基金进行合理的投资经营管理,使得其产生相应的孳息作为对基金的补充,而不至于使得大量资金闲置。在对基金进行投资运营获得孳息的过程中,必须注意的是基金的增值是以其保值为前提的。在市场经济下,在物价上涨时最起码要保证基金不贬值,然后才以基金的增值为目标。在基金的投资运营过程中应以安全原则为最首要原则,通过分散风险来获得收益。所以在选择投资方式时,应选择一些比较稳健的项目,如银行存款、购买国债等。这些所得都将很好地补充基金的资金来源。

第六,在患者的就医费用中按一定比例抽取。在上面提到的资金筹措中,大部分都是针对医疗侵权中的潜在侵权者而言的。作为侵权者由他们向医疗损害赔偿基金提供资金来源,这无可厚非,但由于基金的耗费很大,单纯地依靠医方,依靠这些潜在的侵权者似乎也不公平,并且过重的负担也会使医方压力过大,导致出现防御性医疗等消极行为。所以,作为患者,似乎也应当对医疗损害赔偿基金做出点贡献。笔者认为,既然医疗损害赔偿基金是基于医疗行为中权益受损害的患者能够得到及时有效的赔偿的目的而设立,是在损害发生之前而设立的事前救济机制,那么作为潜在的患者,为了使得自己将来权益受损时可以顺利地获得赔偿,那就可以从其去医院就医的诊疗费用中按一定的比例提取资金用作基金的补充。换言之,这就相当于患者在就医时,为自己购买了一份保险,当自己的合法权益受到了侵害、需要获得赔偿时就可以向医疗损害赔偿基金提出赔偿请求。犹如乘坐飞机出行时,乘客在支付的机票费用中就包含了旅客法定责任险,用此来弥补由于乘客在乘坐或上下飞机时发生意外,造成旅客的人身伤亡或财产损失等。

除了以上六个方面的资金来源外,还可以由政府进行财政拨款,企业、组织、社会团体以及个人的捐赠等途径获得。

(4)医疗损害赔偿基金的管理。如前有关医疗损害赔偿基金的法人性质所述,该基金作为财团法人,并没有自己的意思机关,为保证基金被用于正当目的而不被挪用和侵占,更好地实现其公益目的,应该由专人进行管理。如我国台湾地区,在药害救济方面为了使正当使用合法药物而遭受损害者获得迅速救济,以保障消费者、医疗院所及制药业者之权益，健全医药产业发展而设立了财团法人药害基金救济会。对于药害基金，由该会负责基金的收取、救济金的给付等管理工作。为此，可以设立医疗损害赔偿基金管理机构，由该机构负责基金中资金的筹集、赔偿款的拨付以及对相关责任人的追偿。对于该管理机构，其首要任务是保证基金的资金安全。对于该基金，应当按照国家有关银行账户管理规定开立医疗损害赔偿基金特设专户。医疗损害赔偿基金实行单独核算、专户管理，并应当按照规定用途使用，实现专款专用。此外，该管理机构应该保证基金的保值。在预留必要基金后，可以将富余的基金用于投资，但必须以谨慎性为原则，选择风险小的投资项目，例如国债，禁止其他的高风险投资。

(5)医疗损害赔偿基金的监督。三鹿奶粉事件中，在设立“患儿医疗赔偿基金”后，存在的最大问题就是基金的赔偿情况、运作管理、现金余额等都不为外界所知。张新宝认为从基金设立与民事诉讼的关系看，救济(赔偿)基金大致可以分为如下两类：诉讼替代性救济(赔偿)基金与诉讼结果性救济(赔偿)基金。前者是在被侵权人提出侵权诉讼之前设立和运作的，其目的是为了“救急”，同时还可以部分或者完全取代可能的民事诉讼救济途径；后者则是被侵权人提出侵权诉讼之后，由侵权人与被侵权人达成协议设立或通过法院判决设立的。在诉讼替代性救济(赔偿)基金主要制度有关管理人的设计中，张新宝认为管理人应履行以下职责：①迅速筹集并发放救济(赔偿)基金之款项；②向指定其担任管理人的政府机关负责，协助当地政府维护社会稳定；③向侵权人和被侵权人代表通报救济(赔偿)基金款项的筹集和发放情况；④协调侵权人与被侵权人的关系，促使双方达成和解协议；⑤履行善良管理人的高度注意义务。[①] 实际上，三鹿奶粉事件中设立的“患儿医疗赔偿基金”就属于“诉讼替代性救济(赔偿)基金”，对此2亿元的医疗赔偿基金，管理人应该严格履行以上责任。然而，作为该项基金的管理人中国人寿股份有限公司，却没有对基金的使用等相关

---

① 张新宝：“设立大规模侵权损害救济(赔偿)基金的制度构想”，载《法商研究》2010年第6期。

的情况做出及时的通报，而是一再回避，这不仅是无视受害人合法权益的表现，更是侵犯民众知情权的表现。所以，为了使医疗损害赔偿基金能够实现其设立目的，保证每一笔资金都用于赔偿，必须对其进行监督。在政府有关部门监督下，还可以设立专门的监督机构对该基金进行监管。如要求医疗损害赔偿基金的管理人按期如实地提供有关基金的筹集、使用以及追偿等情况的报告；建立完备的财务制度，定期将财务报表交由政府的审计部门进行审计。除此之外，还应要求医疗损害赔偿基金的管理人采取多种载体、形式进行信息披露，定期或不定期地在电视台、电台、报纸网络等权威媒体上发布准确的信息，包括资金来源、孳息、赔付等情况，设立通畅的渠道方便受害者咨询和社会监督。

四、结　论

医疗行为的目的是治病救人。在长期总结治疗经验以及进行反复科学实验的基础上进行的治疗，即使医务人员尽了合理的注意义务，也会由于患者个体的差异导致医疗风险的发生。医疗行为本身也具有实验性，这所有的一切都表现着医疗行为的高风险性。根据风险经济学原理，避免行为风险的方法是减少行为的活动量或转移风险。相对于减少医疗行为的活动量，转移风险是减少医疗机构及其医务人员经营风险和执业风险的有效途径。而强制医疗责任保险制度和医疗损害赔偿基金制度正是将风险转由社会承担的机制。两种制度的建立不仅更好地保护患者的权益，使患者在遭受医疗侵权时可以及时有效地获得赔偿，同时也可以降低医疗机构和医务人员所面临的风险，增强其赔偿能力，使其专心于疾病的治疗以及医疗技术的研究和突破。两种制度并行不悖，两者之间互相弥补和促进，也将更好地缓解医患纠纷，促进社会和谐。

第六章　环境污染侵权公共政策的适用

一、环境污染与公共政策的变动

环境(environment)的定义是制定和实施环境法律的哲学基础。不同的人对其有不同的理解,各国环境法中的环境定义也不尽相同。我国1989年《环境保护法》规定:“本法所称环境,是指影响人类生存和发展的各种天然的和经过人工改造的自然因素的总体,包括大气、水、海洋、土地、矿藏、森林、草原、野生生物、自然遗迹、人文遗迹、自然保护区、风景名胜区、城市和乡村等。”埃及1994年第4号《关于环境的法律》中,环境是“包括生命和其物质组成部分,其周围的空气、水与土壤,以及人类建立的所有设施的生物圈”。加拿大1999年《环境保护法》将环境定义为“地球的组成部分,包括:(a)空气、土地和水;(b)所有大气层;(c)一切有机和无机的物质和生命体;(d)包括前述(a)至(c)项各组成部分在内的相互作用的自然系统”。虽然存在一定差异,但环境一般都包括自然环境和经过人工改造的环境。

人类既是他的环境的创造物,又是他的环境的塑造者,环境给予人以维持生存的东西,并给他提供了在智力、道德、社会和精神等方面获得发展的机会。生存在地球上的人类,在漫长和曲折的进化过程中,已经达到这样一个阶段,即由于科学技术的迅速发展,人类获得了以无数方法和在空前的规模上改造环境的能力。人类环境的两个方面,即天然和人为的两个方面,对于人类的幸福和对于享受基本人权,甚至生存权利本身,都是必不可少的。早期的人类活动大多处在环境的承载范围之内。近代以降,随着科学技术的发展、全球人口的增长以及工业扩张和城市化的兴起,人类对环境的利用日渐超出环境的承载能力,环境无法自然消解人类活动带来的负面影响,各种环境问题应运而生。① 环境污染是其中之一。环境污染是指人类活动所引起的环境质量下降而有害于人类及其他生物的正常生存和发展的现象,如空气污染、水污染、土壤污染等。②

早在环境污染问题凸显之前,各国的环境法律更多的是分配和利用资源。但环境污染的日益严重,尤其是 20 世纪中期出现的比利时马斯河谷烟雾事件、美国多诺拉烟雾事件、英国伦敦烟雾事件、日本水俣事件等八大公害事件,促使公众认识到环境的重要性,并推动各国政府制定和实施与环境保护有关的政策,并将其落实为法律。典型的例子就是美国国会 1969 年通过《国家环境政策法》(National Environmental Policy Act),明确美国环境保护的基本政策、组织架构、职责分工等。由于环境问题广泛涉及人类生活的各个领域,其他领域的政策也会对环境法律产生影响。如前所述,侵权法是与公共政策联系在一起的。随着人类社会发展到今天,二者已经在价值理念、目标与功能以及救济模式等方面产生了更为密切的联系。侵权法的立法、司法与执法都广泛地关注公共政策,而公共政策的许多具体政策都体现为对权利的一种救济,从而事实上在某些方面起到了侵权法的作用。这同样反映在环境污染侵权中,包括环境污染侵权行为构成要件、免责事

① 关于环境问题的产生和发展,请参见吕忠梅:《环境法学》,法律出版社 2004 年版,第 3—10 页。

② 吕忠梅:《环境法学》,法律出版社 2004 年版,第 3 页。

由、责任归属和责任方式等各个方面。

二、环境污染侵权归责原则与免责事由的公共政策考量

(一)归责原则①

《侵权责任法》第65条规定,因污染环境造成损害的,污染者应当承担侵权责任。理论界和司法实务界普遍认为这明确了环境污染侵权的无过错责任原则。这与国际社会的立法和司法实践一致,反映了环境污染侵权的公共政策基础。问题在于,环境污染侵权适用无过错责任原则,污染受害者能否借助于传统侵权法中的过错责任原则寻求救济?

预防为先是环境法的目标。《环境与发展里约宣言》第15条原则规定,为了保护环境,各国应根据它们的能力广泛采取预防性措施。凡有可能造成严重的或不可挽回的损害的地方,不能把缺乏充分的科学肯定性作为推迟采取防止环境退化的费用低廉的措施的理由。侵权法的机能主要有填补损害和预防损害。② 损害填补本身具有预防损害的效果。区分无过错和过错也是增强侵权法预防功能的途径,具体体现在责任限制与惩罚性赔偿。赔偿责任限制,主要是指一次事故所引起的各类债权赔偿总额限制。国内法,尤其是海事法,一般将责任主体的赔偿责任限制在一定的范围内。我国《海商法》就专门规定"海事赔偿责任限制"。环境领域的国内法也多有赔偿责任限制规定,比如德国《环境赔偿责任法》。与国内法相似,国际条约实践也对赔偿的限制做出了规定,特别是对于那些重要而有害的活动和造成意外灾难性损害的活动,如使用核材料的活动。赔偿责任限制的规定是精心设计的,从而:(a)保护各企业不致承担使其陷入财务困境并阻碍其未来

---

① 崔建远教授指出,归责原则与侵权责任承担方式之间的匹配关系,实际上只限于损害赔偿、恢复原状、赔礼道歉、消除影响和恢复名誉,难以扩及其他责任方式。笔者同意这种观点。参见崔建远:"论归责原则与侵权责任方式的关系",载《中国法学》2010年第2期。

② 王泽鉴:《侵权行为法》,中国政法大学出版社2001年版,第7页。

发展的无限责任;(b)使得企业可以就相关损害投保,分散经验风险;(c)确保向因进行那些有潜在危险的活动而遭受损害者提供合理和公平的赔偿。①

为了避免行为人因赔偿责任限制获得不公平待遇,国内法和国际条约都将赔偿责任限制与行为人的主观状态联系在一起。换句话说,如果行为人主观上没有过错,可以享受赔偿责任限制;反之,如果行为人存在故意或重大过失,则不能享受赔偿责任限制。我国《海商法》第118 条规定:"经证明,旅客的人身伤亡或者行李的灭失、损坏,是由于承运人的故意或者明知可能造成损害而轻率地作为或者不作为造成的,承运人不得援用本法第 116 条和第 117 条限制赔偿责任的规定。"1999 年《危险废物越境转移及处置所造成损害的责任和赔偿问题议定书》(以下简称《巴塞尔议定书》)的规定颇有特色。在起草过程中,有代表提出应该考虑过错责任的发展,并且考虑能与严格责任协调的过错责任要素。这个提议得到一些代表的支持。后来,过错责任被纳入议定书草案中,并最终体现为议定书第 5 条,即"在不损害第 4 条(严格赔偿责任——笔者注)的情况下,任何因其未能遵守《公约》的有关规定或因其有意、疏忽或轻率的不当行为或不作为而造成或促成损害者,应对此种损害负赔偿责任。本条不应妨碍缔约方关于公务员和代理人的赔偿责任的国内法律"。因此,《巴塞尔议定书》包含严格责任与过错责任两种归责原则。这两个归责原则的结果是不一样的。根据《巴塞尔议定书》第 12 条第 2 款,存在过错时的赔偿责任是无限制的。需要注意的是,在某些情形中,严格赔偿责任和过失赔偿责任可同时成立。依照《巴塞尔议定书》第 4 条,一人或多人应承担严格赔偿责任,而依照第 5 条,一人或多人可能因其过失而负有赔偿责任。在此种情形中,遭受损害者选择向何者提出索赔,这一决定明显取决于哪一选择方案将使索赔者获得全额赔偿的最佳可能性。对应承担严格赔偿责任的人提出索赔的好处是,索赔者无须证明过失,而且依照《巴塞尔议定书》第 14 条,应负严格赔偿责任的人必须具有保险或

---

① 阙占文:《转基因生物越境转移损害责任问题研究》,法律出版社 2011 年版,第 175 页。

某种形式的财政担保。然而,这一承保的条款可能会因《巴塞尔议定书》附件 B 的第 1 款由国内立法予以限制,只要所涉最低限额不低于该附件第 2 段中所确立的最低限额即可。另一方面,基于过失赔偿责任提出诉讼的好处是,此种赔偿的金额是无限的,但被告方可能没有保险或其他形式的财务担保,而且还须证明负赔偿责任者的确有过失行为。[①]《巴塞尔议定书》的做法得到一些国际条约的认可。

(二)免责事由

免责事由是指被告针对原告的诉讼请求而提出的证明原告的诉讼请求不成立或不完全成立的事实。在侵权责任法中,免责事由是针对承担民事责任的请求而提出来的,所以,又称免责或减轻责任的事由,也叫抗辩事由。[②] 免责事由是公共政策在侵权责任制度中得以体现的重要载体。

环境污染侵权采取无过错责任原则,对行为人苛以较为严格的责任,但这并不意味着行为人对所有的损害都要承担侵权责任。[③] 很多国家的国内立法或司法实践都认可在某些情形下应免除行为人的侵权责任。比如美国《石油污染法》(Oil Pollution Act)规定了受害人过错、不可抗力、第三人过错等免责情形,德国《环境赔偿责任法》规定不可抗力等免除赔偿责任的情形。除《侵权责任法》第三章不承担责任和减轻责任的情形外,我国环境保护法律也明确承认某些免责事由。1989 年《环境保护法》第 41 条第 3 款规定:"完全由于不可抗拒的自然灾害,并经及时采取合理措施,仍然不能避免造成环境污染损害的,免予承担责任。"1997 年《大气污染防治法》规定:"造成大气污染危害的单位,有责任排除危害,并对直接遭受损失的单位或者个人赔偿损失……完全由于不可抗拒的自然灾害,并经及时采取合理措施,仍然不能避免造成大气污染损失的,免于承担责任。"1999 年《海洋环境保

---

① Instruction Manual for Implementation of the Basel Protocol on Liability and Compensation for Damage Resulting from the Transboundary Movements of Hazardous Wastes and Their Disposal, p. 11. 转引自阙占文:《转基因生物越境转移损害责任问题研究》,法律出版社 2011 年版,第 170 页。

② 杨立新主编:《侵权责任法》,复旦大学出版社 2009 年版,第 115 页。

③ 有些环境污染侵权条约使用了"绝对责任(absolute liability)"的措辞,可仍旧规定了行为人不承担责任的某些例外情形,如 1963 年《维也纳核损害赔偿公约》。

护法》第92条规定:“完全属于下列情形之一,经过及时采取合理措施,仍然不能避免对海洋环境造成污染损害的,造成污染损害的有关责任者免予承担责任:(1)战争;(2)不可抗拒的自然灾害;(3)负责灯塔或者其他助航设备的主管部门,在执行职责时的疏忽,或者其他过失行为。”此外,《水污染防治法》等也有类似规定。

可以发现,受害人过错、不可抗力等既是一般侵权行为的免责事由,也是环境污染侵权的免责事由。但是,对比一般侵权行为,我们仍然可以观察到环境污染侵权免责事由的独特公共政策基础。

(1)环境法律往往对免责施加限定条件,力图促使行为人更为谨慎地避免污染环境或破坏生态。如美国《石油污染法》第2703(a)分款规定了“完全辩护”,指负责任的一方不负赔偿责任,如果他能以占有优势的证据表明“排放或严重排放威胁及因而导致的损害或清除费用完全是由于以寺原因造成的”:①不可抗力。②战争行为。③第三者的作为或不作为,此第三者不包括责任方的雇员、代理人或任何有合同关系者。但是这个辩护理由只有在责任方以占有优势的证据证明以下情况时才有效:“A.它考虑到石油的特性,并根据所有相关事实和情况,对有关石油给予了应有的注意;并且B.它对任何这种第三者可预见的作为或不作为和这种作为或不作为可预见的后果采取了预防措施。”④上述原因的任何结合。同时,根据《石油污染法》第2703(c)分款规定,如果责任方有以下情况:“1.未能或拒绝按法律要求报告事故,如果责任方知道或有理由知道事故的话;2.未能或拒绝提供负责官员就清除活动所要求的一切合理合作和协助;或3.无充分理由没有或拒绝遵守根据本法第1321款的(c)或(e)分款发布的命令或《公海干预法》”,这些辩护理由将无效。德国《环境赔偿责任法》要求免责条款只有在设施是“正当经营”的情况下才适用,“正当经营”意指设施遵守了所有必需的安全条例。

(2)在某些非常危险的活动领域,免责事由的范围有缩小的趋势。1960年《核能领域第三者责任公约》(以下简称“巴黎公约”)第9条规定:“如果造成损害的核事件是直接由于武装冲突、敌对行为、内战或暴乱引起;或者,如果事件由于‘具有非常性质的严重自然灾害’引起,除非装置国法律有相反的规定，运营者不负责任。”1963年《维也纳核损害民事责任公约》规定了类似的免责事由。1997年修改《维也纳核损害民事责任公约》时，延续了严格责任原则，但缩小了免责事由范围。首先，《修订〈维也纳公约〉议定书》明确规定应该由运营者证明损害是直接(directly)由于“武装冲突、敌对行为、内战或暴乱”①引起。将举证责任归于核设施的运营者。其次，放弃了特大自然灾害的免责事由。这种修正背后的想法是，应当把核装置建造和维护得能经得起自然灾害，包括具有非常性质的自然灾害。② 最后，恐怖主义并非免责事由，除非其符合“武装冲突、敌对行为、内战或暴乱”的标准。国际核责任问题专家组2005年2月7日至11日第四次会议的结论是：“‘……武装冲突、敌对行为、内战或暴乱行为’这一短语……作为免责事项，其含义并不包括恐怖主义行为”③。

我国核损害法律制度中的免责事由也经历了类似的发展轨迹。国务院1986年3月29日《关于处理第三方核责任问题给核工业部、国家核安全局、国务院核电领导小组的批复》中指出：“对直接由于武装冲突、敌对行动、暴乱，或者由于特大自然灾害所引起的核事故造成的核损害，任何营运人都不承担责任。”但是在2007年6月30日国务院给国家原子能机构《关于核事故损害赔偿责任问题的批复》(国函(2007) 64号)文件中则规定：“对直接由于武装冲突、敌对行动、战争或者暴乱所引起的核事故造成的核事故损害，营运者不承担赔偿责任。”

---

① 武装冲突、敌对行为、内战或暴乱的概念似乎有点含糊不清。根据现代国际人道主义法，“武装冲突”一词既包括国际武装冲突，也包括非国际武装冲突。因此，“内战”或“暴乱”行为的概念可以被视为相当于现代(非国际性)“武装冲突”行为的概念。此外，最近的国际人道主义法条约明确规定，“内部动乱和紧张局势，如暴乱、孤立而不时发生的暴力行为和其他类似性质的行为”被排除在非国际“武装冲突”的概念之外。

② IAEA. The 1997 Vienna Convention on Civil Liability for Nuclear Damage and the 1997 Convention on Supplementary Compensation for Nuclear Damage – Explanatory Texts, IAEA International Law Series No. 3, p. 48.

③ IAEA. The 1997 Vienna Convention on Civil Liability for Nuclear Damage and the 1997 Convention on Supplementary Compensation for Nuclear Damage – Explanatory Texts, p. 48

三、环境污染侵权行为构成的公共政策基础——违法性之争

在大陆法系国家，侵权行为的成立，除侵害他人权利招致损害的符合构成要件外，尚须有不法及故意或过失。前者为客观归责，后者为主观归责；罗马法上的 inuria 兼指二者，尚未分化，法国民法上的 Faute 亦属如此。直至德国民法始将二者加以区别，故违法性的概念乃德国法系所特有。① 此外，还将权利侵害的违法、违反保护法律规定的违法和违背善良风俗的违法作为违法性的具体表现形式。② 为了便利环境污染受害者索赔，环境污染侵权普遍采取的是无过错归责原则，不要求受害人证明加害人主观上的故意或过失。英美法系的普通法中没有违法性的概念。如果行为人违反成文法(statute)，往往构成推定过失(negligence per se)，并承担侵权责任。其他情况下只有违反对他人的义务才承担侵权责任。③ 问题在于，环境污染侵权是否以违法性为构成要件？

(一)《侵权责任法》颁布实施前的立法和司法实践

1986 年《民法通则》第 124 条规定："违反国家保护环境防治污染的规定，污染环境造成他人损害的，应当依法承担民事责任。"如果仅仅考虑《民法通则》前述条款的字面意义，"违反国家保护环境防治污染的规定"，即"违法性"是环境污染侵权的构成要件。然而，《环境保护法》和其他环境法律对此并无要求。《环境保护法》第 41 条则规定："造成环境污染危害的，有责任排除危害，并对直接受到损害的单位或者个人赔偿损失。"《民法通则》和《环境保护法》等法律关于环境污染侵权构成存在冲突。④ 学者对两者的关系和环境污染侵权构成也存在

---

① 王泽鉴：《侵权行为法》，中国政法大学出版社 2001 年版，第 229 页。

② 竺效："论环境污染赔偿责任的特殊要件"，载《政治与法律》2009 年第 12 期。

③ Joseph W. Glannon. *The Law of Torts: Examples and Explanations*, Little, Brown and Company, 1995, p. 81.

④ 虽然有学者通过解释，认为两者属于构成要件和责任形式的关系，但多数学者认为两者存在冲突。参见王成："环境侵权行为构成的解释论及立法论之考察"，载《法学评论》2008 年第 6 期。

不同见解。

有学者否认违法性为环境污染侵权的构成要件,理由是:①环境污染侵权普遍具有一定的合法性,现代工农业生产不可能不排放煤烟、倾倒废物、流放废水。因而各国法律都允许企业或社会团体将一定数量和浓度的污染物排入环境,而排污者只要依照政府规定的排污标准,其行为就是合法的。如果以违法性为构成要件,很多情况下受害人无法获得赔偿。②《环境保护法》与《民法通则》是特别法与一般法的关系。《环境保护法》第41条仅仅规定造成污染危害为责任要件,并未规定加害人违反法律才承担责任。③1991年10月10日,国家环保总局针对湖北环保局《关于确定环境污染损害赔偿责任问题的复函》,指出"根据《中华人民共和国环境保护法》第四十一条第一款的规定:'造成环境污染危害的,有责任排除危害,并对直接受到损害的单位或者个人赔偿损失。'其他有关污染防治的法律法规,也有类似的规定。可见,承担污染赔偿责任的法定条件,就是排污单位造成环境污染危害,并使其他单位或者个人遭受损失。现有法律法规并未将有无过错以及污染物的排放是否超过标准,作为确定排污单位是否承担赔偿责任的条件。至于国家或者地方规定的污染物排放标准,只是环保部门决定排污单位是否需要缴纳超标排污费和进行环境管理的依据,而不是确定排污单位是否承担赔偿责任的界限"。

肯定违法性为环境污染侵权构成要件的学者认为:①违法性是侵权责任构成的要件之一。环境污染侵权也不例外。[①] 台湾的陈聪富则认为排污行为是否符合规定的标准,并非违法性判断之唯一标准;且如果按照否定说所言,环境损害赔偿责任只需发生损害事实,且行为与损害事实之间具有因果关系,侵权损害赔偿责任即成立,而无须探求违法性问题,则将使环境污染之行为人,承担绝对责任,显非适当。[②] ②在环境侵权的场合,存在特殊情况,由于环境污染与人类生产生活如影随形,每个生产者、每个人在进行正常生产、生活时都可能给他

---

① 杨立新:《侵权法论》,人民法院出版社2005年版,第495页。
② 陈聪富:"环境污染责任之违法性判断",载《中国法学》2006年第5期。

人带来外部性，因此，如果严格贯彻有损害即有赔偿的原则，每个生产者、每个人只要从事生产、生活就要承担对他人的责任。这种制度安排过分强调了权利救济，过分忽视了行为自由。在环境领域，不是所有的损害都可以获得赔偿。①

司法实践中，法官往往采取片面的僵化形式主义②，以《民法通则》为依据排斥违法性的要求，而无视《环境保护法》等其他法律的规定。在很多司法案例中，环境监测部门认定排污行为不超标的，法官们基本上都据此认定其行为不具备违法性，并以构成要件不齐备为由驳回受害方赔偿损失的诉讼请求。如在“李国发诉东风渠灌区管理处污染损害赔偿案”中，宜昌市中级人民法院二审认为，“上诉人（东风渠灌区管理处）管理的木店水库，其功能是提供农业灌溉和渔业用水，黄家松在水库的承包经营期间，向水库中投放化肥养鱼，使水质成弱碱性，虽不适合人畜饮用，但并没有超过环境保护部门对渔业用水的规定。该案当事人的行为不具有违法性，主观上没有过错。另外，李国发在没有申请并取得用水许可证，亦未取得供水单位的供水承诺的情形下，从水库中取水进行鸭的养殖，导致所饲养的鸭死亡，因双方没有法律上的权利义务关系，无权要求上诉人和黄家松赔偿损害”，因而直接推翻一审法院的判决。《侵权责任法》实施前，法院明确排除违法性要件的案例很少。“上诉人张长建等与上诉人福建省（屏南）榕屏化工有限公司环境污染损害赔偿纠纷”是其中之一。该案中，福建省高级人民法院在二审判决书中裁定，“根据《最高人民法院关于民事诉讼证据的若干规定》……和《国家环境保护局关于确定环境污染损害赔偿责任问题的复函》精神……因此，上诉人榕屏化工公司虽然提供了其厂环保验收合格、机械设备先进、‘三废’排放达标、没有污染物泄漏事故以及相关专家论证等证据，但污染物排放标准不是确定排污单位是否承担赔偿责任的界限”。

---

① 王成：“环境侵权行为构成的解释论及立法论之考察”，载《法学评论》2008 年第 6 期。

② 凌潇：“论环境侵权审判中的选择性司法”，载《华中科技大学学报》（社会科学版）2012 年第 5 期。

（二）《侵权责任法》颁布实施后的司法实践

在《民法典》和《侵权责任法》起草过程中，环境污染侵权的违法性构成问题受到不少关注。2002 年《中华人民共和国民法·侵权责任法》第 31 条关于环境污染责任规定："因污染环境侵害他人人身、财产的，有关单位或者个人应当承担侵权责任，但法律规定有免责情形的，依照其规定。"第 32 条规定："排污符合规定的标准，但给他人造成明显损害的，有关单位或者个人应当承担侵权责任。"2008 年《侵权责任法》（二审稿）第 68 条规定："排污符合规定标准，但给他人造成损害的，排污者应当承担相应的赔偿责任。"但是在三审时，全国人大常委会有些委员提出，达标排放、符合排放标准怎么还需要赔偿？立法机关原本认为，达标排放也要赔偿的意思包括在无过错责任中，但现实生活中有的人认为达标就可以不赔偿。① 最后通过的《侵权责任法》第 65 条规定，因污染环境造成损害的，污染者应当承担侵权责任。

《侵权责任法》颁布实施后的司法实践一般排除违法性为环境污染侵权的构成要件。在"武鸣县苞桥林化厂与李诗文大气污染侵权纠纷上诉案"中，南宁市中级人民法院认定，"根据上述规定，环境污染属于特殊的侵权行为，环境污染损害赔偿纠纷采取举证责任倒置原则，赔偿责任适用的是无过错责任原则……企业排污，无论排污是否达标，只要造成污染损害，就应承担民事责任。排污达标并不当然免除排污者的民事责任"。同样，在"卞建彬诉新疆雅宝陶瓷有限公司环境污染损害赔偿纠纷案"中，雅宝公司并不否认噪音对禽类的影响，只是认为自己排放的噪音在《城市区域环境噪音标准》中的三类区标准限值之内，并根据畜禽场环境质量标准，认为低于 80 分贝的噪音不会对禽类造成损害，并认为其噪音排放的标准符合《城市区域环境噪声标准》的要求，不应承担民事赔偿责任。我国法律规定的环境侵权免责事由中的三种情形为：①不可抗拒的自然灾害；②受害人的过错；③第三人的过错。其中不包括符合噪音排放标准的免责情形。昌吉回族

---

① 王胜明："关于侵权责任法的立法思考"，中国人民大学民商法前沿论坛演讲实录，2009 年 10 月 29 日，http://wenku.baidu.com/view/8d41b20102020740be1e9b61.html。

自治州中级人民法院认为,“被告雅宝公司没有违反国家规定的噪音排放标准,只是不具有行政法上的违法性,不受行政处罚;而雅宝公司产生的噪音实际造成了原告饲养鸡群的损失,具备民法上的违法性,不能排除其在民法上的赔偿责任,雅宝公司不能提供充分有效的证据证明其排放噪音行为与卞建彬原牧鸡场群鸡损失不存在因果关系,应认定构成环境污染侵权,其应承担赔偿责任”。

(三)公共政策视野下的违法性

环境污染侵权是否以违法性为构成要件?回答这个问题,首先要界定何为“违法”。我国的研究多讨论符合国家排放标准或获得许可是否可以免除责任,这缩小了违法性概念的讨论范围。从比较法的角度看,违法至少有以下几个方面:①遵守特别授权立法是否可以免除责任?如果损害是因为公共机构的特殊立法、命令或者强制措施所致,在许多欧洲国家(如奥地利、法国、德国、荷兰、意大利、爱尔兰、瑞典和比利时),责任可能由公共机构承担,免除加害人的责任。条件是如果公共机构对损害承担主要责任,且加害人遵守公共机构的所有指示。在英国法上,这个概念更广泛。立法授权抗辩可以免除责任。① ②遵守国家排放标准或者许可是否可以免除责任?按照许可排放污染物,或者仅仅遵守法律或行政规章,比如污染控制同意或者规划许可,但是,不会自动产生抗辩。欧洲国家大多持此立场。② 美国的 Borland v. Sanders Lead Company 案中,上诉法院认为地方法院错误认为遵守阿拉巴马州的《空气污染防治法》使得被告可以免除责任,从而推翻了地方法院的判决。③除上述情形外,环境污染侵权是否以违反法律为构成要件?事实上,理论界争议的主要是最后一个问题。然而,

---

① Monika Hinteregger. *Environmental Liability and Ecological Damage in European Law*, Cambridge University Press, 2008, p. 81.

② Monika Hinteregger. *Environmental Liability and Ecological Damage in European Law*, Cambridge University Press, 2008, p. 81. 英国法院处理违反现行规范性标准是否为侵权责任的必要前提时,在 Hole v. Barlow 案件中,法院认为遵守现行规范性标准将使某一行为免除责任,随后不久英国法院在 Bamford v. Turnley 案中推翻了 Hole 的裁决,裁定违反规范性标准的证据不是侵权责任的前提。Robert V. Percival, Liability for Environmental Harm and Emerging Global Environmental Law, *Maryland Journal of International Law*.

上述三个问题反映的是公共选择。《侵权责任法》实施后纠正了以前符合环保标准即无侵权的司法实践,却又进入到不符合标准即存在侵权的另一极端。这与环境污染侵权所承载的公共政策存在偏差。

第一,预防的概念已经成为一个日益重要的概念。着重预防,而不是修复、补救或者赔偿,有以下几方面的重要意义。首先,预防应该是优先政策,因为在损害发生后才去补充,往往无法复原到时间发生前的情形。而且,履行预防义务现在更有必要,因为人们对危险活动的运行、所用的材料以及管理这些活动及其所产生的风险的知识不断增长。从法律角度看,由于人们追溯因果关系链的能力增强,即原因(活动)与影响(损害)之间的物理联系,甚至包括一连串因果关系中的几个中间环节,因而危险活动的经营者也更应采取一切必要步骤来预防损害。无论如何,作为政策,预防总是胜于治疗。① 因此,规范性的环境保护法律往往关注如何设定公共健康和环境标准。但是,政府在制定环境标准时或者具体行政许可决定时,往往受到各种利益集团的影响,考虑社会总体成本和效益。因此,污染物排放标准在一定程度上就是一种政治选择的结果,而非完全依赖科学所做出的选择。如果环境危害行为主体遵守了这类标准而免除其环境侵权损害赔偿法律责任,这将在很大程度上排除环境侵权损害获得司法救济的可能性。因此,从这个方面讲,环境污染侵权责任制度将保障受害人。②

第二,在现代社会,很多经济活动都存在不同程度的风险,如驾驶汽车可能给行人和司机带来的风险。恰如贝尔所言,现代社会是风险社会,我们无时无刻不处在风险之中。我们无法完全游离于风险之外。在很多情况下,损失都由受害者自身承担,即法谚"损失应该呆在原处"。侵权法的目标就是确定在什么情形下损失将转移给他人,尤其是加害人。为此,侵权责任规则需要考虑行动自由与安全保障的平衡,要考虑经济发展与社会秩序的维护,考虑受众对风险的感受等。因此,如果环境污染造成损害就要承担责任,等于给行为人施加绝对

---

① Report of International Law Commission, 2001, UN Doc.. A/56/10, para. 98, p. 377.

② 竺效:"论环境污染赔偿责任的特殊要件",载《政治与法律》2009 年第 12 期。

责任(免责事由除外),这过于限制了行为人的行动自由,对于社会经济发展和和谐秩序也是阻碍。为此,各国纷纷设定侵权救济的门槛。①日本的容忍限度论。在日本著名案例“世田谷日照妨碍事件”中,被告于其建筑物二楼增建卧房及玄关,遮断原告之日照及通风。日本最高法院谓:“居家之日照、通风,乃舒适的健康生活所必要的生活利益,而应成为法律保护的对象。因加害人滥用权利之行为,致妨碍日照、通风情形,应认为被害人得基于侵权行为请求损害赔偿。南侧防污之建筑妨碍到北侧房屋之日照、通风时,并非当然成立侵权行为。惟权利之行使,就其态样及结果,应在社会观念上认为适当之范围内,始得为之。若权利人之行为欠缺社会上的妥当性,由此所生之损害,可认为超过社会生活上一般被害人所可忍受程度时,其权利之行使,系超越社会观念上的妥当范围,即所谓权利滥用,带有违法性,而成立侵权行为。”日本法院强调,所谓忍受限度,系探讨当事人在不同的土地上,基于其占有权限经营生活,当事人之间,在社会上应忍受何种程度的不利益,所为之判断。[①] 同样,在意大利,遵守公法规定的所有条件和标准可以成为相邻关系法的一个责任抗辩事由,因为相邻关系必须忍受这个限度内的污染。但是这个抗辩仅仅适用于财产损害。美国 Langan v. Bellinger 案件也反映了对损害程度的认可。[②] (2)有些国家从量的方面对损害进行限定,明确只有达到一定程度或数额的财产损失,才属于侵权责任法“可救济”的损害。如欧盟委员会的《环境责任白皮书》强调,并非所有自然资源在质量和数量上的变化都有资格成为引起赔偿责任的损害。欧盟 2004 年通过的《关于预防和补救环境损害的环境责任指令》支持确定最低标准,使赔偿责任制度良好地发挥功能。[③]《芬兰环境损害法》要求对妨害行为有一定程度的容忍度,只有在容忍程度被认为不合理时才需要赔偿。不过这种容忍程度不适用于故意或违反刑事法律造成的损害。在评估妨碍的容忍程度时,

① 陈聪富:“环境污染责任之违法性判断”,载《中国法学》2006 年第 5 期。

② 案情及评论见陈聪富:“环境污染责任之违法性判断”,载《中国法学》2006 年第 5 期。

③ 《关于预防和补救环境损害的环境责任指令》第 2 条环境损害的定义就多次提及“重大”标准。

应该考虑当地情形、导致妨碍出现的情况和相似情形下在其他地方出现妨碍的规律性。① 在国际层面,一些条约也规定损害必须达到一定程度。根据1993年《洛迦诺公约》,在判断一项活动是否是公约中的"危险活动"时,往往以"重大风险(significant risk)"为条件,如生产、种植、处置、储存、使用、破坏、处理、排放或者处理一个或多个对人类、环境或者财产有重大风险的转基因生物的活动。而且,如果运营者证明损害是由依据当地环境尚处在可容忍水平的污染造成,运营者不承担责任。②

四、环境污染侵权行为与损害之间因果关系的确定

(一)环境污染侵权的特征

因果关系是哲学上的一个概念。原因和结果是揭示客观世界中普遍联系着的事物,引起与被引起、彼此制约的一对范畴。原因是引起一定现象的现象。结果是由于原因作用而引起的现象。侵权行为与损害之间的因果关系是侵权责任成立的前提。侵权法上的因果关系,是最困扰法院与学者的问题。③ 大陆法系区别"责任成立因果关系"及"责任范围因果关系",并就通说所采用的相对因果关系更明确地区别"条件关系"和"相当性"两个判断层次。英美法系以两分法的方式解决侵权行为因果关系的认定问题,即将因果关系分为事实上因果关系(cause in fact)和法律上因果关系(proximate cause),分别进行认定。事实上的因果关系要描述的是加害行为与损害结果之间是否存在事实上前后相继、前者引起后者的关系,判断的标准从根本上讲是拿案件中的现实关系同人们对世界万物彼此联系的认知成果即对

---

① Finnish Act on Compensation for Environmental Damage, sec. 4. Intergovernmental Committee for the Cartagena Protocol on Biosafety, Liability and Redress for Damage Resulting from the Transboundary Movement of Living Modified Organisms, UNEP/CBD/ICCP/3/3, 2002, para. 18.

② 《洛迦诺公约》第2条、第8条。

③ 所以王泽鉴说,值得说的已经说过许多次,而不值得说的更说得不少。参见王泽鉴:《侵权行为法》,中国政法大学出版社2001年版,第187页。

因果律的把握相比照，如果符合则成立事实上因果关系，否则不成立。而法律上因果关系的判断，无论是可预见说还是直接结果说，它们本身就是以人的主观视角为出发点的判断标准，并且在判断过程中，特定的法律政策因素起主导作用。虽然主观视角并不必然意味着最近原因与事实之间的距离远近，但从我们前文的论述不难看出，作为归责基础或原因的法律上因果关系更多地体现的是法律政策内容，这其中包括了对不同价值层级的判断，也包括了对于规范目的的看法。① 侵权案件的裁判中，在界定致害行为与损害结果之间是否存在因果关系时涉及公共政策因素。特别是在一些损害发生的事实经过已经得到揭示的案件中，对于因果关系要件而言，判断的实质是“权衡”而非“证明”。② 正如苏力指出的那样，法律上的“因果关系”概念不是一种自在的性质，不是本质主义的，而是一种社会和法律制度的建构，其中隐含的是一系列特定的社会公共政策判断或价值判断。③

与一般侵权行为不同，环境污染侵权具有以下几个突出特征：①侵权行为的复杂性。环境污染侵权是通过对环境的污染或生态的破坏进行的。这是一个复杂的、动态的过程。环境污染受到其他主体的行为、气候、地理环境、受害人的个体特征等因素的影响。比如，某一企业排放的物质原本不会对生物或环境造成损害（或者说环境能消解这些物质），但是由于其他企业也排放同样的物质，从而使得该物质对生物或环境造成损害。正如邱聪智所言：“传统之侵害行为，其加害之原因事实，与受害人受损害之内容、程度、经过，均甚为单纯、具体、直接而确定，当事人对此等事实，亦有较深切之认识。因此在实体法上，以事实与结果间具有相当因果关系为责任成立要件，并且在诉讼法上，要求受害人就此等事实之存在，负担严正之举证责任。但是，公害之原因事实，与危害发生之程度、内容及经过间之关系，往往甚不明

---

① 赵克祥：“论法律政策在侵权法因果关系判断中的作用”，载《法律科学》2007年第4期。

② 张友连、陈信勇：“论侵权案件裁判中的公共政策因素”，载《浙江大学学报》（人文社会科学版）2012年第3期。

③ 苏力：“司法解释、公共政策和最高法院——从最高法院有关奸淫幼女的司法解释切入”，载《法学》2003年第8期。

确,欲就其彼此间寻求单纯、直接、具体之关系联锁,甚为困难。"①②损害后果的长期性。在化工厂爆炸、石油泄漏等突发意外事件中,环境污染对生物或环境的损害是急速发生、显而易见的。但是多数环境污染对生物或者环境的影响是逐步形成、累积的,在短期内不易察觉。比如,多年接触苯及含苯的有机溶剂与白血病发生有关。汽车驾驶员与含苯的汽油长期接触,造成患白血病的几率高。长期接触染发剂也是造成白血病发生的原因之一,临床上发现,白血病病人通常有长期染发的历史。③专业性。环境污染涉及病理学、毒理学、化学、生物学、生态学等诸多领域,具有非常强的专业性。

考虑到环境污染的上述特点,基于公共政策考虑,各国的环境立法和司法实践采取了不同于一般侵权行为的因果关系认定标准,或者在因果关系上采取不同于一般侵权行为的举证责任规则。

(二)比较法上的因果关系

如前所述,事实上因果关系的判断依据是现实生活,一般不涉及公共政策或价值判断,其标准是"若无,则不(but for)"。但是,基于环境污染侵权的上述特点,为了减轻环境污染受害者的证明负担,美国很多州采取了流行病学上的统计数据进行事实上因果关系的推定。在 Donaldson v. Central Illinois Public Service Company 中,原告是四个小孩的父母,被告是位于美国伊利诺伊州泰勒威尔镇的天然气厂的原所有人。原告指控被告及其三个合同商在清理这个被废弃的天然气场地时(还包括这个场地本身的化学品)导致其小孩患上神经母细胞瘤。原告在这个案件中提供了三份专家证词,分别是研究毒理学的神经生化学家、研究儿童癌症的流行病学专家、专长于工作和环境医疗的医生,以证明疾病与被告的行为间存在因果关系。被告认为原告没有履行其显示因果关系的义务,指出原告仅仅显示了"因果关系的可能性(possibility)",而不是证明"因果关系可能存在(more probably true than not)"。被告认为,因果关系包括一般的因果关系和特定的因果关系,原告应该量化其遭受污染的程度。伊利诺伊州最高法院不同

---

① 邱聪智:《公害法原理》,三民书局股份有限公司 1984 年版,第 20—21 页。

意被告关于伊利诺伊州法因果关系的解释。“首先,伊利诺伊州法没有按照一般或者特定因果关系来定义因果关系。相反,我们的案例法清楚表明在过失诉讼中,原告必须提供法律上因果关系的证据……显示被告的行为是产生损害的主要因素和重要元素……在事实上的因果关系方面,只要原告提供证据使陪审团可以根据生活常识通常和合理推断相关事实,原告就达到其关于因果关系的举证责任。因此伊利诺伊州法不要求明确的因果关系证据。伊利诺伊州法不要求原告量化其遭受污染的程度,因为环境污染案件有时无法获得量化的数据。”然后,法院考虑原告提供的流行病学专家的意见。法院认为,该专家根据其以往发表的研究成果、关于神经系统癌症的科研情况、动物方面的研究,并使用标准的科学计算方法计算神经母细胞瘤的发生概率是万分之一;该专家同时考虑到神经母细胞瘤可能有不同的原因,但本案只有场地是四个原告的共同因素,从而排除其他因素。基于这种流行病学方法的合理性,法院接受了该专家的意见,认为被告的行为与原告的损害间存在因果关系。事实上,除了早期 Chevron Chemical Co. v. Ferebee 不要求提供流行病学专家证词外,现在美国很多法院都要求提供流行病学专家证词。这种以统计数据说明因果关系的方法不同于传统上要求直接证据的方法,其证明力取决于统计机构的信誉和统计数据的一致性。虽然相关的风险越高,因果关系成立的可能性越大,但是,达到哪种程度的统计数据才能证明因果关系?这个问题并没有固定的规则,更多的是一个政策抉择问题。正如维尼·瑟德(E. Wayne Thod)所言:“这些事实上的联系是否产生责任,是一个法律制度保护原告的范围问题,不是一个事实上的因果关系问题。”①

在欧洲国家,环境损害侵权的一般规则是原告承担因果关系的证明责任。如果原告能在被告与损害间建立法院接受的联系,因果关系就存在。根据欧洲各国普遍接受的证据的自由心证原则,证据的采信和确定属于法院的自由裁量范围。但是,各国关于建立因果关系的可

---

① E. Wayne Thode, *Tort Analysis: Duty – Risk v. Proximate Cause and the Rational Allocation of Functions between Judge and Jury*, 1977 Utah L. Rev. 1, 6.

能性要求并不相同。一些国家要求较高的可能性,几乎等于确定性,如奥地利、德国等。但是这些国家的法院和理论界往往采用复杂的理论减轻原告的举证负担。奥地利和德国立法甚至规定了各种因果关系推定情形。法国、比利时、意大利和荷兰等国没有界定可能性的程度,交由法院确定。英国、爱尔兰和斯堪的纳维亚半岛的国家则采取了较低的标准。比利时和法国也在流行病学证据显示被告的行为提高邻居患病几率时支持部分赔偿。但是,普遍而言,在欧洲,仅凭科学证据无法建立因果关系。①

在环境污染侵权因果关系方面,日本法学界提出了疫学因果关系学说、盖然性因果关系理论、间接反证说等学说。② 所谓疫学因果关系理论,又称“流行病学理论”,是指对于环境侵害行为造成的广大受害人的身体损害,可通过病因学的方法进行分析,再利用现代统计学的原理,统计与调查各疫学上的因素与疾病之间的关系,它不再要求单个具体的原告证明因果关系之存在,只要当地存在的某种因素同受害人所患疾病患病率升降之间存在着较大的概率,就可认定他们之间存在因果关系。③ 这种方法就是美国 Donaldson v. Central Illinois Public Service Company 案的方法。盖然性因果关系理论的主要内容是:①因果关系的举证责任在形式上仍由原告(受害人)承担;②被告若不能证明因果关系之不存在,则视为因果关系存在,以此实现举证责任的转换,习惯上称事实推定理论;③只要求原告在相当程度上举证,不要求全部技术过程的举证。④ 间接反证理论是指如果被害人能够证明因果锁链的部分事实,即可推定其余事实存在,并在该部分内由加害人负反证其不存在的责任。

(三)我国环境污染侵权中的因果关系

早在 1992 年 7 月 14 日,最高人民法院《关于适用〈中华人民共和

---

① Monika Hinteregger. *Environmental Liability and Ecological Damage in European Law*, Cambridge University Press, 2008, p. 644.

② 丁凤楚:“论国外的环境侵权因果关系理论”,载《社会科学研究》2007 年第 2 期。

③ 刘景一主编:《环境污染损害赔偿》,人民法院出版社 2000 年版,第 249 页。

④ 李薇:“日本侵权行为法的因果关系理论”,载《外国法译评》1995 年第 4 期。

国民事诉讼法〉若干问题的意见》第74条就规定："在诉讼中，当事人对自己提出的主张，有责任提供证据。但在下列侵权诉讼中，对原告提出的侵权事实，被告否认的，由被告负责举证……(3)因环境污染引起的损害赔偿诉讼……"由于该规定的表述过于含糊不清，导致在具体案例中对该规定适用上的困惑与不统一。① 为此，最高人民法院2002年4月1日公布的《关于民事诉讼证据的若干规定》第四条第一款第(三)项进一步明确："因环境污染引起的损害赔偿诉讼，由加害人就法律规定的免责事由及其行为与损害结果之间不存在因果关系承担举证责任。"2004年修订的《固体废物污染环境防治法》第86条②、2008年修订的《水污染防治法》第87条③都有类似规定。这些司法实践和立法得到《侵权责任法》的确认。该法第66条规定，因污染环境发生纠纷，污染者应当就法律规定的不承担责任或者减轻责任的情形及其行为与损害之间不存在因果关系承担举证责任。

最高人民法院的两个司法解释都是关于《民事诉讼法》的法律适用，而且使用"举证责任"这样的措辞。《固体废物污染环境防治法》《水污染防治法》和《侵权责任法》也延续司法解释的措辞。因此，从立法解释上看，我国采取的是环境污染侵权因果关系举证责任倒置。严格意义上讲，受害人的举证责任仅仅限于被告从事环境污染活动、受害人遭受损害的事实，无须提供因果关系的证据。受害人的证明负担非常小。然而，理论上，学者多主张我国环境污染侵权因果关系规则是盖然性因果关系方法，要求污染受害人承担提供初步因果关系证据的义务。我国司法实践也倾向于这种看法。在"梁耀辉与广州钜星金属表面处理有限公司环境污染纠纷上诉案"中，广州市中级人民法院指出，"依照《最高人民法院关于民事诉讼证据的若干规定》第四条

① 王社坤："环境侵权因果关系举证责任分配研究"，载《河北法学》2010年第2期。

② 第86规定："因固体废物污染环境引起的损害赔偿诉讼，由加害人就法律规定的免责事由及其行为与损害结果之间不存在因果关系承担举证责任。"

③ 第87条规定："因水污染引起的损害赔偿诉讼，由排污方就法律规定的免责事由及其行为与损害结果之间不存在因果关系承担举证责任。"

……因环境污染引起的损害赔偿诉讼实行的是'举证责任倒置',即在环境侵权案件中,只要受害人提供初步证据盖然性地证明因加害人实施了污染环境的行为而使自己受到损害的事实,举证责任就转移到加害人一方,由加害人就法律规定的免责事由及其行为与损害结果之间不存在因果关系承担举证责任;如果加害人不能证明损害后果不是其造成的,那么就可推定加害人的行为与损害事实之间具有因果关系,加害人就应当承担民事责任……在属于梁耀辉举证责任范围内,由于广州市番禺区环境保护局……已做出责令广州钜星金属表面处理有限公司停止生产的行政处罚决定,故对于广州钜星金属表面处理有限公司从 2006 年 10 月份起在未办有环保审批手续的情况下试投产并实施了污染环境行为这一事实,原审法院依法予以确认;在梁耀辉是否存在损害事实方面,梁耀辉就其香蕉树矮小、枯萎所提供的证据已形成合理可信、关联且基本完整的证据链,因此,对于梁耀辉种植香蕉发生矮小、枯萎这一事实,原审法院予以确认。由于梁耀辉种植香蕉发生矮小、枯萎的时间发生在广州钜星金属表面处理有限公司投产经营后,由此,梁耀辉作为环境侵权行为的受害人所提供的证据已盖然性地证明因广州钜星金属表面处理有限公司作为加害人实施了污染环境的行为而使自己受到损害的事实",广州市中级人民法院的做法并非个例。法官称《民事诉讼法》为原告设定了较高的要求。在受理案件前,许多法院要求原告提供关于损害、损害来源的实质性证据,甚至是因果关系的证据。但是,即便在受理环境侵权案件后,原告可能需要提供其他的证据显示损害与污染者有关,此后法院才将举证责任转移给被告。① 有些案例中,法院因原告举证不能而驳回环境污染侵权请求。②

---

① Adam Moser and Tseming Yang. Environmental Tort Litigation in China, *Environmental Law Reporter*, 2011.

② 如闫永建诉河南郑新铁路有限责任公司环境污染纠纷案,(2011)新民初字第 39 号;吕某等与姚某等环境污染侵权纠纷案,(2011)沪一中民一(民)终字第 1243 号。

五、环境污染侵权责任归属的公共政策基础

在环境污染侵权的责任归属方面，公共政策发挥重要作用，体现在两个方面：一是污染者负担原则；二是经营者的专属责任原则，作为污染者负担原则的例外。

(一)污染者负担原则

污染者负担原则(the polluter - pays principle)是一个经济原则，意味着将减少污染的费用置于单个污染者之上，而不是置于公共资金之上，从而传递给消费者并最终反映在产品价格上。这个原则适当分配费用，因为外部成本被内部化在生产成本中，进而反映产品的真实价格。所有人都可以免费使用资源的早期信念是这个理论的来源。污染费用，以排放和倾倒造成资源退化的形式，被转移给相同资源的未来使用者。这个结果造成不合理的成本分担，使市场失灵，使得污染成本成为外部成本。外部成本内部化的重新分担理论是污染者负担原则的基础。① 除了具有预防污染的经济诱因外，污染者负担原则还具有"正义"或"分配公平性"的要求。②

首次明确在环境框架提及污染者负担原则的是欧洲经济委员会专家1971年的一次讨论会议。专家认为，改善环境所需的总体支出被高估了，但是可以通过提高环境意识和控制降低，必须进行费用的重新分配且每个经济部门应该就其所造成的污染承担责任。③ 在出版《环境与经济：有关环境政策的国际经济方面的指导原则》时，经合组织在1972年5月26日通过的建议C(72)128中指出："为了鼓励合理使用稀缺环境资源并避免扭曲国家贸易和投资，用以分担预防和控制

---

① Marie - Louise Larsson. *The Law of Environmental Damage: Liability and Reparation*, Kluwer Law International, 1999, p. 90.

② 陈慈阳：《环境法总论》，中国政法大学出版社2003年版，第183页。

③ See Stein, R E. The ECE Symposium on Problems Relating to Environment, *American Journal of International Law*, Vol. 66, 1972, p. 122.

污染措施费用的原则称作‘污染者负担原则’。”①最初通过的污染者负担原则主要涉及环境政策的国际方面,尤其是对国际贸易和投资的影响。1989 年 7 月 7 日经合组织建议 C(89)88 把污染者负担原则范围扩大到正在进行的活动所造成的慢性污染,把意外事故损害污染也包括在内。《有关事故污染指导原则》的建议附录第 4 段规定:“关于意外事故损害污染风险,污染者负担原则意味着一项危险设施的经营人应承担成员国的政府机构采取的合理预防和控制该设备事故污染的措施费用。为了保护人体健康或环境,政府机构事故发生前根据国内法的规定采取这些措施。”

此后,污染者负担原则得到众多国际环境法文件的认可。《里约宣言》原则 16 规定:“考虑到污染者原则上应承担污染费用的观点,国家当局应努力促使内部负担环境费用,同时还要适当照顾到公共利益,而不歪曲国际贸易和投资。”各国国内法和司法实践也承认污染者负担原则。在印度环境诉讼委员会诉印度联盟一案中,印度最高法院认定“污染者付费”原则是一项合理的原则。在印度韦洛尔公民福利机构诉印度联盟一案中,法院确认“预防原则和污染者付费原则已被视为土地法的一部分”。法院分析了保障生命权利和保护人身自由的宪法规定、保护和改善环境的其他规定以及就该论题制定的“许多独立后立法”,并“果断地认定,这两项原则是印度环境法的一部分”。

不过,污染者负担原则最初不涉及责任问题。后来,这个原则逐渐渗入责任法,对应不法行为者补救损害的一般侵权法原则。经合组织的成员逐渐同意将这个原则扩展,以包括事故性损害费用、对受害者的赔偿和公众环境控制的费用等。② 比如,对于日本特有的公害健康损害补偿制度,经合组织认为,“……这一赔偿制度中虽然有超越经合组织所定义的污染者负担原则的内容,但是并未违反这一原则”。③

---

① OECD. Environment and Economics: Guiding Principles Concerning International Economic Aspects of Environmental Policies, C(72)128,1972.

② Marie – Louise Larsson. *The Law of Environmental Damage: Liability and Reparation*, Kluwer Law International,1999, p. 90.

③ (日)宫本宪一:《环境经济学》,朴玉译,生活·读者·新知三联书店 2004 年版,第 244 页。

欧盟议会和欧盟理事会于2004年4月21日通过《关于环境损害责任的第2004/35/EC号指令》,指令的基本原则是造成污染的活动经营者负担损害责任。

(二)专属责任原则

责任自负是当代法律制度的一个重要理念。在一般侵权行为中,加害人对其施加的损害承担侵权责任。这体现在环境污染领域,就是污染者负担原则。因此,受害人在提起环境污染侵权诉讼时,必须明确加害人。例如,如果损害系由于所接受的服务、材料或设备缺陷引起,受害者有权起诉提供或制造与设施的规划、建造或运行有关的服务、材料或设备的自然人或法人。

与这种做法不同,核损害责任的国内立法和国际立法大多采取了简单而直接的专属责任概念。专属责任原则有两个主要方面的内容。第一,责任合法地归属核装置的运营者,排除了根据一般侵权法可能代替运营者或与其共同负责的任何其他当事方。根据1960年《巴黎公约》,核事件所致损害的赔偿请求权只能针对根据公约对损害负责的运营者或者特定条件下的保险人,且除非公约另有规定,任何非运营者对核事件造成的损害一律不承担责任。第二,在核损害责任公约外,运营者不承担任何责任。《巴黎公约》第6条第3款规定运营者在公约之外不对核事件造成的损害承担责任。

专属责任有时也被称为法律归责(Legal Channeling),与经济归责(Economic Channeling)相对应。目前,这种"法律归责"已成为普遍接受的原则。只有美国因为国家结构形式的特殊性,无法改变其立法,但它在国际公约中也接受"法律归责"的原则。我国台湾地区的《核子损害赔偿法》第11条规定:"核子事故发生后,其经营者对于所造成之核子损害,应负赔偿责任。"国务院1986年3月29日《关于处理第三方核责任问题给核工业部、国家核安全局、国务院核电领导小组的批复》中指出:"在核电站现场内发生核事故所造成的核损害,或者核设施的核材料于其他人接管之前,以及在接管其他人的核材料之后,在中华人民共和国境内发生核事故所造成的核损害,该营运人对核损害承担绝对责任;其他人不承担任何责任。"这一做法在2007年6月30

日国务院给国家原子能机构《关于核事故损害赔偿责任问题的批复》(国函(2007) 64 号)文件中得到延续。该批复规定:"营运者应当对核事故造成的人身伤亡、财产损失或者环境受到的损害承担赔偿责任。营运者以外的其他人不承担赔偿责任。"

在海上石油污染领域,责任条约也采取专属责任原则,将责任归于船舶所有人。1992 年《民事责任公约》第 3 条规定,除本条第 3 款和第 3 款规定者外,在事故发生时的船舶所有人,或者,如果该事故系由一系列事件构成,则首次事件发生时的船舶所有人,应对船舶因该事故而造成的任何污染损害负责。"船舶所有人"是指登记为船舶所有人的人,如果没有这种登记,则是指拥有该船的人。但如船舶为国家所有而由在该国登记为船舶经营人的公司所经营,"船舶所有人"即指这种公司。

采取专属责任原则是侵权法上的一个创新。它有实践原因,即避免所谓的累进保险。如果受害人有权基于任何理由起诉可能被发现的任何人,比如提供与核装置的设计、建设、修建、修补或者运作有关的服务、材料或工厂的人。所有这些人将负有一个不适当的繁重义务——为这些风险投保,即使假定这些义务可以通过限制核设施的保险实现。① 因此,该原则也明显有利于材料或设备的制造商、供应商或承运人,因为它排除了他们投保的必要性,也有利于可能促成核事件发生的任何其他人。而且,专属责任原则为受害人提出索赔提供了便利。因为它将责任归于一个相对比较容易识别的人。例如,在核事件中,核装置的运营者承担责任。根据《巴黎公约》和《维也纳公约》,就核装置而言,"运营者"系指"由装置国指派或认可的运行该装置的人"。如果存在许可证审批或授权制度,运营者将是被许可人或得到正式授权的人。在所有其他情况下,运营者是主管当局依公约规定要求,具有应对民事责任风险所需的财政保护的人。因此,在调试期间,

---

① 有些学者批评这种观点:无论是否归属都会发生累进。因为如果只有一个人承担责任,他不仅承担自身风险,还承担他人风险,风险因而更高。Stojan Cigoj. International Regulation of Civil Liability for Nuclear Risk, *International and Comparative Law Quarterly*, Vol. 14, No. 3, 1965, p. 824.

反应堆在移交收货人前通常是由供应商运行，装置国的主管当局就必须适当地指定一个负责任的人。① 因此，受害人比较容易确定索赔对象。在油污领域，根据船舶所有权确定责任，由船舶所有人承担责任。这也比较容易确定。所以，专属责任原则免除了受害人对其他当事方的责任所负的举证责任。莫里斯·皮卡德(Maurice Picard)认为，风险专属的另一个理由是，避免如果提起大量责任诉讼而在每一案件中造成的困难和延迟。②

六、环境污染侵权责任承担的公共政策考量

公共政策不仅体现在环境污染侵权的构成、责任归属、免责事由上，也反映了侵权责任承担方式的选择和范围的确定。

(一)责任承担方式与公共政策

侵权责任方式，是指侵权人依据侵权责任法就自己实施的侵权行为应当承担的民事责任的具体形式，从抽象的意义上说，侵权责任方式，是侵权责任法规定的侵权人实施侵权行为所应当承担的具体法律后果。《侵权责任法》第15条规定了八种主要责任方式：停止侵害、排除妨碍、消除危险、返还财产、恢复原状、赔偿损失、赔礼道歉、消除影响、恢复名誉。以上承担侵权责任的方式，可以单独适用，也可以合并适用。英美法系国家也存在赔偿、禁令等不同的责任承担方式。法院在确定侵权责任方式时，受到公共政策的影响。

在 Boomer et al. v. Atlantic Cement Company 中，被告的水泥厂产生的灰尘、烟雾造成财产损失，原告以私人妨害为由请求法院颁发禁令和判决赔偿。法院指出："法院处理面临的当事人权利时，履行其重

---

① 《巴黎公约》第1条第1款第6项，《维也纳公约》第1条第1款第3项。IAEA, The 1997 Vienna Convention on Civil Liability for Nuclear Damage and the 1997 Convention on Supplementary Compensation for Nuclear Damage - Explanatory Texts, IAEA International Law Series No. 3, p. 9.

② IAEA. The 1997 Vienna Convention on Civil Liability for Nuclear Damage and the 1997 Convention on Supplementary Compensation for Nuclear Damage - Explanatory Texts, IAEA International Law Series No. 3, p. 9.

要职责。它的私人争议决定有时可能极大影响公众问题。许多法律问题通过私人诉讼的方式解决。不过这是法院解决争端之外的附带产物。利用私人诉讼中的判决取得超出法院面前的权利和义务的公众目标,不是常见的司法职能……被告在哈德森河谷(Hudson River Valley)的巨大投资、对卡皮特区(Capital District)经济的贡献和通过大量学校投入和支付财产税帮助柯依曼斯镇(Town of Coeymans)的教育,使我得出结论——禁令会产生很多公众困难。对比被告经营的价值和禁令的结果,对原告财产的损害是相对较小的。"为此,法院拒绝颁发禁令,判决被告承担赔偿责任。

(二)损害赔偿的范围

1. 环境损害的赔偿

传统上,由于人类中心主义的伦理学基础,其他生物和环境的主要功能在于满足人类的需要,属于无自我意识和独立价值的客体。因此,早期环境污染侵权的赔偿范围限于人身损害和财产损失。随着公众环境意识的提高和生态主义伦理学的兴起,环境的自身价值逐步得到重视。这也逐渐反映到侵权法上。美国《油污染法》第2706条指出,一个政府实体可以收回"用于自然资源损害、破坏、损失或用途丧失的赔款,其中包括评估损害的合理费用"。"自然资源"的定义确定为包括"土地、鱼类、野生生物、生物区、空气、水、地下水、饮用水供应和其他属于美国政府、任何州政府、地方政府、印第安人部族,或任何外国政府的资源,由它们管理、托管的资源或由它们控制的资源(包括专属经济区的资源)"。关于损害的度量,该法第2706(d)分款指出:"(A)恢复、更新、取代和获取受损害自然资源当量的费用;(B)在恢复前这些自然资源的减少量;加上(C)评估这些损害的合理费用。"其他国家的国内法和国际条约也包含对环境自身损害的条款。

2. 纯粹经济损失

纯粹经济损失(Pure Economic Loss)对应后果性经济损失(Consequential Economic Loss),一般是指被害人直接遭受财产上不利益,而非因人身或物被侵害而发生。① 纯粹经济损失并不表达一个真正的类别,它所包含的是千差万别的事物。② 不管是在英美法系还是在大陆法系,纯经济损失理论的发展都是通过判例而形成的,而判例是针对各种具体的纯经济损失形态的,并且各种不同的纯经济损失是否能够获得赔偿并没有统一的规则,而是要具体问题具体分析。③ 在 Spartan Steel and Albys Ltd v. Martin & Co. Ltd 案中,丹宁认为,经济损失责任的承担归根结底是一个法律政策问题。④

在美国著名的 Union Oil Company v. Oppen 一案中,被告石油公司在美国加州海岸钻探石油时,不慎使原油外泄,经由海风、海浪及潮汐作用,原油覆盖加州海岸整片海面。原告以捕鱼为生,因被告之污染事件,无法捕鱼,请求因此所生经济上损失之赔偿。法院虽然承认,原则上原告对于纯粹经济损失,不得请求损害赔偿。但在本案中,法院认为重要者为,依据一般过失侵权法,原告之经济上损失,是否为被告钻探油井,所合理可预见之损害。法院认为,以捕鱼为生之渔民,系被告可预见之被害人;对于其经济上利益,被告石油公司于钻探油井时,负有保护之义务;且渔民之损失,为钻探油井可预见及直接所生之损害,因而被告应负赔偿责任。法院更进一步采用美国学者圭多·卡拉布雷西(Guido Calabresi)关于法律经济分析之见解,认为侵权行为所生之责任,应以资源的最佳分配,作为负担之依据。亦即责任分配,需在理论上,达成最佳的市场制度。⑤ 在 Burges v. M/V Tamano 一案中,被告在缅因州海边钻探油井漏油,污染附近海域。以捕鱼与挖蚝为生的渔民及海边汽车旅馆、汽车停车场、露营场地、餐厅及杂货店所有人请求被告赔偿损害。法院判决,以捕鱼与挖蚝为生的渔民可请求

---

① 王泽鉴:“挖断电缆的民事责任:经济上损失的赔偿”,载王泽鉴:《民法学说与判例研究》,中国政法大学出版社 1998 年版。

② 于飞:“违背善良风俗故意致人损害与纯粹经济损失保护”,载《法学研究》2012 年第 4 期。

③ 龚赛红:“中国民法视野下的纯粹经济损失——兼评我国的研究现状”,载《北京化工大学学报》2008 年第 5 期。

④ 陈磊:“普通法视角的纯粹经济损失”,载《清华法学》2010 年第 5 期。

⑤ 501 F. 2d. 558(9th Cir. 1974). 转引自陈聪富:“环境污染责任之违法性判断”,载《中国法学》2006 年第 5 期。

赔偿,其余原告之请求均予以驳回。[①] 陈聪富认为,石油公司对于渔民赔偿,不至于造成石油公司过大之财力负担,而致石油公司无法继续经营其钻探石油之工作。反之,若令石油公司对于所有渔民及在海边营业之人,均负损害赔偿责任,则赔偿数额巨大,致石油公司无法负担,而需停止石油钻探工作,对于社会经济效益与石油的使用性,影响甚大,因而需限制被告仅对于渔民之损害负责。此项见解,目的在于调和纠正正义及功利主义的冲突。[②]

在欧洲国家,关于水污染损害,虽然奥地利、英国、希腊、爱尔兰和拒绝赔偿纯粹经济损失,但比利时、法国、荷兰和西班牙赋予原告资格并提供金钱损害或者非金钱损害的赔偿。芬兰《环境损害赔偿法》规定了纯经济损失。瑞典《环境法》第 32 章也规定了对人身伤害、财产损失和纯经济损失的赔偿。不是由犯罪行为造成的纯经济损失,只能在纯经济损失显著的情况下,方可获得赔偿。丹麦《环境损害赔偿法》对人身伤害、丧失支助、财产损失、其他经济损失和环境预防措施或恢复的合理费用做出了规定。德国《环境赔偿责任法》没有涉及纯经济损失问题。但德国《民法》第 252 条规定,一切利润损失均应得到赔偿。与美国一样,在很多欧洲国家,有特别适用于渔民因污染遭受损失的条款,尤其是石油污染。

我国理论界和司法实务界都已经接受纯粹经济损失的概念,并采取加法的方法,即原则上不支持纯粹经济损失的赔偿,但在某些类型下予以支持。[③] 在"内蒙古塞外星华章纸业股份有限公司等与包头市供水总公司环境污染损害赔偿纠纷上诉案"中,内蒙古自治区高级人民法院裁定:"包头市供水总公司提出产值损失 272.84 万元及因启动应急预案而支出的费用 15.91 万元,并对其提出的损失提供了相应的证据,上诉人也未能举出有效的反驳证据,且未在举证期限内提出鉴定申请,因此对被上诉人的损失数额,本院予以确认。"但是这属于个别案例,环境污染

---

① 370 F. Supp. 247(D. Me. 1973). 转引自陈聪富:"环境污染责任之违法性判断",载《中国法学》2006 年第 5 期。

② 陈聪富:"环境污染责任之违法性判断",载《中国法学》2006 年第 5 期。

③ 葛云松:"纯粹经济损失的赔偿与侵权一般条款",载《中外法学》2009 年第 5 期。

造成的纯粹经济损失在我国司法系统基本未被考虑。①

3. 惩罚性赔偿

在补充性赔偿之外，某些情形下会适用惩罚性赔偿，目的在于进行惩罚、增强威慑。在环境领域，惩罚性赔偿迫使污染者面对环境问题的严重性，而且将某些无法恢复的有形成本内在化，如对自然资源的生态损害或者是因损害不明显而无法要求赔偿的受害人遭受的财产损害。在后一情形中，惩罚性赔偿其实拓展了外部性的赔偿，在其他情况下，惩罚性赔偿可以使得原告收回通常无法恢复的诉讼费用，从而推动私人执行环境标准。②

美国《侵权行为法重述》（第二版）第908条规定：“在损害赔偿及名义上之赔偿以外，为惩罚极端无理行为之人，且亦为阻止该行为人及他人于未来从事类似之行为而给予之赔偿；惩罚性损害赔偿得因被告之邪恶动机或鲁莽弃置他人权利于不顾之极端无理行为而给予。在评估惩罚性损害赔偿之金额时，事实之审理者得适当考虑被告行为之性质及程度与被告之财富。”在 Branch v. Western Petroleum Inc. 中，法院在这里提到的“假定的恶意不包括对其他人的私人恩怨或者恶意，而是涉及无视法律和他人法律权利的主观状态……”因此，支持惩罚性赔偿。但是考虑到惩罚性赔偿的标准过于随意，易导致诉讼泛滥，且刑事制裁的预防效果好于惩罚性赔偿，美国联邦最高法院多通过联邦宪法中正当程序要求限制惩罚性损害赔偿。

---

① 陈红梅：“论环境侵权中纯粹经济损失的赔偿与控制”，载《华东政法大学学报》2012年第2期。

② Zygmunt J. B. Plater. *Environmental Law and Policy: Nature, Law and Society* (4th edition), Aspen Publisher, 2010, p. 120.

第七章 食品安全侵权公共政策的适用

一、公共政策视角下的食品安全声誉机制

(一)食品安全与声誉机制

1.我国的食品安全状况

食品安全状况是衡量一个国家经济发展水平和人民生活质量的重要标志,它关系到人民群众的切身利益,关系到社会的和谐稳定。食品安全问题已经成为当今世界各国政府高度重视的重大问题,被列为继人口、资源、环境之后的第四大社会问题,它不仅严重危害公共健康,影响食品行业的健康发展,而且危及社会政治的稳定。

食品安全在我国已经成为一个严重的问题。食品安全问题的发生既有技术层面的原因,也有制度与监管层面的原因。一方面,新原料、新技术在食品生产、加工领域的广泛使用,在技术层面上带来了新的食品安全问题。另一方面,在我国企业不规范、执法不到位、管制有缺失的条件下,一些地区食品安全问题触目惊心。近几年来,我国重大食品安全侵

权事件频发，瘦肉精猪肉、苏丹红鸭蛋、染色馒头、三聚氰胺奶粉、甲醛奶糖、使用激素的带花黄瓜、爆炸西瓜、地沟油、假牛肉、染色花椒、墨汁石蜡、毒红薯粉等一系列食品安全事故对我国的食品声誉造成了恶劣的影响。食品安全侵权事件频发充分暴露出行政部门监管的缺失，不仅在经济上造成资源浪费、效率降低和社会福利损失，影响市场秩序的构建，而且在政治上引发公众的信任危机，腐蚀着政府执政的合法性基础。以下是2000年来较为典型的食品安全事件回顾。

2000年—2012年部分食品安全事故回顾①

时间	事件	具体内容
2000	毒瓜子	12月15日，金华某农贸市场内查获1500公斤毒瓜子。这些瓜子中掺了矿物油、明矾、工业石蜡、泔水油等。
2001	瘦肉精	3月至9月期间，广东河源某饲料公司因购买“瘦肉精”即盐酸克伦特罗生产猪用混合饲料，导致11月7日484名市民食肉中毒。连素来以质量著称的全国肉制品龙头企业雨润公司也被检测出午餐肉内含有禁用物质瘦肉精。
2002	陈月饼	2月，哈尔滨香香鸟食品有限公司用陈月饼非法生产汤圆的恶性事件被查处。据当地工商部门介绍，所查获的汤圆馅是由去年中秋节期间生产的月饼粉碎后制得，月饼早已超过保存期，有些已发霉变质，甚至被鼠咬。
2003	毒火腿	11月16日，“金华火腿敌敌畏”事件被曝光，金华市的两家火腿生产企业在生产火腿时，为了避免蚊虫叮咬和生蛆，在制作过程中添加了剧毒农药敌敌畏。浙江的金华火腿已有1200年的历史了，算得上是“活文物”，也被称为“世界火腿之冠”。毒火腿事件一出，金华市经营千年的城市名片瞬间蒙垢，金华火腿的销量几乎为零。
2005	苏丹红	3月15日，上海市相关部门在对肯德基多家餐厅进行抽检时，发现新奥尔良鸡翅和新奥尔良鸡腿堡调料中含有“苏丹红一号”成分。从16日开始，在全国所有肯德基餐厅停止售卖这两种产品，同时销毁所有剩余调料。“苏丹红一号”是一种人造化学制剂，这种色素用于机油、蜡和鞋油等产品的染色。该制剂会导致鼠类患癌，也可能对人产生致癌的特性。

① 杨希勤：“食品安全中的民事责任制度探析”，江西财经大学法律硕士学位论文，2013年5月。

续表

时间	事件	具 体 内 容
2008	假红枣	人造"新鲜红枣"流入乌鲁木齐市场。人造红枣主要经过两道工序,铁锅里放进酱油,使青枣变成红色,并保持光泽。之后红枣再次放进加入大量糖精钠和甜蜜素的水池中浸泡,使其口感泛甜。此种红枣过量食用会造成血小板减少,引起急性大出血等直接身体危害。
2009	毒奶粉	1月22日,三鹿"三聚氰胺奶粉"案终审宣判。自2008年7月始,全国各地陆续收治婴儿泌尿系统结石患者多达1000余人,9月11日,卫生部调查证实这是由于三鹿集团生产婴幼儿配方奶粉受三聚氰胺污染所致。
2010	地沟油	3月19日,武汉工业学院教授何东平召开新闻发布会,建议政府相关部门加紧规范废弃油脂收集工作,再次引起了人们对食品安全的担忧。据报道,目前我国每年返回餐桌的地沟油有200至300万吨。医学研究称地沟油中的黄曲霉素强烈致癌,毒过砒霜100倍。
2011	染色馒头	《消费主张》节目指出,上海市浦东区的一些华联超市和联华超市的主食专柜都在销售同一个公司生产的三种染色馒头,高庄馒头、玉米馒头和黑米馒头。这些染色馒头的生产日期被随便更改,食用过多会对人体造成伤害。而后,温州等地也发现类似染色馒头。染色馒头是通过回收馒头再加上着色剂而做出来的。
2012	老酸奶	4月9日,央视主持人赵普在微博上爆料称,老酸奶和果冻很可能是破皮鞋制成。众消费者一时愕然:破皮鞋进了肚子!关于老酸奶安全的问题成了热门话题。
2013	人造鱼翅	1月8日,央视新闻频道播出记者卧底暗访假鱼翅真相,其中曝光不少饭店所售鱼翅实际为明胶制作的假鱼翅。这种假鱼翅在北京京深海鲜市场有售。此外,北京通州区一个著名的连锁饭店售卖的木瓜鱼翅,其鱼翅是用"鱼翅精"的调料调成的,食用可能对肾脏、肝脏尤其是生殖系统有毒性。

2. 食品安全的声誉机制及其作用

声誉机制(Reputation Institution)是介于单纯建立在重复关系之上,依赖博弈双方自我实施的声誉和以国家强制力为实施保障的国家司法系统之间,或者依靠社会规范,或者依靠缺乏强制力的私人司法系统来组织实施的围绕合约执行而展开的有关社会成员商业行为的信息纰漏、纷争的仲裁、欺诈行为的惩罚等活动的规则和程序的总称。① 声誉机制就是一种用于解决市场中的信息不对称问题，提高市场效率的非正式制度安排。

声誉是指行为主体在社会公众中的知名度和美誉度，②是一定社会群体的成员对行为主体特定能力与行为表现积极肯定的评价。企业声誉是一个企业获得社会公众信任和赞美的程度。作为一种无形资产，企业声誉具有资产专有性，它专属于企业，与其所有者主体——企业是不可分割的。因此，企业声誉与商标权、专利权等无形资产不同，它不能单独作为一项资产独立交易。正是由于这种资产产权的专有性，良好声誉是企业一种有价值的、可持续的和难以模仿的无形资产，是创造竞争优势的有力工具，能在企业经营的各个方面提升企业的竞争力。企业声誉不同于企业信誉，企业信誉是企业能否履行其诺言的一种标识度，它只是公众对企业诚信方面的评价。信誉是企业声誉的一个重要组成部分，而企业声誉则是对企业总体的评价。当然，企业信誉好坏也直接影响到企业的声誉。企业声誉是企业各种因素发挥综合协同作用的结果，而非某项个别因素单独作用的结果。它是企业各方面行为能力的综合反映，是企业所有社会行为、商业行为的凝结。良好的声誉是企业在与公众的长期交往中逐渐积累起来的，其形成是一个长期的过程，要通过企业日积月累的努力。

瘦肉精猪肉事件、三聚氰胺奶粉事件等大规模食品侵权案件给消费者的生命健康造成很大的危害，给我国食品行业的声誉带来极坏的影响。声誉是企业的生命。随着我国经济市场化程度的不断提高和买方市场的出现，市场竞争越来越激烈，产品同质性越来越大，产品本身之外的差异变得越来越重要，企业声誉的作用进一步凸显出来，它对企业发展乃至生存的意义越来越重要。但是，企业声誉的培育、积累非常不易，需要企业从各个方面踏踏实实地一点一滴地积累，而损

① 郑志刚："声誉制度理论及其实践评述"，载《经济学动态》2002 年第 5 期。
② 缪荣、茅宁："公司声誉管理模型探讨"，载《管理现代化》2003 年第 3 期。

毁声誉却很容易。

如何威慑食品安全违法和侵权行为的发生，这是破解食品安全监管困境的关键所在。基于繁重的执法负荷与稀缺的公共执法资源，食品安全迫切需要创新治理形式。声誉机制创设的威慑充分虑及企业的长期收入流，借助无数消费者的"用脚投票"，深入作用于企业利益结构的核心部分，因而能够有效阻吓企业放弃潜在的不法行为，分担监管机构的一部分执法负荷，是一种颇有效率的社会执法。① 声誉，是关键利益者对企业个体所发出的总体信息在认知层面的一种价值判断，是企业的一项无形资产，能够创造企业的竞争优势。但声誉也是一把双刃剑，声誉风险的存在及声誉危机的发生，将给企业带来重大的损失甚至灭顶之灾，尤其是食品企业。2004 年伊利"高管被拘"事件、2005 年光明"回收奶、早产奶"事件、2008 年的三鹿奶粉"三聚氰胺"事件、2011 年的双汇"瘦肉精"事件以及 2011 年蒙牛的"黄曲霉毒素 M1"事件，导致的结果是：伊利股份的股票停牌；光明乳业的股票跌幅惨重；三鹿公司破产，董事长田文华锒铛入狱；双汇集团的经济损失以亿计、董事长万隆遭遇"职业生涯中的最大一次危机"；蒙牛公司的直接和间接损失也无法估量。② 从以上事件看，食品企业的声誉直接影响到企业核心利益，甚至生死存亡。这些充分说明，声誉对于一个食品企业的重要性。如果一个大公司的声誉稍微受到影响，它在股市上的股票价格马上就会下跌，企业高层的地位就会受到动摇。

"王老吉"凉茶在汶川地震中捐款 1 亿赢得 2008 年营利 120 亿就是声誉机制发挥正面作用的一个例子。

2008 年 5 月 18 日晚，由多个部委和央视联合举办的汶川地震募捐晚会上，1 亿元的巨额捐款，让这个之前不为人知的食品——"王老吉"凉茶"一夜成名"。社会公益产生的口碑效应立即在网络上蔓延，"王老吉"凉茶因而成为很多消费者心目中的偶像。借助汶川大地震，

① 吴元元："信息基础、声誉机制与执法优化——食品安全治理的新视野"，载《中国社会科学》2012 年第 6 期。

② 刘光军、徐秋菊："关于我国轻工食品行业声誉风险管理的研究"，载《会计之友》2012 年第 18 期。

王老吉在产品推广上做足了功夫。“要捐就捐1个亿,要喝就喝王老吉!”“中国人,只喝王老吉”等言论迅速得到众多网友追捧。“怕上火,喝王老吉”一时间成为当时最流行的广告词。王老吉因此不但赢得了品牌推广,还赢得了2008年营利120亿,比2007年超营30亿。①

“王老吉”凉茶通过公益,借助中央电视台,在当时获得了极佳的声誉。中央电视台作为中国传媒的老大,其影响力和号召力非同一般。央视5月18日举办的那场赈灾晚会,共有数亿人观看,其收视率甚至不亚于春节联欢晚会,王老吉选择在央视赈灾直播晚会现场捐赠,又是天量的1个亿,几分钟之内,这一信息就可以传递给13亿中国人民和海外华人,效果可以在几个小时内发酵,不可谓不“准”。

王老吉的这种做法,其实就是利用声誉机制进行的公益营销。公益营销,即企业通过高额捐赠吸引公众眼球,取得良好的声誉和社会评价,从而提升其品牌形象,增加销售业绩,取得经济利益。无论从社会责任的角度还是纯营销的角度来看,王老吉的作为都是值得肯定的:其一,救急救难的时候,起到了“模范”作用,尽到了大企业的社会责任;其二,基于互联网的营销,做得更加有技巧,更加成熟。

因此,从正反两方面的事例可以看出,声誉机制会给企业带来重大影响。

(二)声誉机制发挥作用的原理和形式

声誉是反映行为人历史记录与特征的信息,声誉信息在各个利益相关者之间的交换、传播,可以形成声誉信息流、声誉信息系统以及声誉信息网络,成为信息的显示机制。这一显示机制进一步有效限制了信息扭曲,增加了交易的透明度,降低了交易成本。

声誉机制的作用主要体现在两个方面:第一,是信号传递功能。企业声誉信息向市场传递了企业的质量信息,在一定程度上可以克服由于信息不对称造成的逆向选择问题。第二,声誉机制的作用还体现为抑制机会主义行为,降低信息不对称而引起的道德风险的发生概

---

① 参见报道:“王老吉汶川地震捐款1亿,老字号加多宝一鸣惊人”,科技资讯网,http://www.cnetnews.com.cn/2008/0521/874258.shtml。“汶川地震王老吉曾捐1亿,赢得08年营利120亿”,新农网,http://www.xinnong.com/news/20090513/657545.html。

率。企业为了获得长期利益(财富最大化)或者精神满足(非财富最大化),会进行声誉投资,建立起声誉资产,其声誉信息传递到市场上,就可以降低企业与市场的信息不对称程度。利益相关者则会在市场上搜寻并利用声誉信息进行决策,选择与声誉好的企业进行交易。而且,拥有好声誉的企业为了维护声誉,也会抑制自身的机会主义行为,维持交易的顺利进行。如果交易中声誉主体出现了机会主义行为,就会受到声誉惩罚,没有人再选择与其合作,其长期收益预期下降,从而影响其生存和发展。

声誉机制的作用原理在于:在信息不完全和不对称的环境中,个人或组织通过搜寻关于拟合作对象的信息,决定是否与之合作。通常情况下,有些理性的个人或者组织会选择与声誉好的企业合作,而拒绝与声誉不好的企业合作。在合作契约执行过程中,如果具有好声誉的主体仍然积极进行声誉管理,按照良好声誉的标准来规范自己的行为,则会获得合作伙伴的青睐,赢得继续合作的机会,取得声誉租金,并巩固其声誉。相反,如果它为达到牟利的目的,采取了机会主义行为,有损合作伙伴或者社会的利益,就会受到惩罚。而且它在契约执行过程中的表现又以新的声誉信息的形式反馈给声誉信息生产传递部门,生产出新的声誉信息,提供给信息搜寻者使用。① 声誉机制就是通过这种方式产生其独特的作用。

对于食品质量安全问题来说,造成机会主义的一个主要原因就是信息不对称。在商品交易中,掌握信息优势的一方会利用对方的"无知",侵害对方的利益而谋求自己的利益。处于信息劣势的一方并不知道商品的质量,他知道对方会乘机牟利,因而对交易持怀疑态度。在食品市场上,有些商品是消费者在消费之前就直接可以了解其内在和外在特性的。内在特性包括商品的品牌、标签、包装、销售场所、价格和产地等。外在特性包括颜色、光泽、大小、形状、成熟度、外伤、肥瘦、肉品肌理和新鲜度等。有些商品消费者在消费之后才能够了解其

① 郑秀杰、杨淑娥:"提高我国企业声誉机制作用效率的对策研究",载《科技进步与对策》2010 年第 8 期。

内在特性，如关乎食品安全的激素、抗生素、胆固醇、沙门氏菌和农药残留等涉及营养与健康的成分含量和配给比例等。由于同类食品具有很大的质量安全差异，因而，这种质量的差异使消费者在消费之前很难从外观上辨识出来，也很难在消费之后感知出来，这就决定了这种食品在生产者和消费者之间存在严重的质量安全的信息不对称。①

可见，声誉机制的作用过程是一个关于声誉信息的生产、传递、利用、再形成、再传递、再利用的周而复始的循环过程。在这个过程中，声誉信息不断得到更新，声誉好的食品企业可以取得更多的交易机会和更有利的交易价格，从而获取声誉租金。但是声誉的建立和维护是一个漫长的过程，需要企业长期不断的付出。否则，一旦有不良行为出现，其声誉就会毁于一旦，无法再获取声誉租金，甚至会受到惩罚。可见，有效的声誉惩罚机制能够对企业形成可置信威胁，从而抑制企业的机会主义行为，也使得企业对利益相关方的承诺成为可置信承诺，保护利益相关者在交易中的利益，使利益相关者有使用声誉信息的积极性。②

但是，食品企业为了短期的利益是不会考虑食品质量安全的，同时由于食品这种商品的特质，同类食品具有很大的质量安全差异，因此存在严重的质量安全的信息不对称，这就给食品企业的机会主义选择创造了条件。在信息不对称的情况下，如果能够确保高质量而带来的未来收益大于短期机会主义带来的收益，企业是不愿意榨取其声誉的，因为良好的声誉是食品企业长期利益的保证。可见，建立声誉机制的实质是食品企业为了长期利益而放弃机会主义行为可能带来的短期利益，从而达到规避机会主义、确保食品质量安全的目的。因此，通过声誉机制对于食品质量安全问题作用机理的分析，我们发现，食品质量安全问题选择声誉机制来规避是可行的。

声誉惩罚的实施机制有两种形式。第一种称为“个人实施”(Personal Enforcement)机制，其典型特征是对机会主义行为由受害者本人

① 张晶晶：“食品质量安全问题的原因分析及对策研究”，江南大学硕士论文，2007年。

② 郑秀杰、杨淑娥：“提高我国企业声誉机制作用效率的对策研究”，载《科技进步与对策》2010年第8期。

实施惩罚。由于只有在惩罚严厉和迅捷的前提下才能发挥作用，这种机制通常只适用于频繁而长期的关系。① 对于机会主义行为的惩罚，如果不是由受害者本人而是由交易方和社会中的其他成员共同实施，就构成了声誉惩罚的第二种实施机制——"社会实施"（Community Enforcement）机制。尽管在一个社会中不同成员的交易次数十分有限，但如果存在信息传播机制，能够及时将成员中的机会主义行为传达给相关的成员，并由他们（不一定是受害者本人）对机会主义行为者实施惩罚，同样可以促使每个成员有激励维持良好声誉的动力。由于实施惩罚的主体范围较广，因而，声誉惩罚的"社会实施"机制的效力要优于"个人实施"机制。②

（三）我国食品安全声誉机制的构建

食品安全声誉机制的构建要靠食品企业、媒体、政府等相关各方的努力。除食品企业自身以外，媒体和政府对食品声誉信息的生产和传递渠道应确保畅通，降低使用者的信息搜寻成本，确保食品声誉信息的及时和有效。信息使用者是否有积极性利用声誉信息，还会受到信息使用成本的影响，使用成本过高，将打击他们利用声誉信息的积极性。

1. 食品企业在构建食品安全声誉机制中的作用

首先，食品企业应保证食品的质量，充分考虑消费者的需要和利益，这是培育食品企业声誉首要的核心的因素。食品是企业与消费者发生关系的纽带，消费者是通过购买和消费食品，从对食品的了解、接受、产生偏好和忠诚进而对食品企业产生认识、认同和支持。只有食品质量过硬，价格合理，食品企业才可能有较高的声誉。其次，食品企业要关心社会问题，维护人们的共同利益。在竞争日趋激烈的商战中，要获得超出别人的声誉光靠食品质量还不行。当今世界，伴随工业文明发展而产生的环境污染、资源短缺日益严重，人类正面临共同的生存环境问题。在这种情形下，食品企业是否关心公益事业、是否

① 郑志刚："声誉制度理论及其实践评述"，载《经济学动态》2002 年第 5 期。

② 郑秀杰、杨淑娥："提高我国企业声誉机制作用效率的对策研究"，载《科技进步与对策》2010 年第 8 期。

具有生态意识,正变得越来越被消费者看重。企业资助社会公益事业这种超越利润的行为,具有伦理价值的震撼力,是食品企业改善形象、提升声誉的有效途径。第三,恪守信誉、公平竞争。食品企业在生产经营中,要与众多的协作者、竞争者打交道,在这个过程中,食品企业能否守合同、讲信用,恪守商业道德,直接关系到食品企业的声誉。食品企业在生产经营活动中讲信用,将赢得更多的合作者,赢得他们更多的信赖和支持。最后,食品企业应妥善处理企业与员工之间的关系,注重提高员工素质,关心员工。具体做法是:其一,慎重处理企业与员工的利益冲突,提供给员工公平、安全的就业机会,促进员工的身心健康。其二,提高员工素质、改善员工形象。员工的职业行为是代表企业而实施的,员工形象和行为直接影响到企业声誉。其三,使员工与企业有共同目标和价值观,提高企业的凝聚力。

2008 年,生产王老吉凉茶的加多宝公司向汶川地震灾区捐款 1 亿元,受到社会各界的好评,王老吉也因此名利双收。2010 年,青海玉树地震后,加多宝公司再次捐款 1.1 亿元。但是不久,有员工爆出王老吉对外大方捐款赚形象分,对员工却异常残酷,甚至大举裁员,加多宝公司也因此被外界评价为“要面子不要里子”。[①] 食品企业要取得良好的声誉,仅有大手笔的捐款是不够的,还要抓好企业的内部管理,为工人提供良好的工作条件、待遇和完备的培训等。否则,食品企业通过公益活动获得的正面评价的效果就会被冲淡,甚至可能使企业内部问题成为公众事件,影响企业的正常经营。

2. 新闻媒体在构建食品安全声誉机制中的作用

人们获取食品安全信息的渠道多样,主要是各种媒体,包括报纸、杂志、广播、电视、网络等。媒体是食品企业和公众沟通的桥梁,各种媒体通过发布信息来影响人们对各种事物的态度。由于职业特性,食品企业的负面消息往往能成为媒体争相报道的目标。对于食品企业来说,新闻媒体就是随时寻找其缺点和错误的监督者,稍有不良行为,

① 张沈伟:“王老吉被曝对外捐款大方,对员工却异常残酷”,新浪财经,http://finance.sina.com.cn/leadership/sxydt/20100621/01558143339.shtml。

就会被公之于众。媒体的报道对公司声誉至关重要，食品企业遇到危机时对媒体应认真、谨慎。危机发生后，新闻媒体应尽快调查事情真相，以一种坦诚而理性的态度进行报道。食品企业应不遮掩、不回避，与新闻媒体保持良好沟通，争得新闻媒体的正面宣传，掌握对外发布信息的主动权。区分轻重缓急，与主要公众如消费者、经销商、大股东、企业员工、政府等，采取不同措施进行沟通。

在食品安全事件中，媒体尤其是中央电视台对食品企业声誉的影响很大。2001 年 9 月，南京知名食品企业冠生园被中央电视台揭露用陈馅做月饼。事件曝光后，媒体和公众强烈谴责，同行企业严厉批评，消费者投诉控告，经销商掀起退货浪潮，事态开始严重恶化，导致冠生园这一老字号毁于一旦。由此可见，如果企业在危机时不能正确面对媒体，就会名声扫地，甚至危及生存。

近年来，有关食品安全的新闻成为大众传播媒介的"抢手货"。这一方面是因为我国大众对食品安全的关注度越来越高，另一方面是因为我国食品生产存在某些不规范行为，某些食品确实存在安全隐患。在这种情况下，媒体将真相公之于众，在满足读者知情权的同时，也履行了媒体的社会责任。但是，我们也看到，媒体在报道食品安全新闻时一味追求"抢眼球"和轰动效应，动辄使用"有毒""致癌""致畸"等词语，制造了不少冤假错案，令我国食品产业形象受损，使得被曝光的企业蒙受巨大的经济损失。同时，也造成民众对食品的信任危机。啤酒"甲醛门"事件就是典型例子。2005 年 7 月 5 日，某报刊登的一封题为"啤酒业早该禁用甲醛"的啤酒研究工作者的来信中写道："啤酒加甲醛在业内变成了一个大家心照不宣的行规……"该报道引用了中国酿酒工业协会啤酒分会专家的观点："就产量的比例来看，95% 的国产啤酒都加了甲醛。有些企业宣称自己不用甲醛，其实往往只是部分产品不用而已。"7 月 7 日，报纸和网络纷纷转载此稿件，"95% 的啤酒加甲醛"的说法开始广泛传播。不少媒体在转载时，为了增强轰动效应，还将标题改成"你今天喝甲醛了吗?""市售啤酒 95% 含致癌甲醛""喝啤酒等于慢性自杀"等，触目惊心 。7 月 11 日，韩国联合通讯社报道，该国食品医药安全厅当日下令，要求有关方面紧急收回并检测当年进口的中国啤酒。7 月 12 日，日本共同社报道，日本已要求从中国进口啤酒的厂商对啤酒进行甲醛含量检测。事件报道后，2005 年 7 月 13 日，内地啤酒股在“甲醛门”的打击下全线下挫，几只主要啤酒股中，燕京啤酒盘中一度跌停，一天内主要的几只啤酒股为“甲醛门”付出的代价是 2.3753 亿元的流通市值。2005 年 7 月 16 日，针对这一情况，国家质检总局等部门在京联合召开“关于啤酒甲醛问题情况说明会”。说明会上，专家们重申，啤酒生产过程中使用甲醛不是秘密，使用甲醛工艺也不是违标违规行为。国家食品品质监督检验中心经过研究和检测证实，微量甲醛广泛存在于天然食品中，如牛奶、果汁、碳酸饮料、猪肉等，啤酒所含的微量甲醛和天然食品相比，含量属低量范围，国产品牌与国外品牌啤酒甲醛含量无差异。随后，新闻战线“三项学习教育”领导小组办公室也发出通报，对参与啤酒“甲醛门”炒作的媒体及相关责任者进行严厉批评。①

新闻媒体应避免一味追求轰动的新闻炒作，履行社会责任，树立负责任媒体的形象。新闻媒体在保障人民群众知情权的同时，也要保护企业的正当权益，这样才能在食品安全声誉机制中起到良好的作用。

3. 政府在构建食品安全声誉机制中的作用

政府在构建食品安全声誉机制中的作用不容忽视。在生产经营过程中，食品的生产者和经营者常常隐瞒不利的信息，这就需要政府介入，以“官方信息”满足公众的知情权。对食品安全信息披露内容，消费者对政府部门和消费者协会信任度最高，政府发布食品安全信息在整个监管环节中起着重要的作用。“政府对食品市场的管制方式应该由传统的直接管制逐渐转向对质量信息的管制，通过信息披露、提供公共信息和教育等方式建立有效的质量信号传递机制，确保食品安全质量目标的实现。”②

在发生重大食品安全事故时，行政机关除迅速调查真相，及时进行行政处罚外，还应及时发布信息。以往我国重大食品安全事故发生

① 周善：“从食品安全报道看媒体社会责任”，载《新闻实践》2007 年第 5 期。
② 王秀清、孙云峰：“我国食品市场上的质量信号问题”，载《中国农村经济》2002 第 5 期。

时,行政机关信息发布往往迟缓、零散,信息内容笼统,无法满足公众的资讯需求。我国原有的食品安全监管体制是多部门、多头监管,从生产、经营到消费由不同部门分段管理:农业部负责农产品生产环节的监督;质检部门负责食品生产加工环节的监督;工商部门负责食品流通环节的监管;卫生部门负责餐饮业和食堂等消费环节的监管;食品药品监管部门负责对食品安全的综合监督、组织协调和依法处理重大事故。食品安全的归口管理造成严重的部门分割,共享协调机制不完善,缺乏统一权威的信息披露机构和平台。

针对这种情况,《食品安全法》第82条规定,"国家建立食品安全信息统一公布制度",统一公布食品安全信息的主体是卫生部,由一个部门统一口径对外发布,初步解决了过去在信息发布机制上存在的矛盾。

《食品安全法》确立了食品安全信息的统一公布与分散公布相补充、中央与地方相结合的信息发布网络。这与食品安全"分段管理"和"属地管理"体制相联系。从横的方面看,卫生部门负责统一公布"重要的食品安全信息",农业行政、质量监督、工商行政管理、食品药品监督管理以及出入境检验检疫部门负责公布各自事项范围内"食品安全日常监督管理信息"。从纵的方面看,中央行政机关负责公布全国性的食品安全信息,地方行政机关负责公布管辖范围内的食品安全信息。食品安全管理是一项重要的公共管理事务,需要从中央到地方各级政府的参与,要求从中央到地方都建立食品安全信息发布制度,保证信息披露的全方位性。纵横交错的信息发布网络又存在主辅之别:横向网络以卫生部统一公布的重要信息为主,纵向网络以中央行政机关公布信息为主,地方行政机关公布"其影响限于特定区域"的信息。纵横交错的网络之间又存在一定的配合,以保障信息及时传递,县级以上地方卫生行政、农业行政、质量监督、工商行政管理、食品药品监督管理部门获知需要统一公布的信息,应当向上级主管部门报告,由上级主管部门立即报告国务院卫生行政部门;必要时,可以直接向国务院卫生行政部门报告。县级以上卫生行政、农业行政、质量监督、工商行政管理、食品药品监督管理部门应当相互通报获知的食品安全信息。[①] 政府建立食品信息平台,有利于促进食品安全信息透明化,减少信息不对称,保护消费者对食品的自主选择权,充分发挥食品安全声誉机制的作用。

当诋毁食品企业声誉的案件发生后,政府有关部门应当及时介入,深入调查,查明真相,维护食品企业的声誉。在"巨能钙风波"中,政府在食品安全声誉机制中起到了较好的作用。2004 年 11 月 16 日,某报刊登《消费者当心 :巨能钙有毒!》一文。该文称,巨能钙"含有对人体极具危害性的工业化学物质过氧化氢……权威专家指出,过氧化氢对人类具有致癌危险性,加速人体衰老过程、缩短人的寿命等诸多危害"。该文一经刊出,国内各媒体纷纷转载,并都冠以"有毒""致癌"等让人心惊肉跳的字眼。经销商纷纷要求退货,消费者则不知所措, 而巨能钙生产者则大呼"比窦娥还冤"。对此,国家卫生部高度重视,迅速介入调查。同年 12 月 3 日,卫生部新闻办发布调查结果,"巨能钙过氧化氢含量在安全范围内","巨能钙风波"才逐渐平息。[②]

信息的取得和交流是声誉机制自我实施的前提。一方面,市场信息不对称会阻碍声誉机制发挥作用,因而需要政府通过制定信息披露制度和建立公平交易制度以降低信息取得成本。另一方面,在转型经济国家,政府亦应减少替代性管制、放松对信息传播媒介的限制,提高信息在市场中流动的效率。由此也可以看出,必须在声誉形成过程的各个环节建立信息反馈机制,加强声誉形成过程中政府的调控作用。

总之,要建立和完善声誉机制,需要政府部门、企业自身和媒体三方真正履行各自的职责。政府部门要做到正确指导消费者选择安全可靠的食品,防止各种不客观消息的传播。必须及时并客观地发布问题食品的信息,对企业进行严格监督,以便及时纠正企业的违法行为。企业自身必须对食品生产、加工等环节进行严格监管。实行产品的可追溯,不断增强企业的责任感。而通过新闻媒体的披露,可以让企业

---

① 孔繁华:"我国食品安全信息公布制度研究",载《华南师范大学学报》(社会科学版)2010 第 6 期。

② 周善:"从食品安全报道看媒体社会责任",载《新闻实践》2007 年第 5 期。

的一些违法行为及其伪劣产品曝光,使其受到应有的谴责。规范受责企业的不良行为,维护社会的正义,有效警示其他企业,促使其他企业更好履行自己的责任。

二、食品安全的综合责任机制

(一)食品安全综合责任机制

责任是社会控制的核心枢纽,是个人与他人以及社会相联系的方式,是维持个体权利与社会存在的手段。① 在社会生活中,不同类型的责任既存在差别,又有着种种联系。而综合责任机制正是从联系的角度展开对于食品安全行政监管主体和食品经营市场主体责任的认识,是指食品安全行政监管主体和食品经营市场主体不同类型的责任所构成的有机整体。

食品安全属于典型的公共问题,直接关系到人民身体健康和社会稳定,受到消费者、生产者和政府的高度关注。食品安全要求其责任机制必须是综合的,即应当是全方位、立体化、多层次的,既包括法律责任,也包括社会责任。食品安全的责任主体主要包括两类:一类是市场主体,包括与食品关联的生产、加工、运输和销售企业等;另一类是监管主体,包括各级政府、工商行政部门、农业行政部门、质量监督部门、食品药品监督部门等。

我国《食品安全法》所规定的食品安全法律责任机制有缺陷,主要表现为:责任理念落后,单纯强调法律责任而缺乏对政治责任和道德责任等更高的责任形式的规定;责任追究机制不完备,对监管主体的监管不到位等。应该针对这些缺陷进行完善,形成二元化(市场主体、监管主体)、多层次(道德、政治、行政、法律等)、立体化、可操作、高效率的综合责任机制。

食品安全综合责任机制的建立也应从两方面入手:一方面,对食品生产加工销售进行监督管理是食品安全的重要保证,因此,应加强

① 周永坤:《法理学》,法律出版社 2010 年版,第 238 页。

食品安全监督主体的责任。在我国,涉及食品生产加工销售监管的行政执法机构有卫生、工商、食品、质量监督等许多部门,这些部门职能交叉、监管不力的问题还比较突出,还没有将所有食品都置于切实有效的监管之下;还有些行政执法部门行政不作为,对食品生产、加工、销售中存在的卫生安全问题,或睁一只眼闭一只眼,或发生食品卫生安全问题时互相推诿责任。甚至有的执法部门或人员与有生产加工销售问题的食品经营者沆瀣一气,致使多个与食品安全有关的行政执法部门管不住一个食品安全问题。另一方面,应加强食品经营企业的社会责任建设。企业是市场活动的主体,企业自身是根本,起主导作用。部分食品经营企业食品安全意识薄弱,为了追求自身利益最大化,降低质量标准、偷工减料、以次充好、以假乱真,食品添加剂超量、重金属超标等现象非常严重。①

除政府的食品安全行政监督主体和食品市场主体外,媒体、行业协会等民间团体以及公众共同参与,通过法律的规范、制度的约束以及社会的监督,来完善食品安全综合责任机制。

(二)完善我国食品监管主体的责任机制

强化食品安全行政监管是化解我国日益严重的食品安全问题的重要对策,而建立综合责任机制则是食品安全行政监管的核心。② 我国《食品安全法》对于食品安全行政监管主体的责任尤其是法律责任已经有了基本的规范。但是,若依据行政主体综合责任机制的范畴来加以检视,则不难发现其中仍存在诸多不足。

考察《食品安全法》相关规范可以看到,食品安全监管主体基本不受食品安全法的约束,更别论尊重立法目的,积极承担起保证食品安全和公众健康的职责。首先,《食品安全法》大量篇幅是规定市场主体违反本法的责任追究,对监管主体的责任追究只有一个条文简单规定。因此,从形式上看,很容易误导监管主体得出错误结论:当前的《食品安全法》,主要是约束市场主体的法,而不是约束监管主体的法。

---

① 蒋冬梅:“基于企业社会责任理念的食品安全问题探讨”,载《中外食品》2008 第 7 期。

② 王廷芳等:“论食品安全行政监管主体的责任体系”,载《辽宁行政学院学报》2012 第 11 期。

其次，仅有的问责也主要是结果问责，甚至是严重后果问责。虽然《食品安全法》规定，出现重大食品安全事故造成严重社会影响的，依法对直接负责的主管人员和其他直接责任人员给予记大过、降级、撤职或者开除的处分，但在实践中，通常只有在事故或事件被媒体曝光，引起了中央高层的关注后，地方政府才会对相关责任人问责。这种问责的功能只在于安抚民心，对于提高食品安全水平并无帮助。

监管主体应最大限度地保障食品安全，保障消费者的生命健康。食品监管主体承担的责任应该有：

第一，加强食品安全行政监管主体的社会责任。政府的食品安全监管机关作为公共组织，其设立的目的决定了社会责任不是对特定个体的责任，而是对所有社会成员的责任。《食品安全法》对政府行政监管主体社会责任的规定有3条，即第4条、第5条和第6条。其中最突出的是《食品安全法》第6条。该条规定："县级以上卫生行政、农业行政、质量监督、工商行政管理、食品药品监督管理部门应当加强沟通、密切配合，按照各自职责分工，依法行使职权，承担责任。"当然，第4条、第5条是有关政府监管机关职责的规定。不过，职责中含有责任，或者说从一定角度看职责就是一种责任，即政府有关部门有责任对食品安全风险进行监测和评估，制定食品安全标准，做好食品检验，处理食品安全事故以及进行日常监督管理。

第二，强化食品安全行政监管主体的行政责任。行政责任基本有两层含义：一是要求政府官员履行制定符合民意的公共政策，推动符合民意的公共政策执行的职责；二是没有履行好这些职责时应承担的谴责和制裁。①

我国食品安全监管领域多头执法的体制性缺陷是一个众所周知的事实。由于体制性缺陷造成权责不清，使执法主体在被追究责任时往往容易找到相互推诿的理由和借口。我国《食品安全法》明确了不同层级、不同领域食品安全监管主体的责任。我国承担食品安全监管

---

① 王廷芳等："论食品安全行政监管主体的责任体系"，载《辽宁行政学院学报》2012第11期。

责任的三个主要执法部门——质量监督、工商行政管理和食品药品监督管理部门，均不是专门的食品安全执法机构。除对食品安全的监管外，还承担了其他繁重的行政执法任务。质量监督部门还要负责其他产品的质量监管、标准化、计量、特种设备安全监察等；工商行政管理还要负责各类市场主体的登记注册和监督管理、消费者合法权益的保护，查处假冒伪劣商品、违法直销和传销，承担除价格垄断行为外的反垄断执法，查处不正当竞争、商业贿赂、走私贩私等经济违法行为，对合同、广告活动实施行政监督管理以及动产抵押物登记、商标注册和管理，特殊标志、官方标志的登记、备案和保护等；食品药品监督管理部门此前主要承担对药品和医疗器械的监管工作，而最近频发的药品事故显示药品和医疗器械的监管也是一项关系民生且繁重艰巨的任务。可以说，上述三个部门在食品安全监管之外已经承担了大量的行政执法工作，在正式接手食品安全监管职能之后，其原本不足的执法资源面对复杂的食品安全问题更加显得捉襟见肘，它们能否以足够的人力和精力来应对是非常令人担忧和怀疑的。监管部门职责交叉，权力模糊、存在真空地带，监管时各自为政、协调不力、重复管理、执法软弱、成本增加等，①多头管理的弊端显而易见。为解决这个老大难问题，《食品安全法》设立了高于国务院其他部委的食品安全委员会，但只是一个统筹领导的协调机构。

当前，在我国食品安全监管的执法实践中，对于监管机关和人员的责任追究不力，表现在对责任追究不重视、处罚过轻、以其他责任代替法律责任等。

《食品安全法》对于行政监管主体的政治责任已经有了初步的规定，这体现在食品安全监管主体一般责任的规定以及有关引咎辞职的规定之中。《食品安全法》第 95 条规定，县级以上地方人民政府在食品安全监督管理中未履行职责，在其管辖的行政区域出现重大食品安全事故造成严重社会影响的，依法对直接负责的主管人员和其他直接责任人员，给予记大过、降级、撤职或者开除的处分。对于县级以上卫

---

① 李震海："《食品安全法》的不足与完善"，载《东方论坛》2009 第 12 期。

生行政、农业行政、质量监督、工商行政管理、食品药品监督管理部门或者其他有关行政部门不履行法定的职责或者滥用职权、玩忽职守、徇私舞弊的,依法对直接负责的主管人员和其他直接责任人员给予记大过或者降级的处分;造成严重后果的,给予撤职或者开除的处分;其主要负责人应当引咎辞职。

但是,目前的规定仍旧存在一些欠缺,表现在:一是有关食品安全行政监管主体行政责任承担方式的规范不够全面。行政责任的承担方式通常包括了道歉、引咎辞职、责令辞职、免除职务、罢免等。《食品安全法》仅规定了引咎辞职,对于行政监管主体责任的规定未免过于简单,即使是援引《公务员法》等法律的规定可以增加责令辞职,也仍显得不够完整。二是缺乏对于行政责任追究的具体机制的规定。这使得现有的"引咎辞职"规定的实施,在相当大的程度上要依赖于食品安全行政监管官员的良心,这将大大降低该责任的实现可能。

第三,追究食品监管主体应承担的刑事责任。《食品安全法》第98条规定:"违反本法规定,构成犯罪的,依法追究刑事责任。"这种对监管主体刑事责任的规定过于笼统,没有体现出食品安全监管的极端重要性和特色。现实中可能涉及的犯罪有多种,包括受贿罪、滥用职权罪、玩忽职守罪、放纵制售伪劣商品罪和徇私舞弊不移交刑事案件罪等。事实上,就食品安全监管的性质而言,应该设立专门的罪名,比照《刑法》的一般规定,加重处罚,由《食品安全法》加以具体规定,或者专门出台一个针对食品监管主体和食品经营主体犯罪的《刑法》修正案。

第四,监管主体应该承担严格的国家赔偿责任和补偿责任。承担赔偿责任的前提是违法行政,承担补偿责任的前提是虽无违法行为,但违背了对社会和公民的"信赖保护"义务。

(三)完善食品市场主体的责任机制

在食品安全问题上,企业是第一责任人。强化食品企业在食品安全上的法律主体责任和社会责任是解决食品安全问题的基础和关键。食品企业作为食品安全法律责任的主体,承担着首要的责任。

1. 市场主体的社会责任

企业社会责任是指企业在创造利润、对股东利益负责的同时，还要承担对员工、对社会和环境的社会责任，包括遵守商业道德、生产安全、职业健康、保护劳动者的合法权益、节约能源等。

企业社会责任要求企业在追求利润最大化的同时，对社会应承担责任和履行义务，最终实现企业的可持续发展。即企业在进行决策时，除了要考虑投资人的利益或企业本身的利益之外，还应考虑与企业行为有密切关系的其他利益群体及社会的整体利益。除了要考虑其行为对自身是否有利外，还应考虑对他人是否产生不利的影响，如是否会造成社会公害、环境污染、资源浪费等不良后果。对这些问题进行考虑并采取适当的措施加以避免，其行为本身就是在承担社会责任。具体表现为：对员工的关怀，对社会的诚信和对环境的保护等，在较高层次——道德层面上，还应为社会公益活动做贡献。① 应当构建企业社会责任的监督机制，使企业在转变观念的基础上，把承担履行社会责任作为一种自觉行为。

我国《食品安全法》总则第 3 条规定了市场主体的社会责任："食品生产经营者应当依照法律、法规和食品安全标准从事生产经营活动，对社会和公众负责，保证食品安全，接受社会监督，承担社会责任。"

除此之外，《食品安全法》第四章食品生产经营（第 27 条—第 56 条）的内容基本都是食品生产经营者的社会责任，如经营的食品应符合食品安全标准（第 27 条）；不得生产经营有毒、腐烂变质、过期、无标签食品（第 28 条）；健全食品安全管理，符合良好生产规范要求（第 32 条、第 33 条）；规定了标识和保证责任（第 41 条）；服务平台提供商的审查和食品安全管理责任（第 52 条）；对不符合安全标准的食品负有召回责任（第 53 条）等。

从与上述内容相关的法律条文看，除总则中的第 3 条明确宣称社会责任外，第四章的有关内容虽没明确说是社会责任，但就责任受益对象讲，不论是食品召回责任，还是标识和保证责任，以及服务平台提供商的审查和食品安全管理责任都是要求生产经营者采取积极措施，

---

① 王中亮："食品安全与现代企业的社会责任"，载《上海经济研究》2009 年 第 1 期。

防止存在安全隐患的食品流入市场，被众多消费者消费，从而防止大规模社会性损害的发生。①

企业的生存和发展离不开社会的支持。从长远的角度看，食品企业承担了相应的社会责任，更容易获得社会的信任和认同，食品企业及其产品和服务也更容易在社会公众中赢得更高的知名度。这种良好的声誉对于企业来说本身就是一笔可观的无形资产，有助于企业在市场竞争中获得更有利的地位，增强企业持续获利的能力。上文提到的2008年汶川大地震后"王老吉"凉茶的1亿元单笔最高捐款感动无数中国人，就是食品企业承担社会责任后获得社会认同的典型事例。成功的企业投身慈善公益事业是理所当然的事。企业的财富取之于社会，拿出来一部分来回馈社会，正是体现了企业的社会责任感。

一个负责任的食品经营企业，树立良好的社会形象，才能取信于消费者，使企业更快地发展。当食品经营企业与社会形成一种和谐互动的良好关系时，企业才能真正健康的快速发展。

2. 市场主体的行政责任

《食品安全法》详细规定了不同市场主体违反《食品安全法》规定时应该承担行政处罚等行政责任的情形。市场主体承担的行政责任呈现出以下特点：一是具体责任主体较为全面，基本涵盖了各类市场经营主体，包括生产经营者、运输包装者、进出口经营者、食品检验检测机构以及食品广告经营者。二是违法行为范围广泛，基本包含了与食品生产经营相关的所有活动。《食品安全法》从第84条到第94条的11个条文中，列举了几十种应该处以行政处罚的情形，《〈食品安全法〉实施条例》除进行细化规定外，还补充规定了一些新行为。三是行政处罚方式多样。处罚种类包括责令停止违法行为或责令改正的行为罚，警告或通报公告等名誉罚，罚款、没收违法所得、没收或销毁相关产品以及生产工具等财产罚，吊销证照等资格罚，甚至包括拘留

① 刘水林："从个人权利到社会责任——对我国《食品安全法》的整体主义解释"，载《现代法学》2010第5期。

等人身罚。①

从我国《食品安全法》可以看出，对于企业违法行为的行政责任追究主要包括行为罚、名誉罚、财产罚、资格罚以及人身罚，大都属于行政单罚制，其中财产罚和资格罚适用较多。即主要对企业法人处罚，较少涉及对法定代表人及主要责任人员的处罚。应强化对企业的法定代表人作为企业的管理者、决策者和执行者的处罚，因为企业实施的违法行为必然体现了他的意志。

3. 市场主体的民事责任

美国《侵权行为法重述》(第二版)第402条的A项条款规定："凡销售有不合理的危险的缺陷产品者应对最终使用者或消费者因此而遭受的人身或财产损失承担赔偿责任。"日本《制造物责任法》第6条规定："关于制造物缺陷的制造业者的损害赔偿责任，除依本法规定外，依民法规定。"根据《日本民法典》第7条规定："凡是对他人身体、财产、自由、名誉等情形造成侵害的行为，应按照上条的规定，对受害者尽到赔偿的责任，包括赔偿其财产之外(包括精神损害)的损失与侵害。"不难看出，除了直接损失和本来应得的利益之外，精神损害赔偿也应算在日本制造物责任的损害赔偿范围之内。②《产品责任指令》对产品缺陷的认定、产品责任的归责原则、产品责任的诉讼时效等做出了统一规定。

我国《食品安全法》对市场主体承担民事责任的规定相对较少，只是在第96条规定："违反本法规定，造成人身、财产或者其他损害的，依法承担赔偿责任。生产不符合食品安全标准的食品或者销售明知是不符合食品安全标准的食品，消费者除要求赔偿损失外，还可以向生产者或者销售者要求支付价款十倍的赔偿金。"《食品安全法》第一次明文规定了消费者权益受损时可以要求十倍赔偿。但仔细研究不难发现，消费者购买食品的价格一般不高，并且消费者为了十倍的赔

---

① 解志勇、李培磊："我国食品安全法律责任体系的重构——政治责任、道德责任的法治化"，载《国家行政学院学报》2011年第4期。

② 赵敏、张子龙："日本食品责任与制造物责任法及其对我国的启示"，载《医学与社会》2010年第1期。

偿到外地向生产商索赔也并不可行,另外,销售不符合食品安全标准的企业也往往会以不知情为由,抗辩消费者行使十倍的赔偿权,使十倍赔偿权成为空中楼阁。①

可以看出,《食品安全法》在规定通过民事责任等手段来增强和促进食品经营者的责任意识和安全意识方面比较薄弱。食品生产经营活动不仅仅涉及公共领域的安全保障,而且事关每一位消费者、每一个人的人身安全和财产权益的问题。《食品安全法》应进一步强化食品经营者的的民事责任,进一步充实有关民事责任的规定,细化完善食品经营者的民事责任。

当然,消费者可以依据《合同法》追究食品经营者的违约责任。购买不符合安全标准的产品的消费者,有权要求经营者依法承担违约责任。违约责任的成立要符合以下要件:第一,食品不符合食品安全标准;第二,消费者购买了该不符合食品安全标准的食品。我国《合同法》的归责原则是严格责任原则,追究经营者的违约责任相对较容易,只需要证明自己购买了该不符合安全标准的产品即可,不需要证明经营者有过错。

消费者也可以依据《侵权责任法》追究食品生产经营者的侵权责任。《侵权责任法》第41条规定:"因产品存在缺陷造成他人损害的,生产者应当承担侵权责任。"该条规定了生产者的侵权责任。《侵权责任法》第42条规定:"因销售者的过错使产品存在缺陷,造成他人损害的,销售者应当承担侵权责任。销售者不能指明缺陷产品的生产者也不能指明缺陷产品的供货者的,销售者应当承担侵权责任。"该条规定了销售者的侵权责任。《侵权责任法》第47条还规定了惩罚性赔偿制度。

笔者认为,应从以下方面进一步完善食品安全民事责任制度:①建立实际损失、预期损失及精神损失相结合的全面赔偿制度。在食品安全领域出现的案件,受害人往往要忍受病痛的长期折磨,甚至会落下一辈子的后遗症,其所受到的伤害是肉体和精神两方面的,仅仅赔偿实际损失费用不足以弥补受害人的损失,应尽快完善一些有关精神

---

① 孙效敏:"论《食品安全法》立法理念之不足及其对策",载《法学论坛》2010第1期。

损害赔偿的制度。完善精神损害赔偿制度,一方面可降低受害人的损失,另一方面也可维护社会的公平性、稳定性。对于那些重大食品安全事故,应该增加对受害人的精神损失赔偿费,有利于补助受害者,也能起到震慑其他生产者的作用。②应该把存在不合理的危险作为认定食品责任缺陷的标准。日本所制定的《制造物责任法》对缺陷的解释是以消费者的期待为标准的,其对缺陷认定的范围明显比我国要大得多,只要对消费者存在不合理危险就可能被认定为缺陷产品。③建立保障民事赔偿责任优先原则的有效机制。我国《食品安全法》第97条规定:“违反本法规定,应当承担民事赔偿责任和缴纳罚款、罚金,其财产不足以同时支付时,先承担民事赔偿责任。”根据此法条,当赔偿责任人所拥有的财产足以同时支付民事赔偿金和行政、刑事处罚金时,所有的罚款都要支付;而当赔偿责任人的财产不够支付民事赔偿及行政、刑事处罚金时,优先支付民事赔偿金。[①] 然而,此原则的实际操作性并不强。由于国家行政、刑事处罚的执行力度要高于民事损害赔偿请求权,民事诉讼程序耗时又较长,往往法院发出生效裁判文书,确认加害人对受害者进行赔偿时,责任人已受到行政处罚或刑事处罚。有鉴于此,为贯彻好以人为本的理念,应该建立一种特殊的回流制度,即将国家收回的罚款作为受害者的资金来源。甚至也可将违法者可能被用于没收罚款罚金等部分的财产,通过特定的形式保存下来,暂不归国库。在消费者胜诉,违法者的财产不足以赔偿时,将这部分已保存的财产用来抵偿,以确保受害人及时得到补偿救济。

4. 市场主体的刑事责任

刑法是保障食品安全的最后一道法律防线。对于严重危害食品安全的违法犯罪行为,仅仅依靠行政管理的手段,不可能达到消除违法与预防食品安全犯罪的目的。只有以追究刑事责任为后盾,依靠其强大的威慑作用,才能够达到震慑和预防食品安全犯罪的目的。根据刑法的明文规定,涉及食品安全的主要罪名包括:非法经营罪,生产、销售不符合卫生标准食品罪及生产、销售有毒、有害食品罪。违反《食

---

① 徐海燕:“论《食品安全法》中的新型民事责任”,载《法学论坛》2009年第5期。

品安全法》是构成这三种罪的前提。《刑法修正案(八)》加重了对食品安全犯罪的惩罚力度,不仅提高了罚金刑的处罚标准,而且对责任人判处自由刑给予了更明确的规定,增设食品安全渎职罪即食品安全监督管理滥用职权罪和食品安全监督管理玩忽职守罪,对从根本上解决以罚代刑,预防行政执法人员徇私舞弊也将产生积极的作用。《刑法修正案(八)》第25条规定:“在生产、销售的食品中掺入有毒、有害的非食品原料的,或者销售明知掺有有毒、有害的非食品原料的食品的,处五年以下有期徒刑,并处罚金;对人体健康造成严重危害或者有其他严重情节的,处五年以上十年以下有期徒刑,并处罚金;致人死亡或者有其他特别严重情节的,依照本法第一百四十一条的规定处罚。”而《刑法》第141条规定,致人死亡或者对人体健康造成特别严重危害的,可以处十年以上有期徒刑、无期徒刑或者死刑。

我们认为,建立和完善食品安全综合责任机制的关键在于强化食品安全行政监管主体的法律责任,主要应从两方面进行:一是要进一步理清食品安全行政监管主体的法律责任的内容,尤其是要明确有关赔偿责任的承担主体;二是要强化对于食品安全行政监管过程的法律责任控制,形成从责任设定到责任履行、责任监督、责任考核、责任追究的综合机制,以消除目前食品安全监管因主体众多、分段监管等因素导致的法律职责重叠、协调性不足等方面的弊端,通过对食品安全行政监管主体法律责任的进一步明确,形成食品安全监管的合力,从而大幅度提高食品安全行政监管的效能。

三、食品安全的惩罚性赔偿制度

(一)惩罚性赔偿制度的起源和发展

惩罚性损害赔偿(punitive damages),也称惩戒性的赔偿(exemplary damages)或报复性的赔偿(vindictive damages),是指由法庭所做出的赔偿数额超出实际的损害数额的赔偿,它具有补偿受害人遭受的损失、惩罚和遏制不法行为等多重功能。①

惩罚性赔偿制度起源于英美法系,最先于 1763 年出现在英国 Huckle v. Money (1763) Wils 205 与 Wilkes v. Wood (1763) Lofft 的两个案件中。当时,陪审团出于对政府官员有目的的不当干涉行为的反感而做出了巨额赔偿的裁决,该巨额赔偿被称为惩罚性赔偿。裁决的目的是为了惩罚、阻止被告的行为,同时表达陪审团对被告行为的愤怒。惩罚性赔偿随后也被用于安抚受害人、防止报复行为的发生等其他案件中,如在 Merest v. Harvey (1814)案中,法官非常明确地指出不希望决斗行为的发生。在美国则是在 1784 年的 Genay v. Nor ris 一案中最早确认了这一制度。至 19 世纪中叶,惩罚性赔偿已被法院普遍采纳。② 20 世纪 60 年代后期,美国法院开始放松惩罚性赔偿案件适用的条件和范围。到了 20 世纪七八十年代,随着产品责任侵权案件的增多,惩罚性赔偿金的数额急剧增长。

惩罚性赔偿是由赔偿和惩罚所组成的。它的功能不仅在于弥补受害人的损害,而且在于惩罚和制裁严重过错行为。当加害人主观过错较为严重,尤其是动机恶劣、具有反社会性和道德上的可归责性时,法官和陪审团可以适用此种赔偿。惩罚性赔偿注重惩罚,同时通过惩罚以达到遏制不法行为的作用。③

(二)我国惩罚性赔偿制度的建立

1993 年颁布的《消费者权益保护法》(以下简称《消法》)第 49 条规定:“经营者提供商品或者服务有欺诈行为的,应当按照消费者的要求增加赔偿其受到的损失,增加赔偿的金额为消费者购买商品的价款或者接受服务的费用的一倍。”该条规定了产品欺诈和服务欺诈的惩罚性赔偿制度,是我国民事立法的一大突破,对于民法理论的发展和民事立法的进步,以及保护消费者的合法权益,维护社会主义市场经

---

① Exemplary Damages in the Law of Torts, 70Harv. L. Rev. 517, 517(1957).

② David Owen. Punative Damage in Poducts Liability Litigation, Mich. L. Rev, 1976(74): 1257.

③ 王利明:“惩罚性赔偿研究”,载《中国社会科学》2000 年第 4 期。

济秩序，都具有重大、积极的影响。① 不过，我国的惩罚性赔偿只是一倍，数额不大，和英美等国动辄几百万、几千万的惩罚性赔偿不同。

我国《消法》第 49 条规定的惩罚性赔偿责任只适用于商品欺诈和服务欺诈，而且只适用于违约损害赔偿，而不适用于侵权损害赔偿。

1999 年，我国在颁布《合同法》的时候，在第 113 条规定违约责任的第 2 款，重申《消法》的规定："经营者对消费者提供商品或者服务有欺诈行为的，依照《中华人民共和国消费者权益保护法》的规定承担损害赔偿责任。"

最高人民法院于 2003 年 4 月 28 日公布的《关于审理商品房买卖合同纠纷案件适用法律若干问题的解释》，对于商品房交易中如何适用惩罚性赔偿的问题做出了明确规定，把惩罚性赔偿扩大适用到商品房买卖合同纠纷。

2009 年颁布的《侵权责任法》第 47 条规定："明知产品存在缺陷仍然生产、销售，造成他人死亡或者健康严重损害的，被侵权人有权请求相应的惩罚性赔偿。"这就在侵权责任基本法层面确立了我国的"惩罚性赔偿"制度。不足的是，没有对惩罚赔偿的适用范围、条件和赔偿金额等内容做出具体的规定。

2009 年颁布的《食品安全法》第 96 条规定："违反本法规定，造成人身、财产或者其他损害的，依法承担赔偿责任。生产不符合食品安全标准的食品或者销售明知是不符合食品安全标准的食品，消费者除要求赔偿损失外，还可以向生产者或者销售者要求支付价款十倍的赔偿金。"该条规定部分引入了英美法系中的惩罚性赔偿做法，在保障我国消费者合法权益方面具有重要作用。

（三）我国在食品安全领域确立惩罚性赔偿制度的必要性

在食品领域实行完善的惩罚性赔偿制度不仅有利于保护消费者的权益，也有利于遏制食品安全违法行为，减少大规模食品安全事故的发生。

---

① 杨立新："《消费者权益保护法》规定惩罚性赔偿责任的成功与不足及完善措施"，载《清华法学》2010 年第 5 期。

1. 有利于食品安全事故受害人得到充分赔偿

惩罚性赔偿并没有独立的请求权,必须依附于补偿性的损害赔偿。我国民法对损害赔偿金额的认定采取的是“填平原则”或称实际损害赔偿主义原则,即损害多少赔偿多少,造成中国民事赔偿偏低的局面。在食品安全领域,食品经营者的不法行为往往同时会给受害人造成财产损失、精神痛苦或人身伤害。就这些损害的救济而言,惩罚性赔偿可以发挥一定的功能。第一,补偿性赔偿对精神损害并不能提供充分的补救。精神损害的基本特点在于无法以金钱价额计算,只能考虑到各种参考系数而很难确定一个明确的标准,因此在许多情况下采用惩罚性赔偿来替代精神损害赔偿是必要的。它使法官和陪审团做出裁判时具有更明确的标准(如按照补偿性赔偿的比例来确定惩罚性赔偿)。早期的普通法采用惩罚性赔偿,主要就是因为受害人遭受了精神痛苦、情感伤害等无形的损害,需要以惩罚性赔偿来弥补损失。1872 年,新罕布什尔州(New Hampshire)高级法院将补偿金(smart money)一词用于补偿精神损害甚至荣誉损失。法院确认受害人有一种权利,即要求补偿享受生活的权利以及人格尊严。这表明美国法中惩罚性赔偿的运用确与替代精神损害赔偿有关。第二,侵权法尽管可以对人身伤害提供补救,但在许多情况下人身伤害的损失又是很难证明的。例如,饮用了含有甲醇的假酒对人的肝脏必然会造成伤害,但由于肝脏具有一定的修复和自愈功能,因此饮酒人未必能够证明其肝脏受损。而一个食用了被重金属污染的食品的消费者,若干年后他患了癌症,重金属污染的食品可能是真正的元凶,但其无法证明这一事实。采用补偿性赔偿很难对受害人的损害予以充分补救。而惩罚性赔偿可以更充分地补偿受害人遭受的损害。第三,受害人提起诉讼以后所支付的各种费用,特别是与诉讼有关的费用,只有通过惩罚性赔偿才能补救。惩罚性赔偿适用的目的就是为了使原告遭受的损失获得全部的补偿。①

2. 对不法食品经营者的制裁

---

① 王利明:“惩罚性赔偿研究”,载《中国社会科学》2000 年第 4 期。

食品安全违法行为主要的目的在于获得经济上的利益,例如为了节约成本而使用变质的食品原料或者以次充好,为了使自己的食品有好的外观并卖得好价钱而在食品中添加非食品原料。因此,让制售伪劣食品的企业和个人承担较高额的经济责任是一种可行的途径。

在食品安全领域,惩罚性赔偿主要是针对那些具有不法性和道德上应受谴责性的行为而适用的,是对严重漠视消费者利益的恶性不法行为实施惩罚。这种惩罚与补偿性的损害赔偿有所不同。补偿性赔偿要求赔偿受害人的全部经济损失, 在性质上乃是一种交易,等于以同样的财产交换损失。对不法行为人来说,补偿其故意或重大过失行为所致的损害也如同一项交易。这样一来,补偿性的赔偿对那些财大气粗的经营者就难以起到制裁作用。而惩罚性赔偿则通过对食品经营者科以更重的经济责任,使其遭受到更大的财产上的不利,从而达到了法律的制裁目的。①

3. 对不法食品经营者的遏制

在很多情况下,不法食品经营者在其不法行为中所获得的利益是巨大的,而其给受害人所造成的损失是难以证明的,或者即使能够证明也是损失不大。受害人不大愿意为获得并不是太高或得不偿失的赔偿金而提起诉讼,甚至可能因为担心不能举证证明损害的存在而面临败诉的危险,从而不愿意提起诉讼。在此情况下,通过惩罚性赔偿也可以鼓励受害人为获得赔偿金而提起诉讼,揭露不法食品经营者的不法行为并对不法行为予以遏制。

遏制是对惩罚性赔偿合理性的传统解释。遏制可以分为一般的遏制和特别的遏制。一般遏制是指通过惩罚性赔偿对加害人以及社会一般人产生遏制作用,特别遏制是指对加害人本身的威吓作用。遏制与单个人的责任没有联系,遏制是指确定一个样板,使他人从该样板中吸取教训而不再从事此行为。惩罚性赔偿的目的在于惩罚过去的过错并以此作为一个样板遏制未来的过错,因此"惩罚性"这个词有

---

① 袁武强、张在范:"论我国食品安全领域惩罚性赔偿责任制度的重构",载《行政与法》2009 年第 1 期。

时也用“惩戒(exemplary)”一词来代替,这就概括了惩罚性赔偿的两项功能,即制裁和遏制。①

(四)我国食品安全惩罚性赔偿制度存在的问题

第一,赔偿权利人范围有缺陷。根据《食品安全法》的规定,食品安全惩罚性赔偿的请求权主体为消费者,然而该法并未详细界定消费者的活动范围。《消费者权益保护法》规定:“消费者为生活消费需要购买、使用商品或者接受服务,其权益受本法保护。”可见,消费者系以合同关系和消费为基础的购买人。若受害人系与生产经营者无合同关系的第三人,则其无法在人身遭受侵害时依据《食品安全法》要求惩罚性赔偿,保障利益更是无从谈起。

第二,主观要件较苛刻。《食品安全法》将惩罚性赔偿的主观要件设定为明知,其在司法实践中难以确定。弱势方的受害人难以收集证据举证证明加害人主观上的明知,这加重了受害人的负担,也为惩罚性赔偿的适用设立了障碍。与一般商品相比,食品关系到人类的生命维持与健康发展,因而,对食品安全的要求高于其他产品。在适用惩罚性赔偿制度时,也应当对食品生产经营者课以较高的注意义务。美国制定的《统一产品责任法范本》规定:“原告通过明显的令人信服的证据表明,由于销售者对产品使用者、消费者或可能受到产品损害的其他人员的安全采取轻率漠视的态度,致使原告遭受损害,原告可以得到惩罚性赔偿。”较之美国设立的主观要件“轻率漠视”,我国的主观要件要求较为苛刻,尚未将重大过失纳入主观要件范围,不利于实践操作。②

第三,赔偿金额确定方法有缺陷。按《食品安全法》的规定,如消费者购买了一瓶不符合食品安全标准的矿泉水,支付的价款是 1 元,那么消费者可以提出 10 元的加倍赔偿金。这比《消费者权益保护法》规定的双倍赔偿要严格得多,但要是消费者消费额比较低,就算十倍的赔偿金对于消费者受到的损害而言也很少,完全难以适应社会的需

---

① 王利明:“惩罚性赔偿研究”,载《中国社会科学》2000 年第 4 期。

② 杨希勤:“食品安全中的民事责任制度探析”,江西财经大学法律硕士学位论文,2013 年 5 月。

求。另外，我们还应该明确支付价款的概念，因为商品交易呈现出多元化的趋势，比如商家打折抛售，买一送一等促销手段。个案中，是采用已支付价款还是采用商品原价格的十倍？这个必须确定下来，以免造成同一个商品，价格不一的困境。①

第四，惩罚性赔偿制度的举证分担不够合理。就我国目前来说，在惩罚性赔偿的诉求中是原告负有举证责任，即“谁主张，谁举证”，这是民事诉求中的一般规则。《食品安全法》规定的举证义务由消费者履行，这难免会增加消费者诉讼的难度。食品区别于一般商品，存在的问题、危险也不是一时就能显现出来的，需要一个长期饮食积累的过程，每个人的体质不同，饮食后产生的效果也不一样，举证难度较大。对于惩罚性赔偿制度，过于严格的原告举证将大大减少原告维权的动力，湮没惩罚性赔偿制度对于维权的激励作用。

（五）我国食品安全惩罚性赔偿制度的完善

目前，我国的惩罚性赔偿制度存在适用条件有失合理、程序欠妥、赔偿基数过低等问题，因而应适当扩大适用条件，创建便利的求偿程序，合理确定赔偿数额和尝试新的求偿机制，以真正实现惩罚性赔偿的法律价值。

1. 扩大惩罚性赔偿制度的适用条件

根据《食品安全法》第 96 条第 2 款规定，生产者承担责任的条件是生产不符合食品安全标准的食品，生产者主观上有故意；销售者承担责任的条件是在主观上要求明知和故意，即加害人希望或者放任其行为给他人的人身或财产造成伤害。一般情况下，诸如销售过期食品、从不正当渠道低价进货等被认为是应当知道。但是，销售者的进货渠道通常只有销售者自己知道，消费者往往无从知晓。所以，消费者很难举证证明销售者存在知道或是应当知道的主观过错，在举证责任的分担上，消费者承担着举证责任，如果举不出证据或是举证不足以达到事实清楚、使事实处于模棱两可的状态时就要承担败诉的风

---

① 郭富锁：“食品安全法中惩罚性赔偿制度研究”，载《青海大学师范大学学报》（哲学社会科学版）2012 年第 3 期。

险，这无疑加重了消费者的负担，使得消费者的求偿更加艰难。

《食品安全法》没有规定销售者重大过失销售缺陷产品的行为。重大过失是指显然欠缺一般人的注意程度，在社会观念上一般人稍加注意即可避免的过失，而行为人却未能避免。若销售者无视他人人身安全和健康，对行为不计后果甚至未做到最低限度的注意义务，过于自信或者疏忽大意导致发生食品安全问题，在造成重大损害的情形下，法官若不适用惩罚性赔偿制度，对销售者便很难起到威慑作用。

2. 明确惩罚性赔偿责任的主观要件

惩罚性赔偿制度的意义在于惩罚加害人的行为，因此其适用的前提条件便是加害人的主观恶意。其适用条件应满足违法行为及主观过错两个要件，并侧重考虑加害人的主观恶意。在国外的立法中，只要被认定为存在恶意或重大过失的行为即可适用惩罚性赔偿。我国对于适用惩罚性赔偿的主观要件规定应该对此加以借鉴，使规定更加具体和明确，因而，我认为应从“明知”扩大到“故意”“重大过失”以及“恶意欺诈”。食品生产经营者应当保证其原料来源、加工程序等符合安全标准，如果其对此未尽注意义务而致使消费者遭受损害，则是对消费者人身权利的漠视，构成重大过失。

3. 完善惩罚性赔偿数额的确定标准

《食品安全法》规定惩罚性赔偿额为消费者购买食品价款的十倍。如此规定的优点是，赔偿的数额比较容易确定，具有较强的操作性和可预见性，适用起来很便捷。缺点是由于其规定的赔偿标准固定，数额单一，完全排除了法官的自由裁量空间。不论食品经营者主观过错程度、损害结果如何，统一适用，这样可能会产生不公平的结果。

从国外立法和司法实践来看，惩罚性赔偿数额的确定极少采取单一的计算标准。《美国侵权行为法重述》（第二版）第 908 条规定，惩罚性赔偿可以针对因被告的邪恶动机或莽撞地无视他人的权利而具有恶劣性质的行为做出，在评估惩罚性损害赔偿的数额时，事实裁定人可以适当考虑被告行为的性质、被告所造成或意欲造成的原告所受损害的性质与范围，以及被告的财产数额。美国最高法院认为，惩罚性赔偿的判决，应当考虑下列因素：①惩罚性赔偿金与被告行为可能引起的损害或实际发生的损害之间是否合理相关;②被告行为之非难程度、持续期间,被告是否知悉或者隐藏不法行为以及过去相同行为是否存在及其频率;③被告不法行为的获利可能性、应否去除该项利益以及是否应使被告承担损害;④被告之财务状况;⑤所有诉讼成本;⑥若被告因该不法行为受有刑事处罚时应减轻赔偿;⑦若被告因该不法行为受有其他民事赔偿责任,惩罚性赔偿金应减少。①

借鉴域外经验,惩罚性赔偿金数额的计算应综合考虑各种因素,区分被告的恶意状况及原告的损害程度分别计算,并加大法官的自由裁量权。惩罚性赔偿金仅以食品价款为基数,惩罚力度有限。应以原告的“实际损害”为基准,针对不同价格的商品、不同企业的生产规模、不同生产经营者的主观状态,判决不同倍数的赔偿。在这样的情况下,给予法官此种情形下更大程度的自由裁量权,让法官综合考虑企业的行为性质、主观状态、食品价格、波及的社会范围、造成的社会影响等各方面因素,裁判出一个兼具法律效果和社会效果的惩罚倍数。这种具体问题具体分析解决问题的思路更能适应千变万化的社会生活,也能使《食品安全法》设定的惩罚机制发挥更佳的作用。

4. 合理分担惩罚性赔偿的证明责任

对食品安全事件的赔偿诉讼,我国实行的仍然是谁主张谁举证的原则。由于食品安全事件的特性,消费者要证明因果关系成立很困难,完成所有的举证几乎是不可能的。众所周知,因果关系是被告承担惩罚性赔偿责任的要件之一,而在有些食品安全事件中,法律要求受害人证明被告的不安全食品与其受害事实之间的因果关系是对消费者的苛求。比如一个食用了被重金属污染的食品的消费者若干年后患上了癌症,此时消费者已根本无法证明其损害是由于其若干年前食用有害食品所致。而当他不能完成诉讼所需要的举证时,即要承担败诉的风险,其惩罚性赔偿的诉求自然也无法得到法院的支持。

在食品安全领域,作为受害人的原告在诉讼中应当承担的举证责任包括:首先,证明侵权行为人在主观上是故意、恶意,或具有严重疏

---

① 王利明:“美国惩罚性赔偿制度研究”,载《比较法研究》2003年第5期。

忽、明显不考虑他人安全的重大过失,而不能拘泥于欺诈;其次,证明侵权行为人在客观上有侵权行为,并造成了损害的事实;最后,在因果联系上,受害人应当证明上述二者之间的因果关系。但需要指出的是,并非所有的案件原告都负有证明因果关系成立的义务。对此,法律应采用因果关系证明责任倒置的规则,即在原告提出因果关系的初步证据后,被告若不能实质性地证明其生产或出售的食品与原告的损害无关,即应承担惩罚性损害赔偿的责任。此外,原告对故意或重大过失的证明标准应低于刑诉上关于犯罪故意或过失的证明标准,毕竟惩罚性赔偿仍属于民事诉讼的范畴,因此其证明标准就应是"盖然性优势",而非刑诉上的"高度盖然性"或"排除合理怀疑"的证明标准。①

所以当消费者提出食品不符合食品安全标准时,可首先要求食品经营者承担初步的举证责任,如出示食品经营许可证、食品批次合格证等证据,以证明生产的食品符合国家强制实行的食品安全标准,然后再由消费者承担证明食品不符合安全标准的责任。若消费者提出初步证据后,经营者不能证明自己的产品与损害后果不存在因果关系,就要承担惩罚性赔偿的不利后果。

四、食品侵权损害赔偿基金制度的建立与完善

(一)食品侵权损害赔偿基金的概念和特征

近年来,我国频频出现的重大食品安全事故造成的影响范围广泛,后果严重,受害者众多。加害企业往往不能承担赔偿责任,受害者得不到及时的救治,更得不到适当的赔偿。受害者承担了不应由其承担的责任,这与公平正义观念相违背,对社会稳定形成冲击。因此,必须建立一种具有高度补偿性和公益性的食品安全事故赔偿基金制度,实现对受害人的及时救治和有效补偿,实现社会的公平正义。

---

① 袁武强、张在范:"论我国食品安全领域惩罚性赔偿责任制度的重构",载《行政与法》2009年第1期。

1. 食品侵权损害赔偿基金的概念

食品侵权损害赔偿基金是指由食品生产经营者根据法律法规规定，强制缴纳一定数量的资金或者国家以财政拨款以及以其他方式向社会筹措资金后形成的资金集合，在食品安全事故发生后，用以先行垫付受害人的医疗救治费用以便于及时治疗，或者虽经司法判决受害人胜诉但因加害者执行不能后，为保障受害人的权益，而由基金向受害人补偿本应由加害者承担的部分赔偿金额。①

食品侵权损害赔偿基金制度将大规模的食品侵权损害责任预先设置，分散损失，并引入先进的经营理念加以运作，切实保证最充分的救济，做到损害赔偿机制化，增强损害赔偿的能力，以便让受侵害公民的合法权益能够及时得到最充足的救济，消除受害者受偿不能的尴尬，实际上强化了侵权责任法的赔偿功能。它是在加害人无力赔偿，加害企业存在免责情形或加害企业破产后，产品致人损害情形下对受害人进行的救济，是民事责任社会化的一种方式。它并不独立于民事侵权责任体系，而是对传统民事侵权责任的一种补充，弥补了传统民事救济方式不能救济的缺陷，完善了民事侵权责任体系。

2. 食品侵权损害赔偿基金的特征

第一，食品侵权损害赔偿基金权利义务的非对应性。食品侵权损害赔偿基金在为私益服务的同时更具公益性和高度的补充性，所以赔偿基金和受益人在权利义务上不具有直接对应性。换言之，从法律角度出发，基金没有向受害者赔偿的义务。而赔偿基金之所以对受害人进行赔偿，只是为了及时对受害者进行救助，体现的是一种公共政策。同时赔偿基金向受害人承担的仅是国家的一种社会救助的责任，并不是因为赔偿基金侵害了受害人的权利。因此，受害人享有的这种获得赔偿的权利与赔偿基金对受害人进行赔偿的行为并不具有直接对应性。

也就是说，在特定的适用情形中，赔偿基金即使本身没有侵权，但基于它本身的救助性，也需要承担赔偿责任。这与一般的侵权赔偿

---

① 孙晋、王菁："论我国食品安全事故补偿基金制度的建构"，载《中南大学学报》（社会科学版）2009 年第 10 期。

中,采取谁侵权谁承担责任的原则是不同的,在一般的侵权行为中,承担责任的主体就是侵权行为的主体,具有权利义务的对应性。①

第二,食品侵权损害赔偿基金的适用具有严格的条件限制。在基金启动上,当赔偿义务人不能及时赔偿受害人的损失或赔偿不足以弥补受害人的损失或对受害人的损失无法赔偿时才适用,限于民事赔偿、责任保险制度等救济不力的情形下启动。在适用范围上,赔偿基金只适用于食品安全事故中未能获得赔偿的受害人,并且只在法律规定的范围内给予补偿,对受害人的其他赔偿要求则不予支持。② 如果通过民事赔偿和保险制度等可以得到救济,则不适用食品侵权损害赔偿基金。

第三,食品侵权损害赔偿基金的补偿性。食品侵权损害赔偿基金制度的设计是以保障受害人权益为中心,由补偿基金先行垫付本应由加害者承担的部分赔偿金额。因此,动用补偿基金对食品安全事故的受害人进行补偿,是一种以民事责任制度为基础的填补损害制度,具有补充性和辅助性。食品侵权损害赔偿基金名为赔偿,实为补偿,带有补充性。食品安全事故补偿基金并不是在食品侵权责任之外创设的新制度,从本质上讲它还是以民事责任为基础的填补损害制度。

依据传统的侵权责任法,当食品安全事故发生后,应由侵权人承担赔偿责任,应当首先用食品生产经营者的财产对其侵权行为承担赔偿责任。虽然补偿基金一部分来源于食品生产经营者的缴纳,但缴纳后该部分资金的所有权已转移至基金并由基金根据其目的独立进行支配。因此,补偿基金并不是取代本应由食品生产经营者承担的赔偿责任,而是从公共政策出发,在其他救济不能有效补偿受害人的损失时,使受害人的损失得到及时救济。

(二)食品侵权损害赔偿基金在食品安全事故中适用的优越性

第一,弥补现行民事赔偿救济制度的不足。由于食品安全事故涉及面比较广,受害者比较多,并且侵权状态持久,因此,损害范围难以

① 郑文英:“产品责任损害赔偿基金制度研究”,湖南师范大学硕士学位论文,2011 年 5 月。

② 孙晋、王菁:“论我国食品安全事故补偿基金制度的建构”,载《中南大学学报》(社会科学版)2009 年第 10 期。

确定，进而计算赔偿数额也较为困难；食品安全侵权行为具有间接性和累积性，损害的最终结果可能需要很久才能显现出来，这就无法确定或者全部确定侵权责任人。食品安全侵权诉讼也有诉讼时效的限制，损害结果又很难在短期内发现，这便造成受害人胜诉权的实质丧失。尽管我国颁布了相关的赔偿制度，但是食品责任方往往恶意拒赔或无力赔偿，这就使得消费者的权益得不到保证。另外，我国的救济制度也不够完善，使得受害者得不到及时的补偿。这时，赔偿基金就起到弥补民事赔偿救济制度缺憾的作用。

第二，维护社会安定。频频发生的食品安全事故使得专家的权威丧失、公众对政府的信任降低。受害者得不到及时的救济，濒临绝境，继而埋怨社会不公，甚至可能诱发犯罪，严重破坏了社会的和谐稳定。因此，在大规模侵权事件面前，赔偿基金可以有效地保护弱势消费者的权益，尽快改变事故对社会造成的不良影响，维护好社会的稳定。

第三，保持经济平稳发展。三鹿奶粉事件影响极广，受害人范围极大，众多的消费者都需要得到三鹿集团的赔偿，巨大的赔偿金额使得三鹿集团不堪重负而进入破产程序。我国有着十几亿人口，相应的就业压力也很大，尤其在如今全球经济不景气的背景下，大量支柱型行业和企业的不景气都会对我国的经济产生巨大的冲击。而赔偿基金制度可以防止企业因食品安全事故而破产，有利于维持国民经济的稳定发展。①

（三）食品侵权损害赔偿基金制度的产生

1. 国外食品药品侵权损害赔偿基金制度的产生

食品安全事故一旦发生，往往伴有救治时间极其紧迫、死亡率高、后遗症严重、受害群体广、不易控制、赔偿金额巨大、社会影响极其恶劣等特性。传统的诉讼方式难以在应对大规模侵权事件中发挥主要作用。尽管诉讼是解决社会矛盾、救济损害的重要途径，但对于这种被侵权人人数众多的案件，现有的司法资源也是难以按照普通民事诉

① 孙晋、王菁："论我国食品安全事故补偿基金制度的建构"，载《中南大学学报》（社会科学版）2009 年第 10 期。

讼程序逐一立案、审理和执行的。损害及因果关系举证上的困难足以让多数受害者望而却步，而诉讼程序的旷日持久更使得受害人难以及时得到救济。以裁判为中心的传统的赔偿制度的非效率性与现代社会所要求的对损害的迅速救济之间的矛盾日显突出。①

国外食品侵权损害赔偿基金制度出现较早。德国在上世纪 50 年代发生了一起镇静药事件。该类镇静药叫作康特甘(contergan)，是专门给孕妇吃的。后来发现，长期服用这种药的孕妇产下的婴儿多是畸形的，尤其是四肢有残疾。据统计，康特甘在德国的受害者高达 5000 多人，而受害儿童的医疗索赔异常艰巨。1970 年，受害人律师与制药厂达成和解，由制药公司拿出 1 亿马克设立“残障儿童救助基金会”。次年，德国联邦议会通过立法确认该基金会为公法机构，联邦政府也拨款 1 亿马克注入基金会。截至 2008 年 10 月，该基金会获得来自制药公司、联邦政府和社会的捐款总计约 3.5 亿欧元。②

从德国康特甘事件可以看出，开始时，德国是按传统的诉讼方式索赔，但是前后通过几百次开庭都未能解决。后来，受害人的代表律师开始与制药公司谈判，达成用成立基金的方式代替诉讼，问题才得以从根本上解决。

2. 三鹿奶粉事件和我国食品侵权损害赔偿基金制度的产生

2008 年 9 月，三鹿集团生产的婴儿奶粉中被发现含有三聚氰胺，导致多位食用的婴儿出现肾结石症状。随后事件扩大，最终成为举世震惊的“毒奶粉事件”。

根据卫生部通报，全国累计报告因食用三鹿牌奶粉和其他个别问题奶粉导致泌尿系统出现异常的患儿共 29 万余人。三鹿牌婴幼儿奶粉事件发生以后，中国乳制品工业协会协调有关责任企业出资筹集了总额 11.1 亿元的婴幼儿奶粉事件赔偿金。赔偿金的用途之一是设立 2 亿元医疗赔偿基金，用于报销患儿急性治疗终结后、年满 18 岁之前

---

① 张新宝、岳业鹏：“大规模侵权损害赔偿基金：基本原理与制度构建”，载《法律科学》2012 年第 1 期。

② 孙晋、王菁：“论我国食品安全事故补偿基金制度的建构”，载《中南大学学报》(社会科学版)2009 年第 10 期。

可能出现相关疾病发生的医疗费用。另外,赔偿金被用于发放患儿一次性赔偿金以及支付患儿急性治疗期的医疗费、随诊费,共9.1亿元。赔付标准是死亡者每人补偿20万元,重症儿童每人补偿3万元,普通患者每人补偿2000元。截至2010年底,已有271869名患儿家长领取了一次性赔偿金。据中国乳协介绍,考虑到中国人寿拥有遍布全国并延伸到基层的服务网点,患儿家长办理报销手续方便,中国乳协将2亿元医疗赔偿基金委托给中国人寿代为管理。中国人寿表示,作为大型国有控股企业,愿意承担社会责任,不收取基金任何管理及服务费用。为做好基金的管理和支付工作,中国人寿对基金实行专户管理,专款专用,配备了专职人员,制定了相关业务、财务管理办法,开发了专门的信息系统,设立了95519专线电话指引,做到规范管理,周到服务,方便患儿相关疾病医疗费用的报销。自2009年7月31日基金正式启动至2011年4月30日,中国人寿累计办理支付1794人次,支付金额1048万元,基金银行账户余额1.92亿元(含利息及2011年当年由中国人寿垫付但未划转金额)。医疗赔偿基金总体运行情况平稳,未发生赔偿纠纷。①

在这笔赔偿基金中,三鹿拿出了9亿,其余2亿由21家企业共同分担。据各大上市乳企公开资料发现,各大乳企出资比例不一。蒙牛乳业向医疗补偿基金合计支付人民币997万元的赔偿款。伊利股份支付4463万元,光明乳业支付404万元,雅士利国际控股有限公司支付6120万元,圣元出资230万美元。②

在三鹿奶粉事件中,民事赔偿是以政府介入和行业自律的互动为主,以司法程序为辅的一揽子解决方案,速度快、成本低、损失小,救济相对公平、合理、全面和彻底。政府出于公共政策的考虑主动承担责任,为解决问题打下了良好的基础。

---

① 崔东:"乳协公布三鹿牌婴幼儿奶粉事件11亿赔偿金情况",新华网,http://news.xinhuanet.com/legal/2011-06/08/c_121506738.htm。

② 林向:"11.1亿'毒'奶粉赔偿金运作情况公布 中国乳协被指'澄而不清'",载《第一财经日报》2011年6月8日第3版;郑文英:"产品责任损害赔偿基金制度研究",湖南师范大学硕士学位论文,2011年5月。

3. 三鹿奶粉事件食品侵权损害赔偿基金制度的特点和不足

从上述三鹿奶粉事件的解决中我们也可以看出，我国一直以单一侵权作为立法对象的侵权责任立法，并不能有效应对大规模侵权的救济。况且司法救济对于大规模侵权案件一直处于消极状态。三鹿奶粉事件发生后，相当长一段时间内，法院对于受害人提起的诉讼不予立案。

在三鹿奶粉事件中，政府出于公共政策的考虑通过行政主导性的损害赔偿方式寻求这一类问题的救济，将此次事件作为突发性公共事件加以干预和处理，第一时间对三鹿奶粉事件做出迅速反应。中央和地方卫生、工商、质检等多个主管部门同时出击，迅速直接，避免损害的继续发生和扩大。更重要的是直接承担了患儿的免费筛选和救治等责任。与此同时，简化了举证、确认等一系列司法程序，使患儿家长不必经过复杂的诉讼程序就获得了赔偿，既降低了成本，又避免了因难以举证可能导致的诉讼风险，化解了司法救济的难题，最大限度地保护了受害人的权益。

在毒奶粉大规模侵权事件的处理过程中，政府积极主动介入，可以使当事人获得相对平等、全面的救济，有利于受害人利益的最大化，同时也相对减少了间接损失，避免了市场的巨大动荡，为解决问题奠定了良好的基础。

行业协会积极参与，建立医疗赔偿基金，并委托专业保险公司进行理赔，在食品安全事故中开了先例。对近 30 万名确诊患儿给予一次性现金赔偿后，22 家责任企业共同出资 2 亿元建立医疗赔偿基金，委托中国人寿进行管理和运作。抛开赔偿标准是否合理不谈，患儿今后一旦出现相关后遗症，发生的医疗费都由该基金给予报销。这种举动本身应该算是一个进步，对基金的运作管理方法也是一个有益的尝试。把赔偿基金委托给专业的保险公司，对受害者理赔，一方面便于管理，另一方面也可以保障公平。面对大规模的食品安全侵权事件这种新问题和挑战，传统法律制度和程序存在滞后性，存在无法避免的局限和不足，就需要不断创新解决机制。而建立食品安全事故补偿基金对受害者进行救济,这是很多国家处理同类问题采取的方法之一。①

当然,三鹿奶粉事件赔偿基金运作还是有很多不足:第一,基金的具体管理和运行方式并没有对社会进行公布,受害人根本不知道基金的具体运行和管理方法。第二,作为最大侵权主体的三鹿集团已经破产倒闭,基金的后续资金来源将成为一个困难的问题,而让侵权人破产成立基金赔偿受害人的方式无异于杀鸡取卵。第三,三鹿集团拿出9亿元作为赔偿基金实际上是违反《破产法》的,因为《破产法》第113条规定:"破产财产在优先清偿破产费用和共益债务后,依照下列顺序清偿:(一)破产人所欠职工的工资和医疗、伤残补助、抚恤费用,所欠的应当划入职工个人账户的基本养老保险、基本医疗保险费用,以及法律、行政法规规定应当支付给职工的补偿金;(二)破产人欠缴的除前项规定以外的社会保险费用和破产人所欠税款;(三)普通破产债权。破产财产不足以清偿同一顺序的清偿要求的,按照比例分配。"奶粉患儿的债权属于第三顺序的普通破产债权,在破产时是不能先于第一、第二顺序的债权人获得赔偿的。所以,三鹿奶粉事件赔偿基金的9亿元来源是有问题的。

(四)我国食品侵权损害赔偿基金制度的完善

1. 资金的筹集

筹集侵权损害赔偿基金的资金是基金能否运行的关键。我们认为食品侵权损害赔偿基金可以通过以下方式取得:企业出资、政府财政拨款和社会捐款。

首先,食品生产经营者每年按照一定的标准向赔偿基金缴纳费用。食品生产经营者作为第一责任人,由其出资建立对受害人补偿的基金既符合情理,也符合法理,更是企业履行社会责任的表现。企业所应缴纳的金额,应当以该企业单位产品所承受的食品安全事故风险,乘以该企业的产能来计算。缴费方式可由企业随其税收一并向税务机关缴纳,由税务机关汇总到国家税务总局后再统一划转至赔偿基金,几乎无须额外征收成本。其次,政府财政拨款。即政府通过财政预算的方式每年有计划地给予补偿基金一定额度的拨款。财政拨款

① 肖蓓蕾:"食品安全事故补偿基金法律制度研究",中南大学硕士学位论文,2010年5月。

可由三部分组成:其一,专门拨款。依据《预算法》,各级政府在编制预算时应当按照本级政府预算支出额的1%~3%设置预备费,以便用于当年预算执行中的自然灾害救灾开支及其他难以预见的特殊开支。其二,行政罚款。我国的食品监管法规均规定可以对食品生产经营者的违法行为处以高额的行政罚款。其三,行政许可费用。按照现行法律规定,我国对食品生产经营实行许可制度,食品生产经营者在获得行政许可证时需缴纳一定的费用。基于不与民争利原则,该行政许可费用也应全额拨付给补偿基金。最后,通过社会广泛募集捐款。如通过发行彩票、募捐等方式积累资金,用以充实赔偿基金。①

2. 资金的管理

食品侵权损害赔偿基金属大规模侵权损害赔偿基金,应具有传统民法上"财团法人"的一般属性。在我国现行法律制度下,赔偿基金则属于公益目的的"社会团体法人",可以参照国务院《基金会管理条例》的规定进行登记。大规模侵权损害赔偿基金自登记之时成立,依法设立后即成为独立的民事主体。如果某些大规模侵权并无后续损害,基金存续期间较短的,为了减少成本、方便操作,可无须进行登记。但应当维护基金的独立性,在基金终止前应当进行清算。

由于大规模侵权损害赔偿基金管理和赔付工作的烦琐性特征和专业化要求,通常应专门设运作人对基金进行管理和运行。赔偿基金委员会决定设立基金后,应当委托具备相关专业知识及经验的个人或者机构运作该基金。赔偿基金委员会由于人力及物力等方面的限制,应当主要对基金的运作进行宏观上的指导与监督。基金运作具体事项之所以委托于个人或专业机构,主要是基于对赔偿效率与质量的追求,既满足了赔付操作专业性的需要,也保证了赔付工作的中立性与公正性,同时也节约了指导委员会编制人员成本。② 由注册会计师或者会计师事务所以及执业律师或者律师事务所等专业人员及专业机构做受托人比较合适。

---

① 孙晋、王菁:"论我国食品安全事故补偿基金制度的建构",载《中南大学学报》(社会科学版)2009年第10期。

② 张新宝、岳业鹏:"大规模侵权损害赔偿基金:基本原理与制度构建",载《法律科学》2012年第1期。

3. 基金支出的制度设计

基金支出的方式可以依照《侵权责任法》作为主要依据确定赔偿标准。首先,由于食品安全事故受害人的不特定性,就必须首先明确界定有权获得补偿的受害人范围。其次,由于食品安全事故造成的损失巨大,而补偿基金的资金有限,因此,也必须对基金的补偿范围做出明确规定。①

资金的支出程序也要法定化,从而保障基金充分发挥其补偿作用。第一,补偿对象。获得补偿的受害人需满足一定的条件,即限于那些通过民事赔偿和保险制度仍远远不能弥补损失的受害人。第二,补偿范围。由法院确定的在加害者承担的赔偿金额范围内,扣除惩罚性赔偿金、先期支付的医疗救治费用和保险赔偿金外,受害人的其他损失应由补偿基金予以补偿。第三,支出程序。可按以下思路设计基金的支出程序:其一,由食品安全事故应急指挥部确定受害人并向赔偿基金提供受害人名单。其二,由事故受害人或其合法代理人向赔偿基金管理机构提出申请,在赔偿基金管理机构受理申请后,经调查核实符合补偿基金补偿条件的,按照已经确定的补偿范围将资金直接支付给申请人,对不符合条件的申请不予受理并书面告知理由。②

总之,在食品安全事故频发的当今社会,对食品安全受害人合法权益的保护已经刻不容缓。基金赔偿有利于维护受害人的合法权益,也有利于社会的和谐稳定。建立合理有效的赔偿基金,对解决食品安全事故中受害人的赔偿问题是十分必要的。受害人能否得到及时救治和实质补偿除需要现行行政手段继续发挥其有效作用外,更需要现有法律制度的创新,从法律层面上保障食品安全侵权事故赔偿基金制度的建立。

---

① 孙晋:“我国食品召回制度完善之法律思考”,载《武汉理工大学学报》(社会科学版)2008 年第 4 期。

② 孙晋、王菁:“论我国食品安全事故补偿基金制度的建构”,载《中南大学学报》(社会科学版)2009 年第 10 期。

第八章 结论:侵权法的未来

"侵权法还有未来吗?"①与约翰 · G. 弗莱明(John · G. Flemnig)这一咄咄逼人的追问一样,法学家们深深感受到了侵权法危机的存在:由于从20世纪70年代开始的诸如交通事故、医疗损害、产品责任、异常危险事故和环境损害等新形态侵权行为的出现,以及在此基础上发展起来的各种各样的事故补偿计划和责任保险制度,特别是西方福利国家所建立的几乎覆盖从"出生到坟墓"的全面社会保障(工伤、疾病、失业、生育、年老等)体系,使侵权法的传统领域被逐渐侵蚀、范围不断萎缩。于是,侵权法"面临危机""生存受到威胁""已经没落",侵权法"处于十字路口"等对侵权法发展前景的担忧和哀叹之声不绝于耳。

在风险社会,事故性损害作为日益严重的社会问题,使侵权法面临危机:以理性主义哲学为基础和为处于"幼年时期"的工业革命提供激励的近代侵权法所确立的过错责任主义,已无法适应社会的发展要求;或者说,侵权法面临着应如

① John G. Fleming. Is There a Futuer for Tort Law? 44La. L. Rev. 1193.

何通过合理的损害分配机制,以进一步保护受害人利益、实现社会的公平与正义的问题。于是,从"主观过错"到"客观过错"的归责原则的客观化,从过错责任、过错推定责任到无过错责任的归责原则体系的变动,从事实上的因果关系与法律上的因果关系、责任成立的因果关系与责任范围的因果关系的区分到因果关系的推定的因果关系理论之发展,直至损害的社会化责任机制被引入侵权法领域。一方面出现了由过错责任、无过错责任和社会保险制度构成的"多元化"格局,传统的侵权法及其归责原则丧失了绝对的统治地位;另一方面,无过错责任、社会保险等现代立法对策虽然对受害人利益的保护发挥着巨大作用,但仍面临许多难以克服的困难。① 换言之,如果把损害赔偿看成是一个单纯的私人纠纷而不是一个社会问题的话,侵权法的合法性危机是难以摆脱的。②

公共政策是解决社会问题实现公共利益的政府产品。公共政策的产生、维持和改变,往往是包括政府在内的各种利益群体,通过竞争、博弈与合作,达成利益相对均衡的结果。就此而言,侵权法与公共政策从来都是联系在一起的。一方面,侵权法作为法律政策的一个部分,它本身也是一种特殊的公共政策;另一方面,公共政策也具有准法律性质,并使得公共政策从萌芽开始就与法律政策形成了天然的联系。而大规模侵权的现实性则将二者更为紧密地联系起来了。面对大规模侵权所引发的社会问题,特别是日益频发的危机事件,公共政策发挥了其政策的权变性、效率性、实践性、可操作性等优势;侵权法在归责原则、因果关系、权益保护范围等方面做出了积极的调整。但是,在风险社会的现实情况下,单独地依赖于侵权法解决损害赔偿问题,显然并不能充分地平衡各方关系,分配风险,促进社会的可持续发展。唯有通过包括侵权法制度、责任保险、社会保障、行政补偿、赔偿基金等在内的功能不一却又互补的侵权损害赔偿社会化机制,才能更好地解决这一社会问题。

---

① 王卫国:《过错责任原则:第三次勃兴》,中国法制出版社 2000 年版,第 108—109 页。
② 熊进光:《侵权行为法上的安全注意义务研究》,法律出版社 2007 年版,第 14 页。

对于处于社会矛盾激增、大规模侵权事件频发的转型期的我国来说，建立此种侵权损害赔偿社会化机制，不仅是对我国侵权损害赔偿机制现状的积极回应，也是和谐社会的应然之义。一方面，对于受害人人数众多、因果关系认定复杂、损害具有一定的潜伏期并且案件处理费用巨大的大规模侵权案件来说，单一侵权损害赔偿责任显然是不能承受之重，经常也会导致诉讼的爆炸，可能使法院系统在处理其他问题时面临瘫痪。另一方面，近年来诸如“齐齐哈尔制药二厂假药事件”“三鹿奶粉事件”“8 · 28 陕西延安客车追尾事故”“康菲漏油事件”等大规模侵权案件的频繁发生，也使司法政策开始去适应“以人为本，和谐发展”的公共政策要求。建立多元化的损害赔偿制度，有利于缓解法院在处理该类案件时所面临的尴尬局面，更好地节约我国诉讼资源，实现对受害人的及时、有效、完全的救济，实现社会的公平、正义。这不仅是社会发展的需要，也是国家公共政策的需要。

就 21 世纪侵权法的发展而言，因大规模侵权案件的频繁发生，侵权法本身在参与救济侵权损害的过程中，催生和动员了社会法以及经济法的共同参与，甚至在很大程度上依赖赔偿基金、责任保险、社会保障等社会制度。侵权法已经和经济法、社会制度一起，共同形成了一个密集的社会安全网络。我国政府通过对三鹿奶粉事件等大规模侵权事件的应对与处理，已经建立大规模侵权综合救济系统的雏形——赔偿基金、责任保险、社会保障，以及侵权法等四个制度之间密切配合，相互支持。换言之，从侵权法的视角来看，大规模侵权损害赔偿基金的建立和立法完善，将成为未来侵权法的一项重要课题。无论是大规模道路交通事故、大规模产品侵权与食品安全责任事件，抑或大规模环境污染损害事件、大规模工业事故，侵权损害赔偿基金的建立和有效运行，将为受害人提供更为有效的保障。可以相信，未来侵权法将以损害赔偿基金的建立和立法完善为切入点，并在公共政策的影响下与社会法、经济法相互配合，朝向越来越专业化、差异化、综合化的侵权损害综合救济方向稳步迈进。

参考文献

一、著作类

[1](美)E. 博登海默:《法理学:法律哲学与法律方法》,邓正来译,中国政法大学出版社 2004 年版。

[2](美)罗斯科·庞德:《法理学》,邓正来译,中国政法大学出版社 2004 年版。

[3](英)边沁:《道德与立法原理导论》,时殷弘译,商务印书馆 2000 年版。

[4](美)戴安娜·M. 迪尼托:《社会福利:政治与公共政策》(第五版),何敏、葛其伟译,中国人民大学出版社 2007 年版。

[5][美]弗兰克·费希尔:《公共政策评估》,吴爱明等译,中国人民大学出版社 2003 年版。

[6](英)哈耶克:《经济、科学与政治——哈耶克思想精粹》,冯克利译,江苏人民出版社 2000 年版。

[7](德)乌尔里希·贝克:《风险社会学》,何博闻译,译

林出版社2004年版。

[8](德)克里斯蒂安·冯·巴尔:《大规模侵权损害责任法的改革》,贺栩栩译,中国法制出版社2010年版。

[9](日)藤仓皓一郎等:《英美判例百选》,段匡、杨永庄译,北京大学出版社2005年版。

[10]邓正来:《自由主义社会理论——解读哈耶克〈自由秩序原理〉》,山东人民出版社2003年版。

[11]何怀宏:《公平的正义——解读罗尔斯〈正义论〉》,山东人民出版社2002年版。

[12]钱再见:《现代公共政策学》,南京师范大学出版社2007年版。

[13]陈庆云主编:《公共政策分析》,北京大学出版社2006年版。

[14]张国庆主编:《公共政策分析》,复旦大学出版社2004年版。

[15]胡宁生:《现代公共政策研究》,中国社会科学出版社2000年版。

[16]刘斌、王春福等:《政策科学研究》(第一卷),人民出版社2000年版。

[17]谢明:《公共政策导论》,中国人民大学出版社2002年版。

[18]卓泽渊:《法的价值论》,法律出版社2006年版。

[19]沈宗灵:《现代西方法理学》,北京大学出版社2009年版。

[20]梁慧星:《裁判的方法》,法律出版社2003年版。

[21]王泽鉴:《民法学说与判例研究》(第2册),中国政法大学出版社1997年版。

[22]王泽鉴:《侵权行为法》(第一册),中国政法大学出版社2001年版。

[23]王泽鉴:《侵权行为法》,三民书局/台大法学院福利社2010年版。

[24]王卫国:《过错责任原则:第三次勃兴》,中国法制出版社2000年版。

[25]王利明:《侵权行为法研究》(上卷),中国人民大学出版社2004年版。

[26]杨立新:《侵权损害赔偿》(第五版),法律出版社 2010 年版。

[27]杨立新等:《侵权行为法》,中国法制出版社 2008 年版。

[28]张新宝:《侵权责任法原理》,中国人民大学出版社 2005 年版。

[29]于敏:《日本侵权行为法》(第 2 版),法律出版社 2006 年版。

[30]张民安:《过错侵权责任制度研究》,中国政法大学出版社 2002 年版。

[31]程啸:《侵权行为法总论》,中国人民大学出版社 2008 年版。

[32]熊进光:《侵权行为法上的安全注意义务研究》,法律出版社 2007 年版。

[33]张新宝、葛维宝主编:《大规模侵权法律对策研究》,法律出版社 2011 年版。

[34]王利明等:《中国侵权责任法教程》,人民法院出版社 2010 年版。

[35]王竹:《侵权责任分担论——侵权损害赔偿责任数人分担的一般理论》,中国人民大学出版社 2009 年版。

[36]张民安、梅伟:《侵权法》(第 2 版),中山大学出版社 2005 年版。

[37]魏建、周林彬主编:《法经济学》,中国人民大学出版社 2008 年版。

[38]邹雄:《环境侵权救济研究》,中国环境科学出版社 2004 年版。

[39]吕忠梅:《环境法学》,法律出版社 2004 年版。

[40]阙占文:《转基因生物越境转移损害责任问题研究》,法律出版社 2011 年版。

[41]邱聪智:《公害法原理》,三民书局股份有限公司 1984 年版。

[42]刘景一主编:《环境污染损害赔偿》,人民法院出版社 2000 年版。

[43]范愉:《非诉讼纠纷解决机制研究》,中国人民大学出版社 2000 年版。

[44]潘牧天:《滥用民事诉权的侵权责任研究》,上海社会科学院出版社 2011 年版。

[45]章晓懿:《社会保障:制度比较》,上海交通大学出版社 2004

年版。

[46]许琳主编:《社会保障学》,清华大学出版社/北京交通大学出版社 2005 年版。

[47]邹海林:《责任保险论》,法律出版社 1999 年版。

[48]周玉华编著:《最新保险法释义与适用》,法律出版社 2009 年版。

[49]许冰梅:《医疗过失损害赔偿制度研究》,人民法院出版社 2008 年版。

[50]赵衡文:《医疗纠纷的理论与实践》,中南大学出版社 2005 年版。

[51]文才:《论完善我国的责任保险法律制度》,西南交通大学出版社 2010 年版。

[52]马育红、刘晓霞:《公司捐赠制度研究》,中国政法大学出版社 2012 年版。

[53]张留禄:《社会保障基金管理》,中国金融出版社 2010 年版。

[54]葛道顺等:《中国基金会发展解析》,社会科学文献出版社 2009 年版。

[55]康晓光等:《中国基金会发展独立研究报告 · 2011》,社会科学文献出版社 2011 年版。

二、论文类

[1](美)约翰 · G. 弗莱明:"关于侵权法发展的思考:侵权行为法有未来吗?",吕琳、许丽群译,载吴汉东主编:《私法研究》第三卷,中国政法大学出版社 2003 年版。

[2](日)北川善太郎:"关于最近之未来的法律模型",李薇译,载梁慧星主编:《民商法论丛》第 6 卷,法律出版社 1996 年版。

[3](日)星野英一:"民法典中的侵权行为法体系展望",渠涛译,载《法学家》2009 年第 2 期。

[4]（英）P. S. 阿蒂亚："21 世纪的人身伤害赔偿法，想他人所不能想"，载张民安主编：《侵权法报告》第 1 卷，中信出版社 2005 年版。

[5]郭道久："第三部门公共服务供给的'二重性'及发展方向"，载《中国人民大学学报》2009 年第 2 期。

[6]胡果文："第三部门崛起：现状、问题及对策"，载《政治与法律》2006 年第 4 期。

[7]孟兆勇："社会公共危机面前社区功能的思考"，载《社科纵横》（新理论版）2008 年第 1 期。

[8]张菊枝："社区功能视角下的社区参与"，载《郑州航空工业管理学院学报》（社会科学版）2010 年第 5 期。

[9]吴开松："政府危机管理中公共政策困境分析"，载《华中科技大学学报》（社会科学版）2008 年第 2 期。

[10]沙奇志："政府公共政策制定中的公共利益与公众参与"，载《江淮论坛》2011 年第 1 期。

[11]张远、祁光华："第三部门兴起与我国公共政策的创新"，载《探索》2006 年第 1 期。

[13]刘莹："贝克'风险社会'理论及其当代中国的启示"，载《国外理论动态》2008 年第 1 期。

[14]谌洪果："法律实证主义的功利主义自由观：从边沁到哈特"，载《法律科学》2006 年第 4 期。

[15]陈庆云："论'利益政策学'研究中的几个基本概念"，载《公共政策与政府治理》，上海人民出版社 2006 年版。

[16]李玲玲："公共政策应坚持社会总体利益最大化"，载《公共政策与政府治理》，上海人民出版社 2006 年版。

[17]胡象明："论人本政策价值理论的内涵及意义"，载《公共政策与政府治理》，上海人民出版社 2006 年版。

[18]吴元元："信息基础、声誉机制与执法优化——食品安全治理的新视野"，载《中国社会科学》2012 年第 6 期。

[19]王利明："惩罚性赔偿研究"，载《中国社会科学》2000 年第 4 期。

[20]陈聪富："环境污染责任之违法性判断"，载《中国法学》2006

年第5期。

[21]张新宝、岳业鹏:“大规模侵权损害赔偿基金:基本原理与制度构建”,载《法律科学》(西北政法大学学报)2012年第1期。

[22]岳业鹏:“大规模侵权救济模式与预防机制研究——‘大规模侵权法律对策国际研讨会’观点综述与评析”,载张新宝、葛维宝主编:《大规模侵权法律对策研究》,法律出版社2011年版。

[23]冯钰:“汉德公式的解读与反思”,载《中外法学》2008年第4期。

[24]张俊岩:“风险社会与侵权损害救济途径多元化”,载《法学家》2011年第2期。

[25]梁慧星:“我国侵权责任法的几个问题”,载《暨南学报》2010年第3期。

[26]王利明:“美国惩罚性赔偿制度研究”,载《比较法研究》2003年第5期。

[27]王利明:“建立和完善多元化的受害人救济制度”,载王利明主编:《中国民法年刊·2009》,法律出版社2010年版。

[28]渠涛:“从损害赔偿走向社会保障性的救济——加藤雅信教授对侵权行为法的构想”,载梁慧星主编:《民商法论丛》第2卷,法律出版社1994年版。

[29]薛虹:“演变中的侵权责任和人身伤害事故问题的解决”,载梁慧星主编:《民商法论丛》(第5卷),法律出版社1996年版。

[30]张瀚、周林彬:“侵权的不确定性与侵权法功能的实现”,载周林彬主编:《侵权责任法的理论与实践》,华南理工大学出版社2010年版。

[31]李清伟:“侵权行为法与社会保障法的冲突与融合”,载沈宗灵、罗玉中、张骐编:《法理学与比较法学论集》(下册),北京大学出版社2000年版。

[32]王福友:“侵权行为法演进的若干法理学问题”,载张文显主编:《法学理论前沿论坛》(第二卷),科学出版社2003年版。

[33]周林彬、毛杰:“论侵权法的经济分析”,载《法制与社会发展》2006年第1期。

[34]朱岩:“大规模侵权的实体法问题初探”,载《法律适用》2006年第10期。

[35]麻昌华:“21世纪侵权行为法的革命”,载《法商研究》2002年第6期。

[36]谢志红:“侵权行为法的变革与社会保障法之肇始——兼论弱势群体的保护”,载《江西财经大学学报》2004年第1期。

[37]葛云松:“纯粹经济损失的赔偿与侵权一般条款”,载《中外法学》2009年第5期。

[38]张新宝:“设立大规模侵权损害救济(赔偿)基金的制度构想”,载《法商研究》2010年第6期。

[39]陈红梅:“论环境侵权中纯粹经济损失的赔偿与控制”,载《华东政法大学学报》2012年第2期。

[40]王社坤:“环境侵权因果关系举证责任分配研究”,载《河北法学》2010年第2期。

[41]于飞:“违背善良风俗故意致人损害与纯粹经济损失保护”,载《法学研究》2012年第4期。

[42]陈磊:“普通法视角的纯粹经济损失”,载《清华法学》2010年第5期。

[43]吴节祥:“论侵权法的危机及其发展方向——兼论我国民法典侵权法编的制定”,载《浙江工商大学学报》2004年第4期。

[44]祁雪冻:“我国道路交通事故社会救助基金事实问题的思考”,《对外经济贸易大学学报》2007年第5期。

[45]最高人民法院民一庭:“被保险车辆中的‘车上人员’能否转化为机动车第三者责任强制保险中的‘第三者’”,中华人民共和国最高人民法院民事审判一庭编:《民事审判指导与参考》总第43集,法律出版社2011年2月。

[46]余香成:“机动车第三者责任险之‘第三者’范围研究(下)”,《江西保险》2012年第2期。

[47]王成:“环境侵权行为构成的解释论及立法论之考察”,载《法学评论》2008年第6期。

[48]刘水林:“从个人权利到社会责任——对我国《食品安全法》的整体主义解释”,载《现代法学》2010 第 5 期。

[49]竺效:“论环境污染赔偿责任的特殊要件”,载《政治与法律》2009 年第 12 期。

[50]赵克祥:“论法律政策在侵权法因果关系判断中的作用”,载《法律科学》2007 年第 4 期。

[51]杨立新:“《消费者权益保护法》规定惩罚性赔偿责任的成功与不足及完善措施”,载《清华法学》2010 年第 5 期。

[52]袁武强、张在范:“论我国食品安全领域惩罚性赔偿责任制度的重构”,载《行政与法》2009 年第 1 期。

[53]于媛:“从‘三聚氰胺事件’看如何提高政府危机管理效能”,载《沈阳工程学院学报》(社会科学版)2009 年第 2 期。

[54]江滢:“从三鹿事件看我国群体诉讼制度的不足及完善”,载《佛山科学技术学院学报》2009 年第 2 期。

[55]丁凤楚:“论现代事故损害赔偿责任的客观化和社会化”,载《社会科学》2006 年第 6 期。

[56]陈玉玲:“强制责任保险:我国医疗责任险发展取向”,载《上海金融》2002 年第 1 期。

[57]刘建英:“略谈美国的责任保险”,载《中国保险》2000 年第 3 期。

[58]张娟:“美国医疗改革法案的困惑”,载《财经文摘》2012 年 8 月刊。

[59]杨洋:“美国医疗保险扩面改革之路的里程碑”,载《社会保障研究》2012 年第 5 期。

[60]黄贤昌、廖满媚:“浅谈建立强制医疗责任保险制度的关键问题”,载《经济与法制》2010 年第 8 期。

[61]王若青:“建立新型的医疗风险分担机制——医疗风险分担基金”,载《集团经济研究》2005 年第 7 期。

[62]张友连、陈信勇:“论侵权案件裁判中的公共政策因素”,载《浙江大学学报》(人文社会科学版)2012 年第 3 期。

[63]丁凤楚:“论国外的环境侵权因果关系理论”,载《社会科学

研究》2007 年第 2 期。

[64]李薇:"日本侵权行为法的因果关系理论",载《外国法译评》1995 年第 4 期。

[65]刘光军、徐秋菊:"关于我国轻工食品行业声誉风险管理的研究",载《会计之友》2012 年第 18 期。

[66]孔繁华:"我国食品安全信息公布制度研究",载《华南师范大学学报》(社会科学版)2010 第 6 期。

[67]蒋冬梅:"基于企业社会责任理念的食品安全问题探讨",载《中外食品》2008 第 7 期。

[68]王廷芳等:"论食品安全行政监管主体的责任体系",载《辽宁行政学院学报》2012 第 11 期。

[69]李震海:"《食品安全法》的不足与完善",载《东方论坛》2009 第 12 期。

[70]王中亮:"食品安全与现代企业的社会责任",载《上海经济研究》2009 年 第 1 期。

[71]解志勇、李培磊:"我国食品安全法律责任体系的重构——政治责任、道德责任的法治化",载《国家行政学院学报》2011 第 4 期。

[72]孙效敏:"论《食品安全法》立法理念之不足及其对策",载《法学论坛》2010 第 1 期。

[73]孙晋、王菁:"论我国食品安全事故补偿基金制度的建构",载《中南大学学报》(社会科学版)2009 年第 10 期。

[74]孙晋:"我国食品召回制度完善之法律思考",载《武汉理工大学学报》(社会科学版)2008 年第 4 期。

[75]凌潇:"论环境侵权审判中的选择性司法",载《华中科技大学学报》(社会科学版)2012 年第 5 期。

[76]王胜明:"关于侵权责任法的立法思考",中国人民大学民商法前沿论坛演讲实录,2009 年 10 月 29 日,http://wenku.baidu.com/view/8d41b20102020740be1e9b61.html。

[77]郁光华:"走向交通事故人身伤亡处理的完全性无过失保险机制",中国民商法律网,http://www.civillaw.com.cn/weizhang/default.

asp? id =9052。

[78]刘亮:“大规模侵权研究”,中国人民大学法学院博士学位论文,2010 年 3 月。

[79]朱伟:“侵权损害赔偿社会化机制的建立——基于公共政策的视角”,江西财经大学法学院硕士学位论文,2009 年 10 月。

[80]孔慧君:“大规模侵权的多元化损害赔偿制度研究”,江西财经大学法学院 2011 年法律硕士学位论文,2011 年 5 月。

[81]郑文英:“产品责任损害赔偿基金制度研究”,湖南师范大学硕士学位论文,2011 年 5 月。

[82]肖蓓蕾:“食品安全事故补偿基金法律制度研究”,中南大学硕士学位论文,2010 年 5 月。

[83]于昆:“服务型政府视角下中国社会保障制度的构建”,南京师范大学硕士学位论文,2006 年 5 月。

三、外文类

[1]David Easton. *The Political System: An Inquiry into the State of Political Science*, New York: Knopf, 1971.

[2]Edward J. Schoen, Margaret H. Hogan and Joseph S. Falchek. An Examination of the Legal and Ethical Public Policy Consideration Underlying DES Market Share Liability, *Journal of Business Ethics*, Volume 24 (2000), Number 2.

[3]James Allen Smith. *The Evolving American Foundation, Philanthropy and the Nonprofit Sector in a Changing American.* Indiana University Press, 1999

[4]Congressional Budget Office (2011). CBO's Analysis of the Major Health Care Legislation Enacted in March 2010.

[5]Joseph W. Glannon. *The Law of Torts: Examples and Explanations*, Little, Brown and Company, 1995.

[6]Monika Hinteregger. *Environmental Liability and Ecological Damage in European Law*, Cambridge University Press, 2008.

[7]E. Wayne Thode, Tort Analysis. Duty – Risk v. Proximate Cause and the Rational Allocation of Functions Between Judge and Jury, 1977 Utah L. Rev. 1,6.

[8] Adam Moser, Tseming Yang. Environmental Tort Litigation in China, *Environmental Law Reporter*, 2011.

[9]Marie – Louise Larsson. The Law of Environmental Damage: Liability and Reparation, *Kluwer Law International*, 1999.

[10] OECD. Environment and Economics: Guiding Principles Concerning International Economic Aspects of Environmental Policies, C(72) 128, 1972.

[11]Stein, R. E. The ECE Symposium on Problems Relating to Environment, *American Journal of International Law*, Vol. 66, 1972.

[12]Zygmunt J. B. Plater. *Environmental Law and Policy: Nature, Law and Society*(4th edition), Aspen Publisher, 2010.

[13]Instruction Manual for Implementation of the Basel Protocol on Liability and Compensation for Damage Resulting from the Transboundary Movements of Hazardous Wastes and Their Disposal.

[14]IAEA. The 1997 Vienna Convention on Civil Liability for Nuclear Damage and the 1997 Convention on Supplementary Compensation for Nuclear Damage – Explanatory Texts, IAEA International Law Series No. 3, p. 48.

[15]Report of International Law Commission, 2001, UN Doc. A/56/10, para. 98, p. 377.

[16]Finnish Act on Compensation for Environmental Damage, sec. 4. Intergovernmental Committee for the Cartagena Protocol on Biosafety, Liability and Redress for Damage Resulting from the Transboundary Movement of Living Modified Organisms, UNEP/CBD/ICCP/3/3, 2002, para. 18.

[17]David Owen. Punative Damage in Products Liability Litigation, Mich. L. Rev, 1976(74), p. 1257.

后　记

近年来，我国大规模侵权事故频繁发生，损害后果日益严重。如2006年“齐齐哈尔制药二厂假药事件”，2008年“三鹿奶粉事件”、2011年“温州7·23动车追尾事故”。特别值得一提的是，2013年发生的“吉林德惠禽加工厂6·3特大火灾事故”，共造成121人死亡、76人受伤，17234平方米主厂房及主厂房内生产设备被损毁，直接经济损失1.82亿元。这些大规模侵权事故广泛存在于道路交通、产品责任、医疗损害、环境污染、工厂事故等各个领域。大规模侵权不仅具有受害人数众多、主体大多为企业、因果关系较难认定，以及破坏性大、涉及范围广、跨领域的责任方式交织等特点，而且也诱发了许多的社会问题，如社会公平与弱者利益的保护问题、政府的公共责任与社会保障问题、司法裁判与纠纷解决的效率问题、经济发展与生态环境保护问题等，而要解决这些问题，很难仅靠某一学科、某一部门（政府、部门、社区、单位）或某一制度（政治、经济、法律）就能完成，相反，它是一项社会系统性工程，必须通过系统性方法、学科、制度才能解决。

公共政策是解决社会问题实现公共利益的政府产品。面对大规模侵权所引发的社会问题，特别是日益频发的危机事件，公共政策发挥了其政策的权变性、效率性、实践性、可操作性等优势；侵权法在归责原则、因果关系、权益保护范围等方面也做出了积极的调整。但是，在风险社会的现实情况下，单独地依赖于侵权法解决损害赔偿问题，显然并不能充分地平衡各方关系，分配风险，促进社会的可持续发展。唯有通过包括侵权法制度、责任保险、社会保障、行政补偿、赔偿基金等在内的功能不一却又互补的侵权损害赔偿社会化机制，才能更好地解决这一社会问题。建立多元化的损害赔偿制度，有利于缓解法院在处理该类案件时所面临的尴尬局面，更好地节约我国诉讼资源，实现对受害人的及时、有效、完全的救济，实现社会的公平、正义。

基于上述思考，本书以公共政策理论为视角，通过对西方国家公共政策理论形成与发展的考察，就侵权法与公共政策的联系，公共政策理论对侵权法发展的影响展开了分析；结合大规模侵权及其产生的社会原因的分析，就大规模侵权对公共政策的考量、大规模侵权诱发的社会问题及其解决途径，大规模侵权综合救济体系的建立，特别是大规模侵权损害赔偿基金的建立进行了研究。在此基础上，分别就道路交通事故损害赔偿、医疗侵权损害赔偿、环境污染侵权、食品安全侵权等领域公共政策的适用问题进行了具体研究，提出了相关的理论见解与完善对策，并且对侵权法的未来进行了展望。

本书写作意义：一是从政治学、社会学的跨学科维度，对大规模侵权损害赔偿中公共政策理论的形成、发展与适用进行研究，探求公共政策理论对侵权损害赔偿制度发展的影响，扩大侵权法的研究视野；二是从社会公共政策与法律制度、司法政策的内在关联性维度，对大规模侵权损害救济的法律理念、救济模式和法律政策的发展与变化进行研究，探求侵权损害赔偿制度现代化与社会化的发展趋势，为大规模侵权损害救济中政府对公共政策的选择提供理论依据；三是从大规模侵权损害赔偿对公共政策适应性要求的维度，对责任保险、社会保障、赔偿基金、行政补偿等社会化补偿机制的建立与实施进行研究，探求社会化、综合性损害救济系统的立法模式、路径选择与制度构建，为我国民法典侵权责任法的立法完善提供借鉴。

本书创新之处：一是通过对各国公共政策理论形成与发展的考察，探索我国转型时期政府公共政策选择的特点和实施机制，从公共行政的维度研究政府在大规模侵权事故中的作用，极大地丰富了侵权法的研究视野；二是从政治学、社会学跨学科的维度，综合运用政治学、社会学与法学等跨学科比较研究方法，对公共政策与法律制度、司法政策的内在关联性、公共政策对侵权损害补偿的作用与实现机制、公共政策的选择与侵权损害赔偿机制的完善进行研究，研究方法独具特色；三是就交通事故、医疗损害、环境污染、产品责任、工厂事故等大规模侵权事故的不同类型综合救济系统的建立进行研究，理论研究与实践分析相结合，强化实证分析；四是从政府对公共政策的选择维度，探索法律社会化和侵权损害赔偿制度现代化的发展要求，极大地促进侵权法理论的发展，其研究成果具有极大的学术价值和实践价值。

本书是作者主持完成的司法部法治建设与法学理论研究部级科研项目“侵权损害赔偿中的公共政策问题研究”项目成果的基础上经修改而成的。参加课题研究的有江西财经大学法学院的夏秀渊副教授、博士，阙占文副教授、博士，熊玉梅副教授、博士，以及我指导的硕士研究生刘红、周丽萍、周江。借本书出版之际，对他们的辛勤劳动和付出表示衷心感谢。同时，还要感谢司法部及科研处的郑丽娟老师的热情帮助。本书得以顺利出版，还要感谢江西人民出版社及副总编辑余晖女士、编辑杨欢女士，她们对本书的出版给予了极大的支持和帮助。

熊进光

2013 年 7 月于南昌市红谷滩红谷凯旋怡花园

图书在版编目(CIP)数据

大规模侵权损害救济论:公共政策的视角 / 熊进光著. ——南昌:江西人民出版社,2013.11

ISBN 978-7-210-06293-6

Ⅰ.①大… Ⅱ.①熊… ②蒋… Ⅲ.①侵权行为-赔偿-研究-中国 Ⅳ.①D923.84

中国版本图书馆 CIP 数据核字(2013)第 286352 号

书　　名:**大规模侵权损害救济论——公共政策的视角**
作　　者:熊进光　著
责任编辑:杨　欢
书籍设计:同异文化传媒
出　　版:江西人民出版社
发　　行:各地新华书店
地　　址:江西省南昌市三经路 47 号附 1 号
编辑部电话:0791-88612505
发行部电话:0791-86898815
邮　　编:330006
网　　址:www.jxpph.com
E-mail:jxpph@tom.com　web@jxpph.com
2013 年 11 月第 1 版　2013 年 11 月第 1 次印刷
开　　本:787 毫米×1092 毫米　1/16
字　　数:220 千字
ISBN 978-7-210-06293-6
赣版权登字—01—2013—431

定　　价:28.00 元
承 印 厂:南昌市印刷一厂
赣人版图书凡属印刷、装订错误,请随时向承印厂调换